책임의 생성

책임의 생성

중동태와 당사자 연구

고쿠분 고이치로
구마가야 신이치로
지음

박영대
옮김

에디토리얼

일러두기

◦ 당사자 연구와 장애학 분야의 주요 용어는 김도현, 『장애학의 도전 : 변방의 자리에서 다른 세계를 상상하다』(오월의봄, 2019)가 훌륭한 이론적 지침이 되어주었기에 그에 따랐습니다.

◦ 원서의 참고문헌 중 국역본이 있는 경우에는 한국어판 서지 사항으로 표시했으며, 본문에 인용된 원문은 원서와 국역본을 참조해 다듬어 실었습니다.

추천사

___ 김도현(『장애학의 도전』 저자)

언어는 세계다. 오늘날의 세계는 능동태/수동태의 세계, 즉 원자화된 개인의 자유 '의지'를 행위의 원천으로 간주하고 그에 따라 '책임'(죄책)을 묻는 세계다. 그러나 고대 그리스의 언어에 존재했던 '중동태'가 일깨워주듯, 인간의 행위와 책임은 이러한 이분법으로 결코 온전히 포착되고 설명될 수 없다. 우리는 사는가, 살아지고 있는가. '산다'는 것 자체가 중동태적 과정인 것이다. 장애인도 지역사회에서 살아갈 권리를 요구하며 진행돼 온 전국장애인차별철폐연대의 지하철 행동에 대해 이 사회는 '왜 죄 없는 시민들의 발목을 붙잡나'라고 반응했다. 맞다. 그들에게 '죄'는 없을 것이다. 그러나 우리 모두가 서로의 삶에 통시적·공시적으로 연루되어 있다면, 우리 모두에게는 모종의 시민적 '책임'이 존재한다고 말해야 하지 않을까. 이 책은 '중동태' 연구와 '당사자 연구'를 수행해 온 두 책임감 있는 연구자의 상호 응답이자, 관개체성(transindividuality)에 바탕한 응답으로서의 책임을 사유할 수 있게 해주는 혁신적 성찰의 텍스트다.

한국어판 서문

2001년 일본 홋카이도 우라카와 마을의 '우라카와 베델의 집'에서 탄생한 당사자 연구는 비교적 이른 시기인 2007년부터 한국에서도 활발하게 실천되어 왔습니다. 이미 『베델의 집 사람들―있는 그대로를 긍정하는 정신장애인들의 희망공동체』(궁리, 2008)나 『베델의 집 렛츠! 당사자 연구』(EM커뮤니티, 2016) 등 몇 권의 중요한 책도 한국어로 번역되었습니다. 나아가 당사자 연구에 종사하는 한일 양국의 실천가들이 해마다 모여 연구회나 워크숍을 열어 서로 배우고 있습니다.

당사자 연구는 『발달장애 당사자 연구』(2008), 『그 후의 부자유』(2010) 등 발달장애와 의존증 영역으로까지 확대되었습니다. 2020년에 출간된 이 책은 2010년 전후에 등장한 이러한 새로운 당사자 연구의 동향을 파악하는 데 있어 빼놓을 수 없는 책입니다.

고쿠분 선생님의 '지루함' '중동태' '유사한 타자'와 같은 개념을 둘러싼 철학적 연구는 이러한 발달장애와 의존증에 관한 당사자 연구를 해석하는 데 가장 좋은 길잡이입니다. 또한 고쿠분 선생님의 철학은 뛰어난 이론적 탐구인 동시에 선생님 자신의 당사자 연구에 바탕을 두고 있기 때문에 충실함과 설득력을 겸비하고 있음을 느끼고 있습니다. 이 책은 약 10년에 걸쳐 고쿠분 선생님과 언어를 중심으로 서로 거듭해 온 대화를 토대로 하는데, 이러한 작업이 가능했던 것도 바로 고쿠분 선생님이 철학 및 당사자 연구를 성실히 쌓아 온 보기 드문 연구자이기 때문입니다.

이 책을 읽으면, '(자신을) 연구한다는 것' '다양한 곤란함과 함께 살아나간다는 것' 그리고 '사회를 변혁하기 위해 행동한다는 것'이 서로 다르지 않음을 느낄 것입니다. 그것은 아마도 고쿠분 선생님의 철학과 필자가 생각하는 당사자 연구의 공통된 학문관일 것입니다. 직업적 연구자이든 아니든, 우리 모두는 살기 위해 철학을 하고 연구를 합니다.

필자는 2023년에 노들장애인야학을 방문했습니다. 1993년에 개교한 노들장애인야학은 기본적인 교육의 권리조차 누리지 못한 채 성인이 된 중증장애인을 위한 배움의 장이며 동시에 사회운동의 장이기도 합니다. 거기서는 장애인뿐 아니라 다양한 영역의 연구자와 학자가 모여 자신들을 외면하는 사회의 현실에 대해 배우고, 웃고, 고민하고, 그리고 운동을 하고 있었습니다. 이 책은 그런 동료들과 함께합니다.

구마가야 신이치로

철학은 개념을 다루는 작업이며, 그런 의미에서 추상적일 수밖에 없습니다. 그러나 내가 연구하고 있는 프랑스 철학자 질 들뢰즈는 항상 철학에서 구체적인 것의 중요성을 강조해 왔습니다.

나는 철학에서 중요한 것은 추상성과 구체성을 오가는 일이라고 생각합니다. 어떤 사례나 사건을 마주했을 때, 이를 그 구체성 안에서 이해하고자 하는 것은 필수적입니다. 그러나 동시에 그 현장에서 한 발 물러나서, 그 사례나 사건을 생각하는 데 필요한 추상적 개념을 방에 틀어박혀서 철저하게 사유하는 것도 필요합니다.

추상적 개념을 들고 다시 현장에 가면, 이번에는 추상적 개념이 이해를 도와주는 경우도 있고 그 개념으로 충분치 않은 무언가를 깨닫게 되는 경우도 있습니다. 이 '왔다 갔다'를 계속하는 것이 나에게는 '철학한다'는 작업에 다름 아닙니다.

나는 이 작업을 구마가야 선생님과 함께 이어가고 있습니다. 구마가야 선생님이 당사자 연구의 현장에서 일어나고 있는 사례나 사건을 알려주고 내가 그것에 대해 개념을 내놓는 때가 있는가 하면, 내가 맞닥트린 사례나 사건에 구마가야 선생님이 개념을 제시해줄 때도 있습니다. 이 책은 그렇게 이어져 온 '왔다갔다'의 현 단계에서의 기록입니다.

나의 저서 『중동태의 세계—의지와 책임의 고고학』은 운 좋게도 한국어판이 출간되고 적지 않은 반향을 불러일으켰습니다. 그 책에서 내가 제시한 '의지 개념에 대한 비판'은 흔히 신자유주의로 불리는 현대 사회의 모습과 밀접하게 결부되어 있습니다. 한국에서도 신자유주의는 맹위를 떨치고 있는 것 같습니다. 이에 의문을 품고 있는 한국의 독자 여러분들께서 내 책을 발견해주셨습니다.

『책임의 생성』은 이 중동태 연구의 성과를, 당사자 연구의 지식과 접목시켜 새로운 사상을 만들어내려는 시도입니다. 한국 사회의 다양한 현장에서 출발해 중동태의 개념, 당사자 연구의 지식으로 가고, 또 거기서부터 각자의 현장으로 돌아와서 이해하고 생각하는 '왔다 갔다'가 독자 여러분들 안에서 일어난다면, 이보다 더 기쁜 일은 없을 것입니다.

고쿠분 고이치로

들어가는 글
___ 살아 나간 끝에 있는 일상

이 책은 연구의 기록이다. 흔히 '대담'이라 이르는 형태로 쓰였지만, 양쪽이 이미 형성되어 있던 생각을 가지고 만나 의견을 개진하고 그것을 서로 존중하면서 차이점이나 공통점을 함께 확인한 게 아니다. 우리는 둘 사이를 하나의 장소로 삼아 거기에서 발생한 생각이 어디에 도달하는지를 계속 지켜보면서 그것을 파고들고자 했다.

이 책은 연구의 기록이지만 연구계획서는 없었다. 왜냐하면 어떤 논점을 어떤 방식으로 다루고 어떤 문헌을 이용하여 어떤 방향으로 나아가야 하는지를 우리 두 사람으로서는 알 수 없었기 때문이다. 완벽한 연구계획서가 있는 경우라면, 그 연구는 이미 완결되어야만 한다. 훌륭한 연구계획서를 쓸 수 있는 것은, 그 연구가 이미 순조롭게 진행되고 있을 때다.

다만, 이 책에서 진행된 연구는 명확한 출발점을 가지고 있었다. 그것은 구마가야 신이치로 선생님이 지금까지 해온 '당사자 연구(當事者 研究)'에 관한 연구와 내가『중동태의 세계』(동아시아, 2019)에서 공표한 중동태(中動態)에 관한 연구가 바로 그 출발점이다. 우리는 두 개의 연구가 공명하고 있음을, 또 그 공명이 각자 자기 안에서 여러 생각으로 계속 발전하고 있음을 느꼈다. 그러나 사람은 자기가 생각하는 바를 모두 의식할 수 있는 건 아니다. 그래서 우리는 두 사람 사이라는 하나의 장소에서 그것을 언어로 바꾸어 가는 작업이 필요했다.

＊

이 연구는 최종적으로 책임의 개념을 되묻는 쪽으로 향해 갔다. 이 물음의 내용에 대해서는 본문을 봐주시면 좋겠다. 다만 그 전에 이 단어에 대해 조금 말해 두고 싶은 것이 있다. 사람들 사이에서 너무나 자주 사용되기 때문에 그 이미지가 일정한 형태로 굳어버린 이 말의 의미를 조금만 부드럽게 풀고 싶다.

　책임(responsibility)은 응답(response)과 연결되어 있다. 응답이란 무엇일까? 그것은 대답을 하는 것이지만, 대답을 한다고 해도 응답에 있어서 중요한 건, 그 사람이 자신을 향해 오는 행위나 자신이 마주한 사건에 대해 자기 나름의 방식으로 응하는 것이다. 자기 나름의 방식인 점이 중요하며, 판에 박힌 자동적인 대답밖에 하지 못한다면 그 대답은 응답이 아니라 반응이 되어버린다.

　철학자 한나 아렌트는 각각의 인간이 자기 나름의 방식으로 응답할 가능성을 인간의 '복수성(複數性)'이라 불렀고, 이를 인간의 조건 중 하나로 꼽았다. 아렌트가 말하는 복수성이란 단순히 개체 수가 둘 이상이라는 의미가 아니다. 예를 들어 어떤 생물의 개체 수가 아무리 많아도, 동일한 자극에 똑같은 반응밖에 되돌려주지 못한다면, 거기에는 아렌트가 말하는 복수성은 존재하지 않는다.

자신을 향한 행위나 자신이 마주한 사건에 제대로 응답하지 못할 때 사람은 괴로움을 느낀다. 그것이 일상이 되면 괴로움을 참을 수 없게 된다. 왜냐하면 응답을 제대로 할 수 없는 채로 있다는 건 인간의 복수성이라는 조건에 제대로 참여할 수 없음을 의미하기 때문이다. 복수성에 제대로 참여하지 못하면, 그 사람은 응답하는 '상대'로 여겨지지 않게 된다. 상대로 여겨지지 않는다는 건 주위 사람들로부터 응답해야 할 상대방으로 간주되지 않는다는 것, 자기들과 비슷한 동등한 사람으로 간주되지 않는다는 뜻이다.

그때 거기에 나타나는 것은 응답이 없는, 그저 반응으로 채워진 공간일 것이다. 나 아닌 다른 사람이 나를 위해 책임을 다하지도, 내가 나 아닌 다른 사람을 위해 위해 책임을 다하지도 않는다. '책임'은 종종 심히 괴롭고, 가능하면 피하고 싶은 의무라는 어감을 가지고 있다. 그러나 책임이 사라진 공간을 상상해보면 그것은 얼마나 가혹하고 괴로운 것이겠는가.

＊

사람이 주위로부터 반응뿐 아니라 응답을 받고 있을 때 거기에는 일상이라고 불리는 풍경이 있다. 사람이 일상을 실감하는 건 필시 주위로부터 반응뿐만 아니라 응답을 받고 있을 때다. 그런데 응답하고 응답받는 상태가 무조건 당연한 건 아니다. 응답하고 있는데 응답하지 않는 것으로 여겨지는 사람도 있을 테고, 응답 수단을 현저하게 제한당하고 있는 사람도 있을 것이다. 그런 의미에서 일상은 결코 당연하게 존재하는 것이 아니다. 그것은 어떤 방식으로든 획득되어야만 한다. 일상은 삶의 출발점이 아니다. 그것은 살아나간 끝자락에 있다.

　일상을 어떻게 파악하는지를 하나의 기준으로 삼아 다양한 철학을 두 분류로 나눌 수 있을 것 같다. 가령 이 책에서 언급되는 하이데거 철학은 일상에서의 탈출을 생각한 철학이다. 그에 반해 일상의 성립을 거의 기적과 같은 것으로 파악하고, 그것을 획득해야 할 상태로 여기는 철학도 있다. 이 책의 논의는 후자의 계보에 자리하고 있다.

　우리 두 사람이 주로 소수자의 삶을 거론해 논하고 있다는 점이 그 이유 중 하나일 것이다. 하지만 이 무의식적인 선택은 현대라는 시대가 강요한 것으로도 여겨진다. 우리는 지금 일상이 파괴되는 시대를 살아가고 있는 건 아닐까. 확실히 복수의 개체가 모여 살고는 있지만 복수성에 참여하고 있다고 느끼기 어려운, 그런 시대를 살아가고 있는 건 아닐까.

　모든 시대 진단이 그렇듯이 이 진단 또한 증명될 수는 없으며 단지 직감으로 기술될 뿐이다. 다만 이 책의 논의가 이 시대 그 자체를 향하고 있음은 여기서 말해 두고 싶다.

＊

이 책의 바탕이 된 우리 두 사람의 토론을 책으로 만들도록 열심히 권한 분은 신요샤(新曜社)의 편집자 시미즈 마유미 님이다. 시미즈 님의 열의가 없었다면 이 책은 도저히 완성에 이르지 못했을 것이다. 이만큼 긴 토론을 정리해준 분도 시미즈 님이다. 진심으로 감사의 말씀을 드리고 싶다.

토론의 주된 장소는 아사히문화센터 신주쿠 교실이다. 담당인 요코이 슈코 님은 매회 정중하게 대해주었다. 이렇게 자유롭게 논의할 수 있는 자리가 지금도 확보되는 걸 당연하게 생각해서는 안 된다. 그건 현장에 계신 분들의 끊임없는 노력으로 유지되는 것이다.

토론장을 찾아주신 분들께도 감사를 표하고 싶다. 열심히 귀를 기울여주는 분들께 자극을 받아 우리도 머리를 '풀회전'할 수 있었다.

이 책의 '서장'은 도쿄공업대학에서 내가 담당하던 '문과 에센스' 강의에 구마가야 선생님이 초청자로 참석했던 회차의 내용을 재구성한 것이다. 과목을 이수해준 100여 명의 학생 대부분은 이과 계열의 대학원생이었는데, 놀랄 만큼 열심히 강의에 참여해주었다.

이 답답하고 어두운 세상에서도 연구자로서 무언가를 생각하고 그것을 발표할 생각을 할 수 있는 건, 여기에 소개해드리는 분들 그리고 책을 읽어주는 분들의 응답이 있기 때문이다. 이 책은 지금까지 받은 수많은 응답을 향해 우리 두 사람이 책임을 다하고자 한 응답이다.

2020년 10월, 고쿠분 고이치로

차례

서장

중동태와 당사자 연구

満席です。

つめておかけ下さい。

시작하며

고쿠분 여러분 안녕하세요.

　이번 시간에는 제가 작업을 하며 많은 자극을 받고 있는
구마가야 신이치로 선생님과 함께 '중동태와 당사자 연구'라
는 제목으로 다양한 각도에서 논의해보겠습니다. 구마가야
선생님과 여러분 모두 모쪼록 잘 부탁드립니다.

　저는 구마가야 선생님의 작업, 특히 '당사자 연구' 분야
에서 지난 10년간의 활약은 모든 수준에서 매우 획기적이고
중요하다고 쭉 생각해 왔습니다. 여러분도 이미 잘 알고 있
으리라 생각합니다만, 아야야 사츠키(綾屋紗月) 씨와 함께 쓴
『발달장애 당사자 연구』[1]와 신초 도큐먼트상을 받은 『재활
의 밤』[2]이라는 두 저작은 이번 논의에서 중요한 전제가 되기
도 하고, 또 오늘은 본편으로 들어가기 전 첫 시간이니 우선
구마가야 선생님이 직접 이 책들에 관해서, 본인과 당사자
연구에 관해서 꼭 먼저 말씀해주셨으면 합니다. 다음번 강

1　아야야 사츠키·구마가야 신이치로, 『발달장애 당사자 연구: 천천히 신
　중하게 이어지고 싶다(発達障害当事者研究—ゆっくりていねいにつながりた
　い)』, 의학서원, 2008.
2　구마가야 신이치로, 『재활의 밤(リハビリの夜)』, 의학서원, 2009.

의를 위한 사전 강의, 이런 느낌으로 간략히 말씀해주셨으면 합니다. 구마가야 선생님, 괜찮을까요?

구마가야 알겠습니다. 저도 지금까지 고쿠분 선생님의 저작에서 매우 중요한 함의를 많이 받아 왔고, 선생님의 작업은 당사자 연구에 있어서 현재 또 앞으로도 대단히 중요한 개념을 제공해줄 것으로 생각합니다. 이번 기회에 충분히 그에 관해 이야기 나누며 고쿠분 선생님과 깊은 논의를 거듭하고 싶습니다. 그럼, 말씀하신 대로 해보겠습니다. 잘 부탁드립니다.

당사자 연구의 이전 상황

구마가야 그럼, 조금 전에 고쿠분 선생님이 소개하신 '당사자 연구'란 어떤 것인지, 여러분도 무언가 이미지는 갖고 계실 거라고 생각합니다만, 우선 간략하게 설명하겠습니다. 다만 그 전에, 당사자 연구라는 것이 시작되기 전 장애를 가진 당사자의 상황이 어떠했는지 잠깐 이야기를 나누겠습니다. 그편이 당사자 연구라는 것이 왜 필요했는가를 이해하기에 쉬울 것 같습니다.

제가 태어난 해는 1977년입니다. 그때부터 지금까지 아직 반세기도 지나지 않았지만, 70년대 당시에는 장애인이 태어나면 가능한 한 정상인에 가깝게 만드는 것이 목표였습니다. 물론 세상에는 이를테면 골절이나 폐렴처럼 의학적인 치료로 금방 정상으로 돌아갈 수 있는 부상이나 질환도 있지만, 현대의학 수준으로도 많은 병이나 장애를 치료해 정상인에 가깝도록 만드는 건 힘든 일입니다. 그런데도 1970년대까지는 어쨌든 조금이라도 정상인에 가깝게 만드는 것이 목표였습니다. 저도 매일 여섯 시간 정도 재활 훈련을 했는데, 누워서 몸을 뒤집는 연습이라든가 무릎 서기 연습 등 정상인다운 동작을 할 수 있도록 다양한 훈련을 반복했습니다. 하지만 태어난 후 줄곧 장애가 있는 몸으로 살아가고 있는 저에게는 비장애인에 가까워진다는 목표는 뜬구름을 잡는 듯 애매한 것이었고, 도대체 무엇을 위해 훈련을 하고 있는지 저 자신도 무엇 하나 알지 못한 상태였습니다.

예를 들어 말하자면, 분명히 시합에 내보내주지 않을 걸 알면서도 마냥 타격 연습만 하고 있는 야구부원 같은…. 무엇을 말하고 싶냐 하면, 가령 '무릎 서기'라는 행위는 어떤 맥락 속에서 성립한다는 것입니다. 마루 같은 데 앉아 있다가 조금 높은 곳에 있는 무언가를 잡으려고 할 때처럼 말이죠. 요점은 목적과 상황적 맥락이 있어야 비로소 각각의 동작에 의미가 깃드는 것인데, 당시 제가 받고 있던 재활 훈련은 마치 상황과 분리된 스냅숏 같은 형태 모방처럼, 정상인과 똑같은 포즈를 취하는 것만이 목표였습니다. 게다가 훈련 때마다 저는 꽉 눌려지거나 팽팽하게 잡아당겨져서 온몸이 멍투성이가 되었지요. 감기에 걸려 병원에 갔다가 소아과에서 웃통을 올리고 청진기를 대던 의사가 제 몸에서 멍을 발견했는데, 부모님이 별실로 불려 가서 학대 의심을 산 적도 있다고 들었습니다. 『재활의 밤』에 그 당시 일도 상세히 썼지만, 어쨌든 끔찍한 나날이었죠.

갑자기 상황이 확 바뀐 건 1980년대에 들어서면서부터였을 겁니다. 어떻게 바뀌었냐면, 아주 간략히 말해서, 장애라는 건 내 피부 안쪽이 아니라 피부 바깥에 있는 것이라는 인식의 변화가 일어났습니다. 장애가 있는 당사자에게 이는 매우 큰 변화였습니다.

구체적으로 설명해보죠. 가령 제가 어떤 영화를 꼭 보고 싶다고 합시다. 하지만 그 영화관에는 계단밖에 없습니다. 저는 곤란하겠죠. 이는 이른바 장애 체험의 한 예시인데, 계단을 오르지 못하는 제 다리에 문제가 있다는 게 70년대까지의 사고방식으로, 오늘날에는 장애에 대한 이러한 예전의 사고방식을 '의료적 장애 모델'이라고 합니다.

반면 80년대에는 오히려 계단만 있고 엘리베이터가 없는 영화관 쪽에 문제가 있다고 생각하게 되었습니다. 더욱 일반화해서 말하면 사회 환경에 문제가 있다는 겁니다. 이런 사고방식을 '사회적 장애 모델'이라고 부릅니다. 즉 건물이나 도구, 대중교통 및 법 제도와 같은 다양한 사회 환경은 대부분의 경우 다수자(majority)가 사용하기 쉽도록 디자인되어 있기 때문에 일부 사람들은 그 디자인에 익숙해질 수 없으니 장애를 경험하게 된다는 생각으로 바뀌어 간 것입니다. 저는 80년대에 이런 사고방식을 접하고 매우 큰 충격을 받았습니다. 조금 과장되게 들릴지도 모르지만, 이제야 나는 살아갈 수 있겠다라고 생각했던 걸 기억합니다.

그때까지의 저는 아무리 재활 치료를 하고 멍이 들어도 정상인에 가까워지는 일은 있을 수 없고 그러면 과연 내 미래는 어떻게 되는 걸까, 줄곧 불안했습니다. 하지만 이 '사회적 장애 모델'이라는 생각을 접하며, 저는 저 자신을 바꾸지 않아도 괜찮을 것 같다는 생각이 든 것입니다. 환경을 바꿈으로써 다른 사람과 똑같은 기회를 얻을 수 있을지도 모른다, 어떻게든 나의 인생을 살아갈 수 있게 될 것 같다, 그렇게 느껴져서 비로소 희망을 품을 수 있었습니다.

'의료적 모델'에서 '사회적 모델'로—패러다임 변화의 배경

이렇게 70년대부터 80년대에 걸쳐 생겨난 변화의 원인으로는 크게 나누어 적어도 두 가지 배경이 존재했다고 생각합니다.

첫째는 의학계 내부에서 나온 경향입니다. 과거에는 경험이 풍부하고 저명한 선생님이 하는 말이 옳다고 생각하는, 일종의 권위주의가 팽배했습니다. 이름 있는 선생님이 "이렇게 치료합시다"라고 말하면, 쭉 그걸 믿고 모두들 재활을 했습니다. 이에 반해 80년대에는 선진국에서 재원(財源)의 문제가 표면화된 것도 영향을 미쳤겠지만, 저명한 선생님의 말씀이 정말로 맞는지를 통계로 확인하려는 경향이 두드러져 다양한 재활의 효과에 대해서 통계적 근거를 찾으려는 흐름이 생겨났습니다. 이른바 근거기반의학(Evidence Based Medicine: EBM) 시대가 열렸습니다. 연구 결과, 과거에는 효과가 있다고 여겨졌던 많은 재활 방법이 거의 효과가 없다는 것을 알게 되었습니다. 80년대는 그런 시대이기도 했습니다.

지금까지 고통을 면치 못했던 당사자가, 효과가 있다는 통계 데이터로 인해 그 고통에서 해방되고 치료된다는 건 이해하기 쉬운 스토리입니다. 다른 한편으로, 효과가 없다는 데이터에 의해 당사자가 해방되는 경우도 있다는 인식은 간과하기 쉽지만 매우 중요한 것이라고 생각합니다. 의학이 스스로의 한계를 설정함으로써 당사자가 과잉 의료에서 해방되는 경우가 있습니다. 이 점이 의학적 모델에서 사회적 모델로 변화한 배경에 있던 첫째 요인입니다.

둘째 요인은 당사자 운동입니다. 60년대부터 70년대에 걸쳐 다양한 소수자(minority)들이 나서서 '책임을 져야 하는 건 내가 아니다, 오히려 사회가 변해야 한다'는 사회운동을 전개했습니다. 장애인뿐만 아니라 LGBT, 여성, 소수 인종 등이 '바뀌어야 하는 건 사회다'라는 주장을 본격적으로 시작했던 시대였습니다. 저는 개인적으로도 이 당사자 운동에 감사함을 느끼는 장애인 중 한 명입니다. 사상으로서 또한 운동으로서 실천해준 선배들 덕분에 구원받은 것이라고 생각합니다.

이처럼 '통계주의'라는, 굳이 말하자면 우파적인 조류와 '당사자 운동'이라는 좌파적인 조류가 합류하여 "의학적 모델로는 안 된다는 것과 동시에 장애인의 인권을 해치는 것"이라는 점을 확실하게 인식하게 된 것이 80년대 전후였습니다. 이렇게 의학적 모델에서 사회적 모델로 바뀌는 큰 패러다임의 전환이 생겼다고 말할 수 있겠지요.

다만 이제부터 제가 이야기할 당사자 연구는 지금까지 말씀드린 장애를 둘러싼 세상의 변화에 지대한 영향을 받으면서도, 거기서 배제되어버린 당사자 안에서 생겨난 새로운 실천입니다. 무엇이 계승되고 무엇이 더해졌는가를 설명해 보겠습니다.

비가시적, 이해하기 힘든 장애―나는 도대체 누구인가?

당사자 연구가 생겨난 때는 2001년입니다. 원래는 홋카이도 우라카와(浦河)에 사는, 주로 조현병[3]이라는 정신장애를 안고 있는 당사자들에 의해 생겨났습니다. 여러분도 아마 이미 알고 계시는 '우라카와 베델의 집'(이하 '베델의 집') 사람들에 의해서입니다.

　그 후 당사자 연구는 정신장애뿐만 아니라 비교적 주위에서 '쉽게 드러나는(가시적)' 곤란함을 겪고 있는 사람들 사이에서 급속히 퍼져 왔다고 말할 수 있습니다. 보셔서 아시다시피, 저의 장애는 여러분 눈에 쉽게 띕니다. 딱 봐도 알 수 있죠. '휠체어를 타고 손도 다리도 구부러져 있으며 어쩐지 불편해 보인다.' 분명히 다수자와는 다른 신체를 가지고

3　〔옮긴이주〕과거 '정신분열증'으로 불리던 일종의 만성 정신장애다. 1990년대 이후 환자에 대한 차별, 인권침해 등의 이유로 '정신분열'이라는 단어 자체에 대한 비판이 제기되었고, 정상인에 비해 어떤 '부족'이나 '결여'로 표현하기보다 객관적인 상태 자체를 나타내려는 시도가 계속되었다. 그 결과 일본에서는 '통합실조증'이라는 용어로 대체했으며, 한국은 '조현병'이라는 용어를 택했다. 조현(調絃)은 현악기의 줄을 고른다는 뜻으로 마치 현악기의 음이 제대로 조율되지 않은 것과 같은 정신 상태를 표현한다. 이 책에서는 '조현병'으로 옮겼다.

있다는 사실이 전달됩니다. 가시적 장애의 경우, 당사자가 어떤 곤란함을 겪는지, 무엇이 필요한지를 주위에서도 쉽게 알아채는 경향이 있습니다. 예를 들어 제 경우라면, 계단은 오를 수 없을 것이라든가, 울퉁불퉁한 길은 힘들 것이라든 가, 그러니 엘리베이터나 경사로를 만들어주면 좋겠다든가, 무엇을 해주면 좋을까 하는 것을 제 몸 자체가 자타를 향해 강력하게 표현하고 있는 겁니다. 말로 표현하지 않아도 제 몸에서 메시지가 뿜어져 나오고 있지요. 제가 보기엔, 모세 와 같죠.(웃음) 이 몸뚱이로 사회에 뛰어들면, 저는 가만히 있 어도 사회 쪽에서 움직여 그 앞을 개척해주는 바가 있어서 어떤 의미에서 저 자신은 표현에 소홀해도 되는 혜택을 받 고 있다고 할 수 있습니다.

그런데 세상에는 정신장애, 자폐스펙트럼장애(Autism Spectrum Disorders, ASD)와 같은 발달장애 등 겉으로 보기에 대다 수 사람과 차이가 명확하게 드러나지 않는 장애가 그 외에 도 많이 있지요. 그러한 분들은 말없이 사회에 뛰어들기만 하면 길이 개척되느냐 하면 전혀 그렇지 않습니다. 사회적 모델이라고 해도 사회 환경의 어디를, 어떻게 바꾸어야 살 기 편해지는지 모른다는 문제가 발생합니다.

여기서 중요한 점은 주위에서 알아채기 힘든 비가시적 장애의 경우는 본인이 봐도 어디를, 어떻게 바꾸어야 할지 알기 어렵다는 것입니다. 가령 어려서부터 왠지 주위 사람 들과 똑같이 행동할 수 없거나 혹은 똑같이 느껴지지 않는 방식으로 형용할 수 없는 차이를 경험해 왔다는 자각은 있 지만, 도대체 왜 그렇게 되어버린 것인지, 자신의 성격 혹은 인격에 문제가 있는 건 아닌지, 혹은 노력 부족 탓인 건 아닌지 고민하며 스스로를 책망해 온 분들이 많이 있습니다. 그런 상황에서 사회를 바꿔 달라고 요구하는 건 어렵지요. 잘 안 되는 것이 내 탓일지도 모른다는 가능성을 부정할 수 없는 상황에서 사회에 배려를 요구하는 일은 여간해서 쉽지 않습니다. 그리하여 바로 그런 상황에 부닥친 당사자 안에서 '당사자 연구'는 생겨났습니다.

도대체 나는 누구인가, 어디까지가 내 노력으로 바꿀 수 있는 범위이고 어디서부터가 바꿀 수 없는 범위인가, 하는 그와 같은 물음에 대한 대답이 자명하지 않은 당사자들에게 있어서 동료와 함께(동료라는 건, '자신과 유사한 경험을 지닌 타자'라는 의미로 사용하고 있습니다. 물론 완전히 똑같은 경험을 한 타자는 존재하지 않으므로 어떤 의미에서 유사한 경험이라는 뜻입니다) 그것을 연구해 나간다는 것은 혼자서는 꽤 어려운 일입니다. 사회를 '바꾼다'에 앞서서, 유사한 경험을 지닌 동료와 함께 우리는 어떤 사람인가에 관해서 우선 그것을 '아는' 일을 목표로 합니다. '바꾸다'에 앞서 있는 '안다'를 지향한 활동이 당사자 연구입니다.

당사자 연구는 이렇게 해서 조현병 당사자 사이에서 생겨났으며, 그 후 약물의존증 당사자, 그리고 자폐스펙트럼 장애(이하 ASD)와 같은 발달장애, 혹은 만성 통증이 있는 당사자 등 다양한 영역으로 급속히 번져 갔습니다.

고쿠분   구마가야 선생님 감사합니다.

'의학적 모델'에서 '사회적 모델'로의 변화, 그리고 주위에서 '가시적 장애'와 '비가시적 장애'라는 구분 방법 등, 모두 당사자 연구에 관해 생각해보기 위한 전제로서 매우 중요한 이야기였다고 생각합니다.

이제부터는 구체적인 당사자 연구의 방법에 관해서 이야기해주셨으면 합니다만, 그 전에 한 가지 확인해 두고 싶은 것이 있습니다. 당사자 연구라고 하면, 아마 이걸 '당사자 주권'이라는 생각과 결부시켜 생각하는 사람들이 있을 것 같습니다. 그러니 우선 양자의 관계에 대해서 좀 확인해주시겠습니까?

구마가야   네. 70년대까지는 온정주의,[4] 즉 위에서 내려다보는 시선으로 '이것이 당신들에게 좋은 것이니 이런 것을 합시다'라는 형태로 본인의 자기결정권을 경시하고 잘되라는 뜻에서 일방적으로 앞서서 개입하는 태도나 실천이 특히 장애인에 대해서는 매우 강했습니다. 그에 맞서 등장한 것이 앞서 소개한 당사자 운동이었습니다. 그리고 당사자 운동에서 중시된 표어 중 하나가 '당사자 주권'입니다. 국민 주권과 똑같은 '주권'이죠.

---

4   [옮긴이주] paternalism. 온정주의 또는 가부장주의라고도 한다. 아버지를 뜻하는 라틴어 'pater'에서 비롯되었다. 아버지가 자식을 위해서 모든 결정을 내려주듯 의사가 환자에 관한 일을 가부장적으로 결정하고 간섭하는 사고방식을 가리킨다.

고쿠분 '자신의 일을 스스로 결정한다' 이런 뜻이죠. 우리 일은 우리 스스로 결정한다, 질병이나 장애를 가진 사람들이 이렇게 호소했습니다. 매우 중요한 운동이라고 생각합니다. 구마가야 선생님은 조금 전 그것에 고마움을 느끼고 있다고 말씀하셨습니다. 따라서 당사자 주권이라는 생각은 대단히 중요한 것입니다만, 그러나 동시에 그것만으로는 잘되지 않는 경우가 있습니다. 이 점을 확실히 해 두는 게 매우 중요하다고 생각합니다. 당사자 주권은 최종적으로 당사자 연구로 이어진다는 말인데, 그건 어떤 것일까요?

구마가야 "내 일은 내가 결정합니다"라고 말해도 그것이 어려운 상황이라는 게 있다고 생각합니다. 왜냐하면 온전한 결정을 내리기 위해서는, 무엇을 결정하면 어떤 결과가 자신에게 오는지, 그리고 어떤 결말이 자신에게 바람직한지를 알 필요가 있다는 겁니다. 또 이러한 지식은 자신은 누구인가 하는 것에 관한 아주 기초적인 지식이라고 생각하는데, 아까 말씀드렸듯이 자신이 바라는 상태나 자신의 생활 영역에 대해 '이렇게 하면 이렇게 될 것이다'라는 걸 잘 모르는 경우가 있습니다. 그렇게 되면 결정 자체가 곤란해지죠. 그리고 자신에 관한 기초적인 앎이 고갈된 경우, 그 곤란함의 원인을 자신의 노력 부족이나 의지박약 등에 귀속시켜버리는 일이 많아서, '나 스스로 나를 더 통제해야만 해'라는 분별없는 자기 컨트롤로 치우쳐서 문제가 복잡하게 될 수밖에 없습니다. 이런 상황에 처한 당사자에게 '주권'이라는 구호는 한층 더 자신을 몰아붙이는 기능을 할지도 모릅니다.

당사자 주권이라는 건 틀림없이 매우 중요한 사고방식입니다. 그러나 주권이라고 하는 생각만으로 충분한 경우는, 자기 자신을 알고 있다는 전제가 성립되어 있는 당사자뿐일지도 모릅니다. 그래서 결정을 내리거나 사회를 바꾸기 전에 우리의 일, 우리가 무엇에서 곤란함을 겪고 있는가, 도대체 나는 누구인가 하는 것들을 연구할 필요가 있는 당사자들이 당사자 연구를 필요로 했던 것이라 생각합니다.

고쿠분　그렇군요. 감사합니다. 당사자 연구와 당사자 운동에 대해서는 또 다른 기회에 별도로 차근차근 여쭤보고 싶습니다. 그럼 다음으로 당사자 연구의 방법에 관해 조금 설명해주시겠습니까?

증상과 함께 지역으로 나가다

구마가야　네, 그럼 말씀드리겠습니다. 첫 번째로, 앞에서도 잠깐 소개한 베델의 집에서 있었던 에피소드를 하나 이야기하고 싶습니다. 다만 그 전에, 일본의 정신장애인이 처해 있는 상황에 관해 조금 설명이 필요할 것 같습니다. 이미 언급했듯이 80년대 이후 조금씩 격리에서 해방되어 온 신체장애 당사자와는 달리, 여전히 정신병원에 장기 입원하고 있는 정신장애 환자가 많습니다. 일본의 정신 의료는 몇 가지 점에서 세계적으로도 독특한데, 일례로 OECD(경제협력개발기구)는 일본의 정신 보건이 어느 정도 개선되고 있음을 인정하지만 다른 나라에 비해 '탈시설화'가 뒤처진다고 보고합니다. 실제로 2014년 OECD 자료에 따르면, 일본만 정신장애가 유행하는 상황이 아닌데도 인구 1천 명당 정신과 병상수는 일본이 2.6병상으로 1위를 차지했으며, 이는 OECD에 가입한 35개국 평균인 0.7병상의 4배에 가깝습니다. 평균 재원일수는 298일로, OECD 평균인 약 36일과 크게 차이가 납니다.

이런 상황이 계속되는 배경에는 민간 정신병원의 비율이 높은 것, 정신장애에 대한 지역사회의 차별이나 편견 등 다양한 원인이 존재한다고 할 수 있겠지요. 그러한 원인들과 관련하여 일본의 정신 보건에서는, 가령 조현병의 주요 증상이라고 할 수 있는 환각이나 망상이 충분히 진정될 때까지는 지역사회로 나와서는 안 된다는 사고방식이 아직도 뿌리 깊게 남아 있습니다. 그 결과, 증상이 있는 사람들은 장기간 입원하고 있지요. 이는 조금 전 말씀 드린 '정상인과 같은 몸이 아니라면 사회에 나와서는 안 된다'라는 70년대 신체장애인이 처한 상황과 유사합니다. 또한 증상을 제로로 만드는 것이 지상 과제로 여겨지는 상황에서는 약물 복용량이 과잉되는 경우도 쉽게 발생합니다.

그런 상황 속에서 베델의 집이 앞서 나갔던 점 하나는 증상이 반드시 제거되어야 하는 것이 아니라고 생각한 점입니다. '제거되어야 한다'라는 발상은 증상에는 아무런 가치가 없다는 걸 전제로 한 것이지만, 베델의 집에서는 "증상에는 '자기구원'의 의미가 있다. 그렇다면 어떤 고생[5]에 대한

5 '베델의 집'에서는 질병이나 질환을 고생이나 곤란함, '애씀'으로 이해한

자기구원인 것일까. 그것을 연구해보자"라고 질문을 다시 설정했습니다. 이게 새로웠던 것이지요.

고쿠분 굉장하네요….(웃음)

구마가야 그렇죠.(웃음) 확실히 혁명적인 일이었다고 말할 수 있겠지요. 당사자 연구가 갖는 이러한 탈시설적인 측면이나 증상을 지닌 채 살아간다는 걸 긍정하는 측면은 앞서 이야기한 장애인 운동, 마찬가지로 70년대에 홋카이도에서 전개된 난치병 환자 운동에서 영향을 받았습니다. 난치병 환자나 신체장애인이 펼친 운동의 이념을 정신장애의 세계에까지 넓혔다고 볼 수도 있습니다.

　　장애의 종류를 뛰어넘어서 말할 수 있는 것인데, 지역으로 나오면 지금까지 없었던 새로운 고생이 생겨납니다. 지역 주민과의 관계나 당사자 동료 사이의 관계에서 당연히 셀 수 없을 정도의 '트러블'이 일어납니다만, 그런 현실 앞에 '그러면 이제 그만하자'고 해서는 안 됩니다. 오히려 '그렇다면 모두 함께 이 고생으로 가득 찬 상황을 연구하자'고 완강히 버텨야 합니다. 베델의 집 이념 중에는 '적극적인 무력함'이라는 표어가 있는데, 본인은 물론 주변의 가족과 이웃, 전문가나 활동지원사조차도 어떻게 해야 할지 모르는 막다른 상황에서 '그렇다면 스스로 연구할 수밖에 없다'고 생각한 것입니다. 일반적으로 '우리는 답을 모른다'는 '무지의 앎'을 갖고 다 같이 행하는 게 연구라고 한다면, 막다른 현실 속에

다. 자신의 고통을 새로운 방식으로 이해하는 것이며, 주위의 장애인들은 함께 고생해 나가는 동료들이다. 『베델의 집 렛츠! 당사자 연구』, EM 커뮤니티, 2016 참조.

서 무지를 자각할 수밖에 없었던 사람들 속에서 생겨난 것이 당사자 연구였습니다.

외재화와 동료의 힘

구마가야 그 구체적인 방법에는 몇 가지 포인트가 있습니다.

하나는 고쿠분 선생님의 『중동태의 세계』와도 밀접하게 관련된 부분이라고 생각하는데, 우리는 뭔가 트러블 같은 것이 발생했을 때 무심코 '범인 찾기'를 하기 쉽지요. 누구 탓인가? 하는 발상을 하기 십상입니다. 예를 들면 지역 주민과 트러블이 생겼을 때, '누구 잘못인가?' '누가 벌 받아야 하는가?'라는 생각으로 흘러가는 건 상상하기 어렵지 않을 겁니다. 우리는 그런 사고방식에 무의식적으로 익숙해져 있습니다. 하지만 그것은 연구가 아닙니다. 범인을 색출해서 해결로 삼는 것이 아니라 어디까지나 고생의 메커니즘을 찾는 일을 중시하는 게 당사자 연구의 방법입니다.

그것은 말하자면, 자연현상을 연구하는 일에 가깝다고 말할 수 있을지도 모릅니다. 예를 들면 '왜 비가 내리는가?' 하는 것. 누가 비를 내리게 했다는 생각은 하지 않고, 이 경우는 유체역학도 관계되겠지만, 비가 내리는 현상이 일어나는 메커니즘에 관해서 개인화해 연구하지 않는다는 태도를 우리는 공유하고 있지요. 베델의 집 사람들은 이러한 자연 현상뿐 아니라 사회적인 현상, 즉 주위 사람들과의 관계 속에서 일어나는 여러 가지 곤란함에 대해서도 범인 찾기보다 메커니즘을 찾는 태도를 지향해 왔습니다. 그리고 이 태도야말로 당사자 연구에서 가장 중요하며 기본적인 방법론적 태도라고 할 수 있겠지요. 이런 태도를 당사자 연구에서는 '외재화'라고 부르고 있습니다. 말하자면 '곤란한 행동을 한 그 사람이 나쁘다'는 식으로 문제의 행동과 그 사람을 합쳐버리지 않습니다. 문제와 사람을 분리하여, 행동을 비가 내리는 것과 같은 '사고(해프닝)'로 바라보고 연구 테이블에 올려놓아 모두 왁자지껄 떠들썩하게 그 메커니즘을 찾아간다는 것이 당사자 연구의 중요한 방법으로 채택되었습니다. 이러한 태도와 방법은, 각각에 맞는 다양한 방법을 자유롭게 개발해서 생생하게 전개하고 있는 당사자 연구에서 공통되게 이어지고 있으며 지극히 중요한 것입니다.

외재화 외에 당사자 연구에서 또 하나 중요한 방법론적 태도는 '동료의 힘'을 중시한다는 겁니다. 외재화라는 방법도 혼자서는 좀처럼 가능하지 않습니다. 타인의 관점을 통해서야 비로소 사건을 다른 사람의 일처럼 관찰할 수 있게 되는 경우가 많습니다. 베델의 집에서 자주 참조되는 당사자 연구의 하나로 '폭발 연구'라는 것이 있지요. 예를 들면 어떤 사람이 집에 불을 질러버렸다고 합시다.

고쿠분 방화를 해버렸군요.

구마가야 맞습니다. 일상적인 감각에서 나쁜 행동이지요. 처벌을 받아야만 하는 행동입니다. 그러나 당사자 연구에서는 그 불을 지르는 행위를 '방화 현상'이라고 표현하는 경우가 있습니다. 몬순 현상이나 뢴 현상과 마찬가지죠.

고쿠분 그렇군요.(웃음)

구마가야　그렇게 고쳐 부름으로써 방화 현상의 메커니즘을 알고자 하는 길이 뚫립니다. 그러나 이때 본인 혼자서 '방화 현상'이라고 고쳐 부르며 외재화하는 것은 꽤 어렵습니다.

고쿠분　그건 그렇지요.

구마가야　행위의 책임을 개인에게 귀속시켜 죄를 짊어지게 한다는 인식의 틀이 강고하기에 자기 혼자 그렇게 말해버리는 거라면 아마 분위기가 험악해질 겁니다.(웃음) 모두가 '방화 현상'으로 다루지 않으면 안 됩니다. 그러한 자리(場)의 힘이 외재화에는 필요한 것입니다.

　　물론 당사자 연구라고 24시간 외재화하고 아무도 질책하지 않는 시간과 공간이 계속되고 있을 리는 없지요. 연구의 시간만, '사건을 개인화하지 않고 이야기하면서 메커니즘을 찾기 위한 특수한 시간과 장소'로 구분해서 행하게 됩니다. 우선은 당사자 연구가 소중히 여기고 있는 방법이나 태도에 관해서 외재화와 동료의 힘이라는 두 가지 점에 주목해 설명해드렸습니다.

'면책'에서 '인책'으로

고쿠분　감사합니다. 당사자 연구의 중요한 점 중 하나가 외재화를 전제로 한 메커니즘의 해명이라는 것이군요. 즉 첫 번째로는 범인 색출을 하지 않는다는 것, 그리고 두 번째로 행위나 상황을 '현상'으로 파악한 다음 그 현상의 연구 성과를 동료에게 발표하고 발표를 통해 자신이 도대체 어떤 곤란함을 안고 있는지를 동료와 공유해 왜 그렇게 되고 있는지를 함께 연구하고 해명해 나간다는 것이죠.

앞서 방화 이야기를 들으시고 '아, 그래도 방화는 좀 아니지'라고 생각하는 분이 여러분 중에 당연히 계실 겁니다. 하지만 사실 이쪽의 문제 행동은 방화만이 아닙니다. 집 안의 중요한 물건을 닥치는 대로 부수는 등 다양한 문제를 안고 있었습니다.

그렇지만 불가사의하게도 일단 그 행위들을 외재화하고 자연 현상처럼 받아들이는, 즉 면책한다면 외재화된 현상의 메커니즘이 점차 해명되고 그 결과 자신이 한 일에 대한 책임을 받아들일(인수할) 수 있게 된다는 것입니다. 이 점을 당사자 연구를 통해서 알 수 있었습니다. 매우 신기한 일이지만, 우선 면책(免責)함으로써 최종적으로 제대로 인책(引責)할 수 있게 되는 것입니다.[6]

반대로 처음부터 이건 네가 그랬다고 질책하는 것은 인책으로도, 해명으로도 이어지지 않습니다. 그렇게 하면 결국 또 같은 일을 저지르고 맙니다. 애초에 본인도 '어째서 나는 이런 일을 저질러버리는가'를 생각하며 자책하는 겁니다. 그런 마음이 해명을 가로막는지도 모릅니다. 그래서 일단 면책을 받음으로써 자신이 도대체 무엇을 했는지, 그때

6   [옮긴이주] 책 제목이 『책임의 생성』인 만큼 '책임'이 중요하게 다뤄진다. 면책은 책임을 '면한다'는 뜻이며, 반대로 인책은 '인수한다, 끌어안는다'이므로 책임을 자기 것으로 삼는다는 뜻이다. 우리는 흔히 '인책성 인사' 등으로 쓰지만 '스스로 받아들인다'는 함의를 염두에 두면 좋겠다.

도대체 어떤 느낌이었는지를 연구해봅니다. 그것이 책임으로 향하는 길을 열어줍니다.

구마가야 말씀하신 그대로입니다. 아마도 무조건 반성하라고 해서 누구나 반성할 수 있는 건 아닙니다. 그것은 저도 가슴에 손을 얹고 생각해보면 잘 알 수 있습니다. 그리고 고쿠분 선생님도 말씀하시듯이, 일단 면책을 받고 그 일을 동료들과 공유하면 이상하게도 자기 안에서 자신이 한 일을 반성하고 스스로 책임을 진다는 마음이 자연스럽게 솟아나기도 합니다. 이것이 당사자 연구의 흥미로운 점이지요.

고쿠분 네, 정말 그렇습니다. 조금 이야기가 빗나갈지도 모르겠습니다만, 최근 주목받고 있는 치료법으로 '오픈 다이얼로그(Open Dialogue)'가 있지요. 북유럽에서 개발된 정신질환 치료법인데, 조현병 급성기에 있는 사람 혹은 가족이 조금 이상하다거나 혹은 어떤 문제가 있었다고 병원에 연락하면 병원에서 24시간 이내에 치료팀이 휙 하고 찾아와 환자와 대화를 합니다. 환자를 비판하지도, 비난하지도 않아요. 투약도 입원도 시키지 않습니다. 그냥 대화를 나눕니다. 그러면 낫게 됩니다.

구마가야 환자를 모놀로그(독백)로부터 다이얼로그(대화)의 장으로 끌어내는 방법이지요. 그리고 "그럼 내일도 또 만나요~" 하고는 모두 가버려요.

고쿠분 이게 치료 효과가 아주 크다는 점이 진짜 흥미로운 일입니다. 이건 정신과 의사가 실업자가 된다는 말이기도 하겠지요? 그럼에도 불구하고 그것을 정신과 의사들 스스로 진척시키고 있다니 정말 대단하다고 느꼈습니다.

그런데 인책에 관한 이야기입니다만, 제가 쓴 『중동태의 세계』가 오픈 다이얼로그를 사유하는 데 큰 참고가 된다고 여기신 분들의 초청으로 제가 관련 심포지엄[7]에 참석해 강연한 적이 있었습니다. 마지막 질의응답에서 "저는 범죄 가해자입니다"라는 말로 시작하며 감상을 말해주신 중년 남성이 계셨습니다. 저는 그 강연에서 "자유의지라는 건 존재하지 않습니다"라는 얘기를 했는데, 그 남성분이 그 말을 듣다가 눈물이 났다는 겁니다. 그리고 이런 말씀을 하셨습니다. "저는 죄의식을 가져야 한다고 쭉 생각해 왔지만, 그게 어떻게 해도 잘 안되었어요. 그런데 강연을 듣고 처음으로 죄의식을 느꼈습니다. 제가 나쁜 짓을 했다고 느꼈어요"라고 말씀하시는 겁니다. 깜짝 놀랐지요.

구마가야 그거 놀라운 이야기네요.

고쿠분 저는 교도소에 간 적도 없고 그분이 교도소에서 어떻게 지냈는지도 몰라요. 그런데 그분은 "네가 잘못한 거야, 반성해!"라고 주위에서 계속 듣지 않았겠습니까. 물론 자신도 반성하려고 했겠지요. 하지만 그런 말을 들었다고 해서 인간이 저절로 반성할 수 있는 것도 아니고, 애초에 자신이 어째서 그런 일을 해버렸는지 모를 수도 있고, 아마 어떻게 반성해야 하는지도 모를 테지요.

---

7 오픈 다이얼로그 네트워크 재팬(ODNJP) 주최 심포지엄 〈오픈 다이얼로그와 중동태의 세계〉(2018년 9월 23일, 도쿄대학 코마바 캠퍼스). 이 심포지엄의 강연 및 질의응답은 『정신간호 특집—오픈 다이얼로그와 중동태의 세계』(2019년 1월호, 의학서원)에 수록되었다.

분명 그분은 주위로부터 "너는 네 의지로 범죄를 저지른
것이다"라는 말을 줄기차게 들었을 것이고 본인도 그렇게
생각하고 있었겠지요. 그래서 오히려 "자유의지 따위는 존
재하지 않는다"라는 말을 듣고 의지를 면죄받으니, 역으로
자신이 저지른 죄를 받아들이려는 책임감이 생겨난 건 아닌
가, 하는 그런 생각이 들더군요.

구마가야　그와 관련해서 제 에피소드를 말씀드려도 될까요?

고쿠분　네, 물론입니다.

구마가야　최근 학교나 기업, 가족 등 여러 장소에서 당사자
연구를 실천하려는 시도가 있는데요. 그 노력의 하나로 베
델의 집 사회복지사 무카이야치 이쿠요시 씨가 중심이 되어
의료 관찰 병동이라고 하는 장소에서 실천하고 있습니다.

　　이 병동은 중대한 형사 사건(살인, 방화, 강간, 강제추행, 강
도, 그리고 상해 중에서도 심각한 상해를 입힌 사건)을 일으킨 정신
장애자 중 재판에서 심신상실 또는 심신미약 상태라는 이유
로 기소되지 않거나 무죄나 집행유예 판결을 받은 경우, 그
리고 사회 복귀를 위해서는 교도소에서 복역하는 것보다는
전문적인 처우가 더 필요하다고 법원이 판단한 경우에 의료
와 관찰을 제공하는 병동입니다. 이 특수 병동에서 퇴원하
려면 입원 중인 의료기관 또는 대상자 본인 등으로부터 신
청을 받은 법원의 '퇴원 허가 결정'이 필요합니다. 병식(病識)
이나 내성, 통찰을 포함한 정신과적 상태에 더해 정동(情動)
제어, 지역의 수용 능력, 치료의 지속을 저해하는 요인 등 70
개 항목 정도로 이루어진 공통 평가 항목을 의료기관이 계
속 평가하여 개선이 인정된 점을 근거로 법원에 퇴원을 신

청하는 것입니다. 하지만 기존 의료로는 퇴원까지 이르지 못한 분들이 있었습니다.

그래서 베델의 집 사람들이 "예전의 우리처럼 퇴원할 수 없는 동료가 거기에 있는 것 같다"며 나섰습니다. 그리고 침대에 결박된 동료들 곁으로 가서 아이패드를 펼쳐서 보여주며 당사자 연구를 하기 시작했습니다. 연구가 진전됨에 따라 자기 자신이 행한 일의 의미를 깨닫는 사람이 나오기 시작했습니다. 책임에서 면해지면서(면책) 잘못된 일의 메커니즘이 밝혀지고, 그로 인해 자신의 책임이라는 마음(인책감)이 북받쳐 오릅니다. 고쿠분 선생님이 아까 이야기해주신 것처럼 솟아나는 듯한 반성에 더해 자신이 증상에 조종되고 있었음을 깨닫는 현상이 차례차례 일어나고 있어서, 해마다 한 번씩 그 보고회가 이루어지고 있습니다. 책임을 받아들인다는 '인책' 문제와 일단 그것을 곁에 두고 연구하는 일이 밀접하게 관련되어 있다는 점은 그러한 보고로부터도 뼈저리게 느끼고 있는 바입니다.

고쿠분 과연 그렇군요. 그 경우 '반성'이라는 말이 적절한지는 잘 모르겠네요. 달리 적절한 말을 좀처럼 찾을 수도 없지만, 저는 '책임' 혹은 '책임감'이라는 단어를 사용하고 싶습니다. 책임이란 'responsibility', 즉 응답(response)입니다. 자기가 저지른 일에 대해서 자기가 대답한다, 그게 진정한 책임감이라고 생각하거든요. '책임'이라는 말을 어떻게 재정의할 것인가, 그것을 어떻게 이해할 것인가에서 당사자 연구는 큰 힌트를 줍니다. 또 책임의 문제는 제가 『중동태의 세계』에서 생각하고 싶었던 것이기도 합니다.

당사자 연구의 역사, 방법 그리고 현재에 대해서 구마가야 선생님이 말씀해주셨습니다. 마지막으로 아야야 사츠키 씨와 함께 진행해 온 당사자 연구를 통해 구마가야 선생님이 어떻게 ASD에 접근하셨는지에 관해 듣고 싶습니다. 구마가야 선생님, 계속 말씀을 부탁드려도 될까요?

『발달장애 당사자 연구』의 전제─디스어빌리티의 임페어먼트화

구마가야 예. 아야야 사츠키 씨는 ASD(자폐스펙트럼장애) 진단명을 받은 당사자인 동시에 당사자 연구를 하는 전문 연구자입니다. 저는 아야야 씨와 2006년 이후 당사자 연구를 함께 진행해 왔는데 연구를 시작한 즈음에 우리가 깊게 유념한 점이 두 가지 정도 있습니다. 차례대로 설명하겠습니다.

아야야 씨와 제가 유념한 것 중 첫 번째는 ASD를 사회적 모델 성격으로 곰곰이 생각해보자는 점이었습니다. 그러다 보니, 종래의 ASD 연구에 대해서 아무래도 납득할 수 없는 점에 부딪쳤습니다. 무슨 말인지 설명해드리겠습니다.

ASD 진단 기준을 보면, '사회적 커뮤니케이션 장애'라고 쓰여 있습니다. 커뮤니케이션 장애란 가령 누군가와 나 사이에 발생하는 트러블이나 오해, 엇갈림인데 그것이 진단 기준의 핵심에 있습니다. 그럼 이 커뮤니케이션 장애라는 건 피부 안쪽에 있는 장애인가, 아니면 신체 외부에 있는 장애인가, 어느 쪽인지 고민했습니다.

제 경우로 바꿔 생각하면, "나는 이동에 장애가 있다"라고 표현하는 경우가 있습니다. 이동에 어려움이 있다는 뜻이죠. 하지만 경사로 또는 엘리베이터가 있으면 이동 장애는 발생하지 않습니다. 즉 저의 이동 장애는 제 피부 안에 항상 존재하는 장애가 아니라 환경과 저의 상호작용에 따라서 발생하거나 발생하지 않는 것입니다. 간단히 말해서 환경의 영향을 받는다는 말이죠. 그리고 장애의 사회적 모델에서는 그러한 환경과의 상호작용으로 생기거나 사라지거나 하는 장애를 '디스어빌리티(disability, 장애)'라고 표현합니다.

그에 반해 피부 안쪽에 있는 장애, 예를 들면 다리가 움직이지 않는다거나 손이 구부러져 있다거나 하는, 어떤 환경에 놓여 있더라도 여전히 내 신체의 특징으로서 계속 존재하는 장애, 환경으로부터 독립적으로 존재하는 장애는 '임페어먼트(impairment, 손상)'로 표현됩니다. 디스어빌리티와 임페어먼트, 번역하면 모두 '장애'가 되어버리지만 완전히 다른 것입니다.

그렇다면 커뮤니케이션 장애는 임페어먼트인가 아니면 디스어빌리티인가. 단순히 생각하면 디스어빌리티이지요. 왜냐하면 속마음을 아는 상대와는 커뮤니케이션 장애가 자주 발생하지 않지만, 서로 잘 맞지 않는 사람과는 발생하기 쉬우니까요. 혹은 공통 전제가 없는 사람이나 문화적 배경이 다른 사람일 경우 발생하기 쉽고 그렇지 않으면 발생하기 어렵습니다. 타인은 자신에게 있어 환경의 일부입니다. 그러니 환경인 타인과 잘 맞지 않아서 발생하는 커뮤니케이션 장애는 앞에서 제시한 이동 장애와 마찬가지로 디스어빌리티라고 생각할 수 있습니다.

그러나 신체장애와 달리 ASD의 경우, 그 진단 기준에 '커뮤니케이션 장애'라고 명시되어 있어요. 여기서 주의해야 할 점은, 일반적으로 진단 기준이라는 것은 원칙적으로 임페어먼트를 기재해야 하는 문장이라는 겁니다. 왜냐하면 환경과 관계없이 본인의 특징을 나타내는 것이 진단 기준이라는 용어가 해야 할 역할이기 때문입니다. 실제로 ASD의 진단 기준은 마치 임페어먼트를 나타내는 것처럼 해석되어 전 세계적으로 사용되고 있습니다. 하지만 뭔가 이상하다고 느껴지지 않습니까?

우리는 이러한 상황을 '디스어빌리티의 임페어먼트화'라고 부르며 비판해 왔습니다. 본래는 디스어빌리티 차원의 현상이 진단 기준에 뒤섞이고 있음에도 불구하고, 그것이 임페어먼트 차원의 신체적 특징인 양 해석되고 있습니다. 매우 염려스러운 일이죠. 예를 들면 제멋대로인 상사와 커뮤니케이션 장애가 있다든가, 문제가 있는 직장 안에서 주위와 커뮤니케이션이 잘되지 않는다든가, 가부장적이고도 가정폭력 성향이 있는 남편과 대화를 하기가 어렵다든가 하는 등의 커뮤니케이션 장애라 해도 본인보다는 환경 쪽에서 변해야 할 책임이 있는 경우가 있습니다. 그런데도 커뮤니케이션 장애를 영속적으로 내 쪽에 귀속되는 성질이라고 해버리면, 그러한 상황에서 주위와 잘 지낼 수 없는 것이 모두 내 쪽의 책임이 되어버리기 십상입니다. 두말할 필요 없이 그런 식의 해석은 참을 수 없을뿐더러 의료적 모델로 역행하고 있다고 말할 수밖에 없습니다. 디스어빌리티의 임페어먼트화는 사회적 모델에서 대응해야 할 장애의 범위를 의료적 모델로 대응하는 오류로 몰고 갑니다. 이는 ASD의 현장에서 계속 일어나고 있는 일입니다. 이 점이 아야야 씨와 제가 수행해 온 연구에서 대전제로 삼은 것 중 하나입니다.

이러한 선행 연구에 관한 비판적 검토를 근거로 아야야 씨 쪽에 영속적으로 존재하는 특징과 환경이 달라지면 변하는 현상을 분리하는 연구를 해야만 합니다. 다시 말해, 디스어빌리티의 임페어먼트화에 대한 세심한 연구가 필요하다는 것을 가장 먼저 확인한 것입니다.

사용한 방법은 역시 당사자 연구였습니다. 아야야 씨 또한 지금까지 다양한 장면에서 '일탈'로 여겨지는 행동을 하고는 주위로부터 질책을 받거나 자책을 하곤 했습니다. 하지만 그처럼 자기 책임으로 개인화된 가치판단을 일단 제쳐두고, 어디까지나 '당사자의 경험'이라는 시선으로 외재화해서 아야야 씨 안에서 어떤 일이 일어나고 있는가를 찾아 나가기로 했습니다.

여기서 한 가지 보충해야 하는 건, 디스어빌리티와 임페어먼트는 일대일 대응을 하지 않는다는 점입니다. 이것이 우리가 두 번째로 유념한 'ASD에 관한 연구가 아닌, 아야야 씨 개인에 관한 연구를 한다'라는 방침으로 이어진 이유입니다.

예를 들면, 아까 저의 케이스로 말씀드렸던 '이동 장애'라는 디스어빌리티가 있습니다만, 이동 장애라는 하나의 디스어빌리티가 발생할 수 있는 임페어먼트에는 여러 가지가 있습니다. 가령 다리가 움직이지 않는 임페어먼트, 혹은 눈이 보이지 않는 임페어먼트가 그렇겠지요. '농맹'이라고 해서 눈과 귀 모두 불편한 경우나 또 인지증(치매)의 경우 등에서도 이동 장애가 일어날 수 있겠지요. 이들은 임페어먼트로서는 서로 전혀 다름에도 불구하고 다수자를 위한 환경에서 이동 장애가 생길 수 있다는 점에서는 공통됩니다. 디스어빌리티로는 하나의 이동 장애이지만 여러 임페어먼트가 대응합니다. 또 한편, 하나의 임페어먼트에 대해서 생길 수 있는 디스어빌리티의 종류 역시 다양합니다. 예를 들면 저는 이동 장애뿐만 아니라 옷을 갈아입을 때, 목욕할 때의 디스어빌리티도 경험하고 있습니다.

하지만 만약 ASD라고 하는 개념 자체가 순수한 임페어먼트를 기술하는 개념이 아니라 디스어빌리티가 뒤섞인 것이라면, ASD를 진단받은 사람이 10명 정도 모이면 임페어먼트는 십인십색이 될 가능성이 있습니다. 바로 저희가 함정이라고 생각한 점입니다. 이것이 우리가 당사자 연구를 하기로 결정했을 때 'ASD의 임페어먼트란 무엇인가'라는 물음에는 답하지 않는다고 선언한 이유이며, 이것이 아야야 씨와 제가 두 번째로 깊이 유념하고자 한 것입니다. ASD 안에 디스어빌리티가 뒤섞여 있는 현상을 맞닥트렸기에 ASD라고 진단된 사람들에게서 공통의 임페어먼트를 탐구하려는 시도는 논리상 이미 실패로 귀결될 수밖에 없다고 생각한 것입니다. 실제로 전 세계의 ASD 연구가 다양한 ASD 사람들에게 공통된 임페어먼트를 탐구하고 있지만, 그 시도는 잘 안되는 게 아닌가 하고 지적하는 연구자도 적지 않습니다. 이는 개념상의 문제여서 아무리 경험적인 연구를 거듭했다고 해도 애초부터 시작이 잘못된 것일 수도 있습니다.

이상과 같은 이유로 아야야 씨와 당사자 연구를 시작하면서, ASD와 커뮤니케이션 장애라는 개념은 디스어빌리티를 기술한 것이지 임페어먼트가 아니라는 인식을 출발점으로 삼은 것과 아야야 씨 고유의 경험을 상세하게 기술한다는 것, 이 두 가지를 서로 확인했습니다.

또한, 오늘날 ASD 진단을 받은 사람들 사이에 이와 같은 연결고리가 넓어짐으로써 결과적으로 지금 일본 사회에서 저마다 독특한 임페어먼트를 지닌 사람들이 '디스어빌리티로서의 ASD'를 짊어지고 있는 것이라는 전체적인 상을 그릴 수 있으리라 여겼습니다. 그리고 그 첫 포석이 되기를 바라며 아야야 씨와 『발달장애 당사자 연구』를 쓴 것입니다.

고쿠분 디스어빌리티의 임페어먼트화. 과연 ASD의 진단 기준이란 매우 불가사의한 구조를 내포하고 있음을 잘 알게 되었습니다. 아야야 씨와 구마가야 선생님의 『발달장애 당사자 연구』는 2008년에 출간되었지요. 읽으신 분이 많을 텐데, 이 책의 몇 가지 포인트에 관해 설명해주시겠습니까?

'묶어내기'와 '간추리기'의 곤란함

구마가야 이 책에는 여러 갈래로 나뉜 아야야 씨의 다양한 경험이 적혀 있는데요, 고쿠분 선생님과의 이번 논의에 관계되는 것은 특히 '지각'과 '기억'에 관한 것입니다.

아야야 씨에게는 세계가 어떤 식으로 보이는가, 어떤 식으로 들리는가, 혹은 신체 내부, 예를 들면 내장의 감각 등은 어떻게 느껴지는가, 공복감은 어떻게 느껴지는가 등, 우선은 지각의 사안에서 이 책은 시작하고 있습니다. 그리고 기억, 즉 과거의 사건이 어떤 식으로 떠오르는가, 혹은 꿈을 꿀 때는 어떤 식인가 하는 논의가 이어집니다. 여기까지 임페어먼트에 관한 대략적인 이론을 끌어냈고, 이후 타인과의 관계에 관한 내용이 등장하기 시작하여 이론의 타당성을 검토하는 응용문제가 배치되어 있습니다.

기억과 밀접하게 관련된 것이지만 우리는 자기 과거의 경험을 일회성 에피소드로 경험하는데 이 에피소드 기억은 어떻게 정리 정돈이 되어 있는가도 짚어 두고 있습니다. 참고로 2010년 이후에는 '운동'에 대해 다루기 시작했습니다. 예를 들어 목소리를 낸다는 운동이 있는데 이 현상은 어떤 식으로 행해지고 있는가 하는 것입니다.

이 책에 관해 한 가지 더 파고들면 '감각 포화'라는 개념이 중요한 키워드로 등장합니다. 나중에 또 고쿠분 선생님과 이 개념에 관해 이야기를 나누고 싶습니다만, 책이 간행된 2008년 시점에는 '묶어내기'와 '간추리기'라는 관점에서 연구하고 있었습니다. 좀 더 설명해보죠.

우리의 의식 속에는 항상 대량의 또 여러 종류의 감각 입력이 있습니다. 하지만 우리 대부분은 거의 무의식중에 그것들을 하나의 카테고리로 묶어냅니다. 또한 그중에서 지금 집중해야 할 것은 이것이다, 저건 아니다 하는 식으로 간추리고 있습니다. 이 묶어내기와 간추리기의 곤란함이 아야야 씨의 임페어먼트로서 가장 근본적이고 기저의 것이 아닐까 하는 것이 이 책에서 우리가 가설로 제시한 것입니다. 나중에 다시 그 근원으로 거슬러 가게 되지만, 2008년 시점에서는 그러한 이론을 제시했었습니다.

일례로 아야야 씨는 공복감, 배가 고프다는 감각을 느끼기 어렵다고 말합니다. 우리 대부분은 배가 고프다는 감각을 일상적으로 느끼는데, 그건 위 주위가 꽉 죄는 느낌이 든다든가, 입에서 침이 고인다든가 하는 공복감과 관련된 신체 감각을 받아들임으로써 자각한다고 생각합니다. 그런데 사실은, 가령 어제는 머리를 감지 못해서 두피가 찝찝하다든가, 손가락의 거스러미가 아프다든가, 등이 조금 근질근질하고 가렵다든가, 목마르다든가, 실로 다양한 감각이 동시에 의식 속에 파고들어 와 있을 겁니다. 우리 대부분이 공복을 자각하는 것은 공복감과 관계가 있는 것과 없는 것을 무의식적으로 배분해서 공복감과 관련된 것만 간추려서 '공복감'으로 묶어낼 때다, 이렇게 말할 수 있겠지요.

한편 아야야 씨의 경우는, 이 간추리기와 묶어내기에 시간이 걸립니다. 결과적으로 '배가 고프다'고 알아차릴 때까지 끼니를 거르게 되기도 합니다. 사실 이건 다른 당사자에게 물어봐도 비교적 많이 보고되는 현상인 것 같습니다. 공복감 외에도 요의(尿意)를 알 수 없다, 변의(便意)를 알 수 없다는 등 외부에서 들어오는 정보가 아니라 내장에서 오는 정보에 대해서 그것을 간추리고 묶어내는 데 곤란한 상황이 있다는 구체적인 사례를 보고하는 당사자가 적지 않습니다.

지각 중에서도 '내장'이 매우 중요하다는 것은 2008년 이후 우리가 일관되게 생각해 온 것이었습니다.

평균적인 사람들은 피부의 바깥쪽이나 안쪽에서 전해 오는 대량의 감각을 그때마다의 목적 또는 맥락에 맞는 것에 주의를 기울여 간추리고, 그것이 어떤 카테고리인가를 묶어냅니다. 즉 '지각'의 구성입니다. 그리고 그 지각에 행동으로 대처합니다. 배고픔을 감지하면 무언가를 먹는다는 거지요. 아야야 씨의 경우 그 프로세스가 느립니다. 즉 항상 대량의 자극이 동등하게 의식으로 올라오고, 게다가 그것의 의미가 정리되지 않는 채 생명 자체가 제공하는 감각에 가까운 자극이 의식에 떠오른다고 이 책에는 쓰여 있습니다.

고쿠분 구마가야 선생님, 대단히 감사합니다. 마지막 이야기는 제 관심사와도 직접 연결되어 있기에 제 쪽에서 조금만 보충하고 싶습니다.

'바로 이것임'과 상상력

고쿠분 아야야 씨의 지각은 외부로부터의 여러 자극이 등가로 받아들여져 간추리기와 묶어내기가 잘되지 않는다는 점을 구마가야 선생님이 설명해주셨습니다. 여기서 철학 이야기를 조금 하고 싶습니다.

중세 스콜라 철학에 '하에케이타스(haecceitas)'라는 개념이 있습니다. 글자 그대로는 '이것(haec)'이라는 걸 의미합니다. 영어로는 'this-ness'라고 하니까 여기서는 '바로 이것임'

이라고 번역하고 싶은데, 개별적·구체적으로 특별한 의미를 갖는 대상이 나타날 때 그 대상에는 '이것임'이 있다고 하는 거죠. 바꾸어 말하면, 다름 아닌 바로 이 개체, 대체 불가능한 이것으로써 이 사물이나 이 사람을 볼 때 거기에는 '이것임'이 발견된다고 생각하는 것입니다.[8]

그 반대는, 가령 '선생님'이나 '학생'과 같은 방식으로 개체를 보는 겁니다. 이러한 일반명(一般名)으로 개체를 본다는 건 무리의 일원으로 본다는 걸 의미합니다. 개체가 거기서는 일반적인 무리로 환원되어 있습니다. 그에 반해 '바로 이것임'이란 특성으로 개체를 파악한다는 건, 예를 들면 구마가야 선생님을 구마가야 선생님으로, 고쿠분을 고쿠분으로 파악한다는 겁니다. 이렇게 생각해보면 '바로 이것임'인 특성이 고유명(固有名)과 결부되어 있음을 알 수 있습니다. 고유명으로 지명되는 개체에는 '이것임'이란 특성이 있는 것입니다.

고유명이라는 것은 사실 매우 성가신 존재인데, 철학에는 이에 관한 방대한 연구가 축적되어 있습니다. 여기에서 다뤄지고 있는 문제는 대단히 간단하게 말하면 어떻게 고유명은 그것이 지칭하고 있는 개체를 지칭할 수 있는가, 라는 것입니다. 예를 들어 '후지산'이라는 고유명은 왜 시즈오카와 야마나시에 걸쳐 있는 그 산을 지칭하는 것일까요?

---

8 〔옮긴이주〕 국내에서는, 특히 철학 분야에서는 대개 '개별성'이나 '개성' 등으로 번역한다. 하지만 원문의 표현을 살려, '바로 이것임'이라는 일상적인 어감을 전하고자 이렇게 번역한다.

설명 중 하나로, 고유명은 그것에 의해 지명된 개체에 관한 무수한 설명의 묶음이고 이를 생략한 것이라는 사고방식이 있습니다. 이를 기술주의(記述主義)라고 합니다. 예를 들면 '시즈오카와 야마나시 두 현에 걸쳐 있는 산이며, 화산이고, 일본의 최고봉이고, 해발 3,776미터이며…'라는 무수한 설명이 실은 '후지산'이라는 고유명에 깃들어 있고, 그것을 생략해서 '후지산'이라고 말한다는 겁니다.

이것은 말하자면, 일반적인 설명을 무한히 쌓아 올림으로써 고유명을 설명하려는 방식인데 자세한 설명은 여기서는 생략하고, 크립키(Saul A. Kripke)라는 사람이 이 기술주의의 사고방식이 지닌 모순을 밝혔습니다.[9] 개체를 특정하는 설명을 '확정기술(確定記述)'이라고 하는데, 크립키에 따르면 고유명은 확정기술의 묶음으로 환원할 수 없습니다. 아무리 확정기술을 모아도 무언가 잉여가 남습니다.

이 잉여야말로 '바로 이것임'의 근거라고 해도 좋겠지요. '바로 이것임'에서 파악된 개체, 예를 들면 저 고쿠분에 대해서 '대학 교수이며, 철학을 가르치고 등등…' 아무리 확정기술을 쌓아 올려도 모두 설명할 수 없는 무언가가 남습니다. 저희 두 사람의 벗인 마쓰모토 다쿠야(松本卓也) 씨는 이 잉여를 '퀄리아(qualia)'라는 말을 사용해 설명합니다.[10] 즉 '질감'이죠. 그것이 고유명의 '바로 이것임'을 지탱하고 있습니

9   솔 크립키, 정대현·김영주 옮김, 『이름과 필연』, 필로소픽, 2014.
10   마쓰모토 다쿠야, 스즈키 쿠니후미 외 엮음, 「자폐스펙트럼장애와 '이것임'(自閉症スペクトラムと〈この〉性)」, 『발달장애의 정신병리I(発達障害の精神病理I)』, 세이와쇼텐, 2001.

다. 조금 설명이 길어졌지만, 이 개념을 사용하여 방금 구마가야 선생님의 이야기를 다르게 설명할 수 있다고 생각합니다.

모든 지각, 외적인 자극이 등가의 것으로 다가온다는 건 온갖 것들이 '바로 이것임'으로 경험된다는 뜻입니다. 묶어내기와 간추리기가 이루어지기 위해서는 '이들은 학생이다'라든가 '저들은 선생님이다'와 같은 일반명으로 파악할 필요가 있습니다. 이 방에도 의자가 많이 있지만 대부분의 사람은 각각의 의자에 신경 쓰지 않습니다. 왜냐하면 그것들은 '의자'라는 일반적인 이름으로 파악되고 있으니까요. 그러나 온갖 것들이 '바로 이것임'을 갖고 경험된다는 건, 마치 의자 하나하나가 이름을 갖고 있고 자기주장을 하는 듯 느껴진다는 것입니다. 그러면 그 사람은 외부로부터 도저히 처리할 수 없는, 터무니없는 양의 정보를 받게 됩니다. 우리의 감성은 다양한 것을 받아들입니다. 하지만 우리는 다양한 것을 이해하기 위해 그것들을 범주화하고 있습니다.

구마가야 그렇군요.

고쿠분 '범주화'란 일반적인 카테고리에 적용하는 것입니다. 예를 들면 잡초가 무성한 들판을 봤을 때 여러 종류의 풀 하나하나의 퀄리아를 받아들이고 있다면, 정보처리가 너무 벅찹니다. 옴짝달싹도 못 하게 되어버리죠. 그러니 "이건 풀이네"라는 일반화가 작용합니다.

다양한 것을 일반적인 구조에 적용하는 작용을 철학자 칸트는 '도식화'라고 부릅니다. 일반화나 추상화라고 이해해도 좋겠습니다. 매우 흥미롭게도 칸트는 이 도식화를 하는 것이 정신 속에 있는 '상상력'이라는 능력이라고 했습니다. 여러분이 잘 알고 있는 그 '이매지네이션(imagination)'인 겁니다.

그러나 왜 도식화를 행하는 것이 상상력인지는 어려운 문제이고 오늘은 거기까지는 말씀드릴 수 없습니다만, 칸트에 따르면 묶어내기와 간추리기가 어떤 방식으로든 상상력과 관련되어 있다는 것을 알 수 있습니다. 그리고 우려되는 것은 종종 "ASD는 상상력의 장애다"라고 말하는 경우가 있다는 겁니다. 이 정의는 매우 허술한 것이어서 절대 무비판적으로 받아들여질 만한 것이 아닙니다. 다만 ASD를 생각하는 데 있어 상상력의 문제에 발을 내딛지 않으면 안 된다는 것은 확실하겠지요.

그와 관련하여 앞서 언급한 마쓰모토 다쿠야 씨의 논문[11]을 참고로, 아동정신과 의사인 레오 캐너(Leo Kanner)가 1943년에 보고한 세계 최초의 자폐증에 관한 글에 등장하는 도널드 군의 사례를 소개하고자 합니다.[12] 주목하려는 건 도널드 군이 쓰던 말입니다.

예를 들어 도널드 군은 신발을 벗고 싶을 때는 "네 신발을 잡아당겨"라고 하고, 소변을 보고 싶을 때는 "쉬 할래? 오줌 눴어?"라고 말했다고 합니다. 이게 무슨 일이냐 하면, 아마도 도널드 군은 예전에 신발을 벗고 싶다고 생각했을 때

---

11 마쓰모토 다쿠야, 앞의 논문.
12 레오 캐너, 마키타 키요시 옮김, 「정동적 접촉의 자폐장애(情動的接触の自閉的障害)」, 『현대 정신의학의 주춧돌 IV(現代精神医学の礎 IV)』, 시공출판, 2010.

어머니로부터 "네 신발을 잡아당겨"라는 말을 들은 적이 있었던 거지요.

아이는 처음에 '엄마!'라든가 '빵빵(자동차)' '으응!'과 같은 일어문(一語文, 한 단어로 된 문장)을 사용하고 점점 이어문, 삼어문으로 나아갑니다. 도널드 군의 말은 언뜻 보면 이어문, 삼어문의 단계에 이른 것 같지만 그렇지 않습니다. "네 신발을 잡아당겨"가 하나의 단어로 기능하고 있는 셈이죠.

이를 다음과 같이 해석할 수 있겠지요. 도널드 군은 그때의 상황을 정확하게 기억해 두고 그것을 "네 신발을 잡아당겨"라는 말에 대응시키고 있습니다. 바꾸어 말하면, 도널드 군은 이 표현을 사용할 때마다 그 구체적인 상황을 이른바 추체험하고 있는 것입니다. 그 구체적 상황에서 말을 따로 떼어내지 않습니다. 도널드 군은 경험한 사건의 퀄리아를 다른 말로 환원하기를 거부하고 있다고 할 수 있습니다. 다시 말해, 고유명으로 파악되는 사건을 확정기술로 환원하기를 거부하는 것입니다. 꼭 일어문이 이어문, 삼어문보다 빈약한 것은 아닙니다. 오히려 반대로 이어문, 삼어문을 사용할 수 있게 된다는 건 눈앞에서 일어난 새로운 사건을 수중에 있는 언어 조합으로 환원해버린다는 겁니다. 즉 현실을 추상화하고, 일반화하고, 빈약한 것으로 만들지요.

그에 반해 도널드 군은 사건을 경험했을 때의 놀라움과 기쁨을 몇 번이나 추체험하고 있는 거지요. 도널드 군은 모든 말을 '이것임'을 가진 것으로 경험하고 있다고 해도 좋겠네요. 말을 한 번뿐인 맥락에서 떼어내서 빈약하게 하는 법이 없습니다.

구마가야 간추리기와 묶어내기가 되지 않는 상태를 '바로 이 것임'이 살아 있는 것으로 표현하는 건 매우 흥미롭습니다. 앞서 에피소드 기억에 관해서 잠깐 언급했는데, 에피소드 기억의 특징으로는 자기 경험 중 한 번만 나타났다는 일회 성이라는 게 있습니다. 시공간의 일정한 범위 안에서 연속적인 궤적처럼 마음에 떠오르는 사건이 에피소드 기억이지요. 그리고 몇 개의 에피소드 기억을 건너뛰어 공통되는 부분을 추출해서 이루어지는 것이 확정기술적인 도식화나 범주화라는 작업이라고 할 수 있습니다.

2010년 이후, 우리는 운동에서의 경험도 포괄적으로 설명하고자 고민하던 중 묶어내기가 어려운 근원에 미리 추출된 도식과 눈앞에 일회성을 수반하여 나타난 새로운 사물의 차이(예측 오차라고 일컬어도 좋습니다)에 대한 민감함이 있는 것은 아닐까, 생각하게 되었습니다. 만약 이 가설이 맞는다면, 예측 오차에 둔감한 대다수의 다수자가 도식 속으로 환원해버리는 사물을 아야야 씨는 일회성의 에피소드로 경험·기억하기 쉽다는 가능성이 도출됩니다. 이는 에피소드 기억의 과잉생성을 예상하게 하는데, 2008년의 『발달장애 당사자 연구』에서 묘사한 에피소드 기억의 포화와 그 도식화의 어려움 또한 동일하게 해석할 수 있는 가능성이 있다고 생각합니다.

한편, 고유명으로 지시되는 자기나 비-자기의 '바로 이것임'은 난립한 제각각의 에피소드 기억의 집합체만으로는 충분히 정립되지 않고 그것들을 시공간적으로, 연속적으로 이어 나갈 때 생겨나는 건 아닌가라고, 2013년 이후로 아야야 씨와 저는 줄곧 생각하고 있습니다. 그리고 연속적으로 이어진 결과 생겨나는 일회성의 자기를 우리는 자전적 기억 또는 '거시적 자기감(自己感)'이라고 불러 왔습니다. 당사자 연구에서 탐구하는 건 넓은 의미의 자기라고 말할 수 있는데, 거기에는 확정기술적이고 도식화된 자기, 그리고 연속성과 일회성에 의해 특징 지어지는 '이것임'을 담보하는 자기, 이 두 가지가 포함되고 임페어먼트의 탐구는 오로지 전자의 자기의 일부를 구성한다고 생각할 수 있을지도 모릅니다.

고쿠분 선생님으로부터 매우 중요한 테마를 여럿 받았습니다. 모두 『중동태의 세계』에도 깊게 관련된 테마이기도 하고, 우리의 당사자 연구에도 크게 관계하는 것들입니다. 그리고 그 양자가 서로 관련되어 있다는 것도 고쿠분 선생님의 이야기를 들으며 다시금 느꼈습니다.

고쿠분 혹시 여러분, 마지막 제 이야기가 조금 추상적으로 느껴져서 '당사자 연구'에서 멀리 와버린 것처럼 보일지도 모르지만(웃음), 당사자 연구의 재미있는 점은 극히 구체적인 이야기이면서도 이처럼 실로 철학적인 이론상의 문제를 계속 제기하고 있다는 점이겠지요. 오늘 구마가야 선생님과 제가 주고받은 이야기에는 앞으로의 논의에서 다루어야 할 많은 문제가 제기되었다고 생각합니다. 구마가야 선생님 그리고 여러분, 쭉 계속해서 잘 부탁드립니다.

마지막으로 질문이 있다면 하셔도 좋습니다.

질의응답

질문1
정상인과 ASD 환자의 거주 분리에 관해

—— 고쿠분 선생님과 구마가야 선생님, 감사합니다. 구마가야 선생님께 질문하고 싶습니다. 저는 자폐스펙트럼장애 당사자인데요, 정형발달인 사람, 즉 이른바 정상인과의 공존과 분리 중에서 어느 쪽이 중요하다고 생각하십니까?

구마가야   매우 중요한 문제네요. 질문 감사합니다. '가시적 장애'와 '비가시적 장애'와도 관련 있는 것이라고 생각합니다. 저처럼 잘 드러나는 장애의 경우 "과감히 정상인 쪽으로 뛰어들어!"와 같은 방향으로 가기 십상입니다. 하지만 예를 들어 청각장애의 경우는 보청기를 착용하지 않고 있으면 주위에서는 장애를 눈치채지 못하고 다수자와 똑같이 봅니다. 어려움을 겪고 있는 사람으로는 보이지 않겠죠. 청각장애도 비가시적 장애, 어려움이 과소평가되는 장애의 대표적인 예입니다만, 신체장애와 청각장애의 역사를 되돌아보면 반대의 주장을 해 온 경우가 있습니다.

    청각장애인 대부분은 특정 국면에서 '거주 분리'가 필요하다고 말해 왔습니다. 즉 아무런 고려도 없는 상태에서 섣불리 다수자 속으로 들어가버리면, 자신에 대한 기초적인 지식을 얻을 수 없게 됩니다. 그 결과, 과도한 동조 압력에 노출됩니다. 그래서 거주를 분리할 장소로 수어를 통한 교육이나 커뮤니케이션을 실행하는 농학교에 보내 달라고 주장해 왔습니다.

최근의 전반적인 경향은 장애가 있는 사람이든 없는 사람이든 다 같이 동일한 학교에서 교육을 받는 것이 대전제입니다. 하지만 청각장애인으로 사는 사람들은 거주 분리가 중요하다고 주장해 왔습니다. 특히 정체성을 확립할 수 있을 때까지 동료끼리 있는 공간에 몸을 붙여 놓지 않으면 자기라는 것이 무너져버립니다. 그와 같은 역사에 입각하면 어쩌면 비가시적 장애가 있는 사람에게는 자신을 이해할 수 있는 당사자 연구의 공간을 보장하기 위해서라도 거주를 분리할 장소가 매우 중요해질 수도 있다는 것이 제 생각입니다.

다만 한편으로, 당연하겠지만 거주 분리만으로는 안 된다는 것 또한 청각장애의 역사에서 제기되고 있습니다. 청각장애인만으로 살아갈 수 있는 커뮤니티가 있을 리 없으므로, 예를 들어 정상인 중에 수어를 할 수 있는 사람을 늘리거나 수어를 언어로 인정하는 조례를 요구하는 등 공생을 위한 운동 같은 요소도 필수적입니다.

그러니까 거주 분리를 해서 자신을 알기 위한 연구를 수행하는 장소와 다수자 중심의 사회를 바꾸는 실천 운동을 모색하는 장소가 모두 필요하다고 대답할 수 있습니다. 우리는 정치학자 제인 맨스브리지(Jane Mansbridge)의 말을 빌려 '저항의 독립거점(enclaves of resistance)'이라고 부르기도[13] 합니다만, 공존하는 장소만으로는 어려울 것이므로 거기에서 조금 떨어진 곳에 비슷한 동료들끼리만 모일 수 있는 장소, 그것을 둘 다 가지고 있는 것이 굉장히 중요하다고 생각합니다.

고쿠분 동료네요. 동료와 함께할 장소가 있으면 공존할 때 강력한 동조 압력이 있다고 해도 이해해주는 사람이 있다는 것이군요.

구마가야 맞습니다. 압력을 튕겨낼 수도 있고 그러한 압력에 노출된다고 해도 동료의 얼굴을 떠올리며 견딜 수 있다는 점도 있지 않을까 생각합니다.

고쿠분 매우 중요한 것 같습니다.

질문2
정신분석으로 ASD 증상이 개선될 수 있는가

—— ASD에 관해서 역시나 구마가야 선생님께 여쭙고 싶습니다. 근본적인 치료법은 확립되어 있지 않지만, 정신분석적 처치로 완치까지는 아니어도 증상이 큰 폭으로 개선될 거라고 기대해도 될까요?

13 다무라 데쓰키, 『숙의의 이유(熟議の理由)』, 게이소소보, 2008, 68쪽.

구마가야 현재 정신분석적인 ASD 지원법이라는 것은 그다지 명확하지 않기 때문에 거기에 한정한다면 책임 있게 대답할 수 없어서 죄송합니다. 하지만 정신분석의 어떤 측면과 조금 비슷한 요소가 당사자 연구 안에도 있지 않을까 하고 생각합니다. 당사자 연구라는 것은 고쿠분 선생님도 잘 말씀해주셨듯이 동료와 하는 정신분석 같은 점이 있습니다.

고쿠분 당사자 연구는 민주화된 정신분석, 다시 말해 돈이 들지 않는 정신분석이라고도 말할 수 있지 않을까 하고 평소 생각하고 있습니다.

구마가야 정신분석은 정말 돈이 많이 드니까요.(웃음) 자신을 질책하지 않고 나아가 동료와 함께 이야기해 나가는 것이 어떻게 효과를 내는가, 그것이 'ASD'라는 이름으로 패키지화되어 있는 곤란함의 집합 중에서 어떤 요소를 변화시키는가 하는 이 풀리지 않는 문제에 우리는 지금 관심을 기울이고 있습니다.

예를 들어 우리 연구의 중간보고를 하자면, 몇 가지 증상이나 곤란함은 당사자 연구에 참여함으로써 완화되는 사례가 계속 나타나고 있습니다. ASD로 한정해서 말이지만요. 구체적으로는 ASD에서 자주 보고되는 '플래시백'이라는 현상이 있습니다. 이건 과거에 일어난 사건이 본인의 의도에 반하여 가령, 졸릴 때나 피곤할 때 주마등처럼 팟팟팟 하고 제멋대로 재생되는 증상인데 이것이 당사자 연구로 감소하는 경향이 보입니다.

또 하나, 이 증상도 선행 연구에서는 ASD에 흔히 나타난다고 보고되는 것인데, 당사자의 말로 표현하면 '뺑뺑이 생각'이고 전문 용어로 고쳐 말하면 '반추'라는 현상이 있습니다. 과거의 싫었던 사건이나 충분히 의미를 해석하지 못한 사건을 몇 번이고 계속 떠올리며 누구 잘못인가, 내 잘못인가, 부모님 탓인가, 친구 탓이었나 등… 범인 색출의 문법으로 과거의 사건을 어떻게든 해석하려고 하는 상태인데, 이것이 완화되는 경향이 나타납니다.

성인 ASD 당사자에게 "어떤 일 때문에 가장 힘듭니까?"라고 물으면 상당한 비율로 플래시백과 뺑뺑이 생각이라고 대답합니다. 반드시 사회 안에서 제대로 해낼 수 없다는 것만이 괴로움은 아니며, 오히려 혼자 있을 때가 더 고통스럽다는 말을 하는 이도 있습니다. 아직 예비적이긴 하지만 이런 증상도 당사자 연구를 통해 완화될 수 있다는 가능성을 보이기 시작했습니다. 그리고 이 두 증상 모두 자전적 기억의 연속적인 묶어내기가 잘 이루어지지 않을 때 생기기 쉽다는 점도 매우 흥미롭다고 느낍니다.

질문3
아야야 사츠키 씨는 우울증에 걸리지 않았나
—— 마찬가지로 구마가야 선생님께 질문드려도 될까요? 아야야 사츠키 씨는 우울증에 걸리지 않았나요?

구마가야 좋은 질문이네요.(웃음) 꼭 저희 책『발달장애 당사자 연구』를 읽어주셨으면 하는데요, 거기에 기술된 현상을 기존의 정신의학 용어로 바꿔 말하면 그야말로 진단 기준에 실려 있는 모든 정신장애 명칭이 해당된다고 할 수 있습니다. 적어도 넓은 의미에서는 조현병적인 것, 우울증, 신경불안 등이 모두 나온다고 할 수 있습니다. 그러나 그렇게 되면 반대로, 각각의 진단명에 어느 정도의 의미가 있는가 싶기도 합니다. 그래서 이 책에는 예를 들면 '우울'이라고 라벨링하는 단계부터, 한 걸음 더 나아가 거기에 이르는 메커니즘이나 프로세스 같은 것에 관해 쓰여 있습니다. 이 책을 읽어주시면 아야야 씨가 우울증인지 아닌지 그 여부보다 '우울이라는 게 이런 것일 수 있겠다'라고 깨달을 수 있는 힌트가 있을지도 모릅니다.

질문4

ASD 고용에 관해

── ASD의 고용 현황에 대해 알려주시면 감사하겠습니다. 또한 그에 관해 무언가 구마가야 선생님의 의견이 있다면 듣고 싶습니다.

구마가야 현황이라면, 장애인의 법정 고용률 제도 등의 뒷받침도 있어서 '가시적 장애'의 고용은 다소 넓어졌다고 생각합니다. 해당 직장의 사람들도 가시적 장애의 범위에서는 어떻게 대응하면 좋을지 이미지를 그릴 수 있는 것 같습니다. 그러나 지금 확실히 문제가 되는 것은 ASD나 정신장애처럼 '비가시적 장애'에 대해서는 본인도, 고용하는 쪽도 '어떻게 하면 좋을까?' 하는 문제를 여전히 모른다는 점입니다. 직장을 어떻게 변화시킬지를 모색하는 상태가 계속되고 있는 거지요.

우리는 바로 몇 달 전에 기업에 계신 분들을 모셔서 '직장에서 당사자 연구를 하자'라는 프로그램을 막 시작했습니다. 그때 우리가 고집한 것은 장애가 있는 사람에게만 당사자 연구를 시키지 마세요, 하는 것이었습니다. '장애가 없다'는 자각이 있는 사람들도 보조를 맞추어 당사자 연구를 해주세요, 라고 말했습니다. 그렇지 않으면 공정하지 못합니다. 실제로 장애가 있는 사원에게만 특별히 배려하는 방식은 "우리도 힘든데 왜 그쪽에서는 지원이나 이해를 구하기만 하고 우리는 지원도 이해도 받지 못하는가"라는 형태로, 다수자의 동료 중에 장애인에 대한 부정적인 태도를 불러일으킬 수도 있고, 장애인 쪽에서도 "왜 우리만 일방적으로 자신을 드러내야만 하는가"라고 느낄 수 있습니다.

서로가 서로를 함께 아는 것이 당사자 연구이기에 직장의 모두가 합시다, 이렇게 해서 직장이라는 곳에서 어떤 일이 있을 때 누구를 비난하는 문화가 아니라 괴로운 일이 있으면 모두 함께 공유하고, 그것을 연구 테이블에 올려 대처법을 찾는 문화가 뿌리내리는 게 중요합니다, 저는 이렇게 말하고 있습니다. 아직 과제는 많습니다만, 본인만 혹은 주위만 버티며 직장에 적응하는 게 아니라 사회적 모델에 근거해 직장 문화 자체를 바꾸어 갈 필요가 있다고 생각합니다.

질문5

ASD의 핵심에 있는 장애에 관해

—— 아야야 사츠키 씨에 관해서 여쭤봐도 될까요? 아야야 씨의 경우, 대량의 감각이 들어와 그것을 묶어내기가 어렵다는 말인데, 대량이라고 할 때 그건 오직 양적인 문제에 한정된다고 생각해도 될까요? 또 ASD의 경우는 인지나 인풋(input)의 장애, 즉 질적인 장애가 핵심에 있다고 말할 수는 없을까요? 구마가야 선생님, 의견 부탁드립니다.

구마가야 감사합니다. 우선 한 가지 어려운 것은 무엇을 질적으로, 무엇을 양적으로 판단하느냐입니다.

아까 잠깐 얘기했지만, 예측 오차에 대한 반응이나 한계치의 차이라는 표현을 쓴다면 양적인 차이가 되겠지요. 그런데 예측 오차의 내성에 양적인 차이가 있고, 그 차이가 일으키는 이차적인 현상도 있을 수 있습니다. 그 현상이란, 일례로 세상을 범주화할 때 카테고리 크기의 변화 같은 것이지요. 이처럼 인지나 인풋에서의 질적인 차이가 양적인 차이에 의해 생겨날 가능성이 있다고 생각합니다.

예를 들어 눈앞에 있는 이것을 '책상'으로 보아야 하나, '넓은 책상'으로 보아야 하나? 지금까지 연구에 의하면 ASD는 카테고리가 세밀한, 즉 '바로 이것임'에 더 가깝게 범주화하는 경향이 있다고 했습니다. 그 때문에 예측 오차의 내성이 낮을지도 모릅니다. 다가오는 정보에 대해 '이것은 기존의 범주에서 벗어나 있다'고 판정 내리기 쉬운 사람은 새로운 범주를 추구할 가능성이 있습니다. 기존의 카테고리에서 누락된 것(비전형의 예라고 합니다)을 카테고리화할 경우, 보다 세세한 카테고리가 필요하므로 세계를 분절할 때의 카테고리 크기가 더욱 세밀해지는 일이 이차적으로 일어나리라 예상할 수 있습니다. 이것이 질이라면 질적이라고 할 수 있겠지요.

그러므로 현황에서 저는 양적인 차이를 일차적인 것으로 놓은 다음, 질적인 차이도 이차적으로 설명할 수 없을까 하는 선에서 도전하고 있는 단계입니다. 그렇다고는 해도 예비적인 단계이므로 그것이 맞는지 아닌지는 아직 잘 모릅니다.

질문6
예측 오차가 커지는 경우에 관해
—— 예측 오차의 범위가 작은 게 ASD 쪽 분들이라고 가정했을 때, 반대로 일반인이 볼 때 오차가 커지게 된 사람은 어떻게 진단 혹은 표현될 수 있을까요?

구마가야　　매우 어려운 질문이네요. 예측 오차의 민감도가 낮은 상태에서 예상되는 현상이라는 게 있다고 생각합니다. 이미 설명해드린 것처럼 범주화가 허술해지는 현상, 혹은 다소 예상 밖의 사건에 그다지 동요하지 않는 등 추정되는 몇 가지 표현은 있습니다. 하지만 그것을 나타내는 기존 진단명이 있냐고 한다면 아직까지는 하나도 알려져 있지 않습니다. 다만 대략 말하자면 '지적장애'로 한데 묶여 있는 분들, 물론 전원은 아닙니다만, 그중에 느긋하고 범주화의 성향이 넓은 분이 계신다는 것은 사실이라고 생각합니다. 그런 분들을 설명하는 모델로서 예측 오차에 관대하다는 설명이 성립될지 어떨지는 매우 어려운 문제입니다.

다만 '지적장애'라는 카테고리 또한 ASD나 발달장애라는 카테고리와 마찬가지로 숙고해야 할 점이 많고, 취지와 관계없이 위와 같은 설명이 퍼져 오해를 불러일으킬 수 있으므로 좋은 일은 아니라고 저는 생각합니다.

고쿠분　　여러분, 다양한 질문에 감사드립니다. 또한 구마가야 선생님, 이후 논의의 전제가 되는 중요한 이야기를 해주셔서 감사합니다. 새삼스럽지만, 다음 시간에도 잘 부탁드립니다.

1장

의지와 책임의 발생

⟶ 中動態
φαίνομαι
(ファイノマイ)
I appear
I show myself.
I am shown. 内

⟶ 受動態

ng. Someth____ ____hown.

責任 (responsib

意志
(Will)

사용하기 불편한 일상 언어

고쿠분 지난번의 사전 강의를 바탕으로 앞으로 4회에 걸쳐 제가 2017년에 펴낸『중동태의 세계』와 구마가야 선생님 등이 연구하고 있는 당사자 연구와의 깊은 연관성에 관해 생각해보려고 합니다.

원래『중동태의 세계』는 구마가야 선생님과 지속했던 토의의 장을 하나의 계기로 삼아 쓴 책입니다. 나중에 또 이야기하게 되겠지만, 그런 만큼 이 책에 관해 구마가야 선생님과 토론할 수 있게 된 것을 매우 기쁘게 생각합니다.

오늘은 구마가야 선생님께 이 책에 관한 감상을 여쭈는 것부터 시작하고 싶네요. 구마가야 선생님, 꼭 솔직하게 부탁드려도 될까요? (웃음)

구마가야 네.『중동태의 세계』, 이 책은 이제 좋든 싫든 제가 아야야 사츠키 씨 등과 계속하고 있는 '당사자 연구'와 결부시켜 읽지 않을 수 없습니다. 지금도 그 생각은 강하고 당사자 연구를 진전시킬 때 반복해서 참조하고 있습니다.

구체적으로 말씀드리겠습니다. 우선, 능동/수동의 패러다임으로 괴로워하는 사람들을 '중동태의 틀로 끌어들이는' 테크닉으로서 당사자 연구 방법론의 일부를 새롭게 읽어낼 수 있겠다고 느꼈습니다. 또 하나는 특히 ASD, 즉 자폐스펙트럼장애나 의존증 환자에 의한 당사자 연구에서 중동태와 관련지을 주제를 몇 가지 발견할 수 있다는 것입니다. 전자는 당사자 연구 전반의 '방법'과 중동태의 관계, 후자는 구체적인 당사자 연구의 '내용'과 중동태의 관계입니다.

자세한 내용은 나중에 말씀드리기로 하고, 어쨌든 이 두 가지에 공통된 바는 다수자의 사람들이 사용하고 있는 일상 언어라는 것이 어휘 수준에서도, 문법 수준에서도, 언어 사용의 수준에서도, 일부 소수의 사람에게는 자신의 경험을 해석하거나 타인과 공유하기 위한 도구로 사용하기에 불편하게 되어 있다는 점입니다.

예를 들면, 저와 같은 휠체어 사용자에게는 엘리베이터가 없는 '다수자를 대상으로 한 건물'에 접근하는 게 불가능하듯이, '다수자를 대상으로 한 일상 언어'에 접근할 수 없는 소수자들이 존재합니다. 자신의 곤란함을 표현하는 언어가 없다고 하는 건, 이 책 '서장'의 표현을 사용한다면 '비가시적 장애'를 안고 살아가는 일이기도 합니다. 그런 점을 생각할 때, 일찍이 '중동태'라는 대안적인 언어 디자인이 있었다는 것, 이것은 우리 소수자들에게 대단한 의미가 있습니다.

당사자 연구에는 다양한 목적이 있을 수 있지만, 그중 하나는 언어가 배리어프리(barrier free), 즉 장벽이 없다면 좋겠다거나 현재 '마이너리티'라고 불리는 이들에게 좀 더 사용하기 편한 언어가 필요하다는 등의 절실한 동기가 있다고 생각합니다. 고쿠분 선생님의 책은 당사자 연구를 통해 자신을 새롭게 말할 때의 언어 자원으로서 큰 힌트를 줄 수 있다고 확신합니다.

다시 정리해보면, '당사자의 구체적인 경험을 기술할 언어 자원으로서의 중동태의 가능성'과 '당사자 연구의 방법을 검증할 개념으로 중동태의 가능성'에 관해 큰 시사점을 준다는 것입니다.

『중동태의 세계』와 당사자 연구

고쿠분 감사합니다. 조금 마음이 놓이네요.(웃음) 저도 그사이 구마가야 선생님을 통해 당사자 연구에 관해 많은 것을 배웠습니다. 특히 아야야 사츠키 씨의 자폐스펙트럼장애 당사자 연구, 그리고 가미오카 하루에[14] 씨와 '다르크 여성 하우스'에 계신 의존증 당사자의 연구는 제 연구에도 깊은 영향을 주었습니다. 방금 구마가야 선생님이 언어적 '배리어 프리'를 말씀하셨지만, 당사자 연구를 경험한다는 건 확실히 '말'의 힘을 또 한 번 경험하는 것이기도 한 것 같습니다.

하지만 최근 당사자 연구의 발전이 굉장해서 솔직히 그속도를 좀처럼 따라가지 못하고 있으니, 그런 부분은 구마가야 선생님이 가르쳐주시면서 논의를 진행해 나갔으면 합니다.

14 [옮긴이주] '다르크 여성 하우스'의 창립자. 이후에도 자주 참조된다. 다르크(DARC, Drug Addiction Rehabilitation Center)는 약물중독재활센터이다.

이 책을 낸 후 강연회 같은 걸 많이 열었습니다. 많은 분의 감상이나 의견 등을 받았고 그에 따라 생각이 진전되는 면도 많습니다. 이번에는 이처럼 독자 여러분을 통해서 혹은 독자 여러분과의 공동 작업을 통해서 얻을 수 있었던 아이디어를 피드백하면서 『중동태의 세계』와 당사자 연구 사이의 깊은 연결에 대해 구마가야 선생님과 함께, 또 여러분과 함께 기탄없이 논의를 거듭하면 좋겠습니다.

구마가야 모쪼록 잘 부탁드립니다. 어렵게 얻은 귀한 자리이니 이 기회에 가설 등에 대해서도 일절 겁먹지 않고 쭉쭉 말해야겠다고 생각하고 있습니다.

고쿠분 동감입니다. 대담한 가설을 마음껏 펼치시길 기대하고 있습니다.(웃음)

오늘은 『중동태의 세계』를 읽지 않은 분도 계실 테니 우선은 '중동태'에 관한 간단한 복습부터 시작해서 그 후 구마가야 선생님과의 대화로 옮겨갈 생각입니다. 그런데 구마가야 선생님, 어째서 아까부터 조금씩 슬금슬금 뒤로 물러나시나요?

구마가야 죄송합니다, 수업받는 기분이 들었나 봅니다. 저도 모르게 학창 시절이 떠오르네요.(웃음)

'능동'과 '수동'은 새로운 문법 법칙이다

고쿠분 자, 애초에 '중동태'라는 말 자체가 일반적으로는 생소한 말이겠지요. 영문법에서 배웠던 '능동태'나 '수동태'를 기억하시는 분이 많을지도 모르겠지만요. 중동태는 그것들의 동료, 형제 같은 것입니다. 이 '태', 영어로는 'voice'라고 합니다. 중동태는 'middle voice'입니다. 능동태와 수동태는 각각 'active voice', 'passive voice'라고 합니다.

우리가 학교에서 배우는 것은 능동태와 수동태뿐이라서 '태'라고 하면 그 둘밖에 없다고 여깁니다. 그 결과, 어떤 일이든 자신도 모르게 능동이냐, 수동이냐로 생각하게 됩니다. 그것은 거의 습관처럼 된 것 같습니다. 제가 『중동태의 세계』를 쓰고 있을 때도 "중동태? 그게 뭐예요?" "능동태와 수동태 이외의 것이 있을 수 있습니까?" 하는 말을 자주 들었습니다.

그런데 능동태와 수동태뿐만 아니라 중동태라는 태가 일찍이 있었지요. 그럼 왜 없어졌냐 하면, 어느 시기부터 행위의 분류 방법이 바뀌었다는 겁니다. 그렇다면 태에 주목하면서 우리가 지금 쓰고 있는 언어가 어떤 것인지 생각해보겠습니다. 영어로 'I show something(나는 무언가를 보여준다)'이라고 쓰면, 이건 능동태죠. 그럼 수동태는 어떻게 되나요? 구마가야 선생님, 대답해주세요.

구마가야 음, Something is shown(무언가가 보여진다)….

고쿠분 맞습니다.

구마가야 다행이다….(웃음)

고쿠분 네, 다행이었습니다.(웃음)

우리는 이러한 능동태와 수동태의 변환을 꽤나 공부해야만 하므로 이 둘은 대등하고 변환이 가능하며 따라서 동사의 근원에 있는 것이라고, 심지어 보편적이라고 생각합니다. 그러나 이 능동과 수동의 구별이라는 건 언어의 역사에서 비교적 새로운 것입니다. 물론 오래되었거나 새롭다는 것은 상대적인 것이지만, 『중동태의 세계』가 근거로 삼고 있는 프랑스 언어학자 에밀 뱅베니스트에 따르면, 이 구별에 뿌리를 두고 있는 인도유럽어족의 여러 언어에서도 이것은 조금도 본질적인 게 아니라 상당히 후대에 이르러서야 출현한 새로운 문법 법칙이라고 알려져 있습니다. 무슨 말이냐면, 뱅베니스트가 명쾌하게 지적하고 있듯이 예전에는 능동태와 수동태의 대립이 존재하지 않았습니다. 그 대신에 능동태와 중동태가 대립하고 있었지요.

제 책에는 고대 그리스 이야기가 반복해서 나옵니다. 기원전 4세기 정도의 그리스어에 대해서인데, 그 무렵 그리스어는 태의 체계를 막 재편하고 있었습니다. 즉 능동태와 중동태의 대립에서 능동태와 수동태의 대립으로 이행하는 과정이었던 것입니다. 그래서 고대 그리스어를 배우면 능동태, 수동태, 중동태의 세 가지 형태가 나옵니다.

애초에 능동태와 중동태의 대립밖에 없었다면 수동태는 어떻게 된 것일까, 하는 의문을 당연히 품을 것입니다. 사실 수동은 중동태가 맡고 있던 의미 중 하나에 불과했습니다. 즉 본래 수동이라는 게 능동과 대등한 지위에 있지는 않았다는 말입니다.

이 변화의 역사를 설명할 때 이런 비유를 들곤 합니다. 일찍이 동쪽의 명문가 '능동태'에 맞서서 서쪽의 명문가 '중동태'가 있고 두 가문은 오랫동안 세력이 팽팽했다, 그런데 서쪽의 명문인 '중동태' 가문에서 하극상이 일어나 그 가신이던 수동이라는 의미가 '중동태'를 무너뜨리고 말았다, '능동태' 가문에서는 하극상이 일어나지는 않았지만 대립하는 상대가 변경되니 자신도 체제의 변경을 강요당했다라는 비유입니다.

이 변화는 그 정도로 큰 것입니다. 정치사로 치면 시민혁명에 버금가는 큰 변화가 어느 날 언어에서 일어난 것입니다.

중동태의 정의

고쿠분　이번엔 중동태의 의미 그리고 이 변화의 역사에 대해서 그리스어를 예로 들면서 구체적으로 살펴보겠습니다. 능동태와 수동태의 대립은 '하다'와 '되다'의 대립으로 그려낼 수 있습니다. 이는 행위나 동작의 방향성에 근거한 정의입니다. 화살표가 자신에서 밖으로 향하면 능동이고, 자신을 향하면 수동이 되는 것입니다. 그럼 능동태와 중동태의 대립에서는 어땠는가? 뱅베니스트는 이를 다음과 같이 정의합니다.

> 능동에서 동사는 주어에서 출발하여 주어 밖에서 완수되는 과정을 가리킨다. 이에 대립하는 태인 중동에서 동사는 주어가 그 장소(자리)가 되는 과정을 나타내고 있다. 즉 주어는 과정의 내부에 있다.[15]

한마디로 말하면, 능동태와 중동태의 대립에서는 '하다'나 '되다'가 아니라, '밖'이냐 '안'이냐가 문제인 것입니다. 동사가 지칭하는 과정 안에 주어가 있을 때는 중동태가 사용되고, 그 과정이 주어 밖에서 끝날 땐 능동태가 쓰였습니다.

그리스어에는 중동태만을 취하는 동사가 있는데, 그것들을 예로 들면 이 정의의 의미를 잘 알 수 있습니다. 예를 들어 'βούλομαι(불로마이)'라는 동사는 '나는 원한다'라는 뜻입니다. 영어로 하면 'I want'입니다. '원한다'라는 과정은 '나'라는 주어를 자리(혹은 장소)로 삼고 있습니다. '나'라는 주어는 '원한다'라는 과정 안에 있습니다.

현재의 언어에서는 이를 능동태로 나타냅니다. 그런데 '나는 원한다'는 과연 능동일까요? 왜냐하면 원한다는 과정에서는 내가 원한다기보다 내 안에서 욕망이나 욕구가 작용해서 무언가를 추구하는 것입니다. '나'는 그 욕망이나 욕구로 인해 오히려 마음이 동하게 되고, 욕망이나 욕구가 작용하는 장(場)이 되고 있다고 말해도 됩니다. 하지만 현재의 언어로는 그 점을 잘 표현할 수 없습니다. 주어가 과정의 자리가 되고 있음을 보여주는 중동태라면 이를 잘 표현할 수 있습니다. 중동태는 원한다는 과정 안에 '내'가 있음을, '나'라는 주어는 그 과정의 자리가 되고 있음을 의미하기 때문입니다.

---

15 에밀 뱅베니스트, 김현권 옮김, 제14장 「동사의 능동태와 중동태」, 『일반언어학의 여러 문제 1』, 지식을만드는지식, 2012, 328쪽. 〔옮긴이주〕 본문의 번역은 저자들이 인용하는 일역본을 따랐다.

현재의 언어에서는 능동태로 표현될 수밖에 없지만, 이로 인해 그 의미하는 바가 왜곡되어버리는 사태는, 예를 들어 'ἔραμαι(에라마이)'라는 동사를 생각해봐도 잘 알 수 있습니다. 이것도 중동태로만 활용되는 동사인데 뜻은 '반하다'입니다. 우리가 누군가를 좋아하고 있을 때, 그것은 과연 능동일까요, 수동일까요? 분명히 내가 그 사람을 좋아하는 것 같아요. 하지만 그 사람에게 매료된 것이니, 반해버리는 건 아무리 생각해도 수동입니다. 그러나 단순히 수동적인 것만은 아니에요.

그러니까 영어에는 'fall in love(사랑에 빠지다)'라는 표현이 있지요. 하지만 중동태라면 이 사태를 동사의 태로 정확히 설명할 수 있습니다. 나는 나 스스로 누군가에게 반하고자 하는 건 아닙니다. 그러나 누군가에게 반하게 되는 일을 강요받은 것도 아니지요. 반하는 일이 나를 자리로 삼아서 발생하고 있는 것입니다.

능동태와 중동태 양쪽 모두로 활용되는 동사를 보면 더욱 쉬울지도 모릅니다. 'πολιτεύεσθαι(폴리테우에스타이)'는 중동태로 활용되고 있는데, 이는 '정치에 참여하고 공적인 일을 맡음'을 의미합니다. 이에 반해 이 동사가 능동태에 활용되면 'πολιτεύειν(폴리테우에인)'이 되고, '통치자로서 통치함'을 의미합니다. 전자는 민주정을 표현하는 데 사용됩니다. 민주정에서는 자기 자신들이 통치의 장이고, 그 통치를 행하는 것도 자신들인 만큼 중동태적입니다. 반면 후자는 예를 들어 페르시아 왕이 그리스의 폴리스를 통치하는 것과 같은 경우에 사용됩니다. 통치자 밖에서 통치라고 하는 행위가 완수되므로 이것은 중동태에 대립하는 의미에서의 능동태입니다.

뱅베니스트는 능동태와 중동태의 대립을 설명하기 위해 각각을 '외태(外態)'와 '내태(內態)'라고 부르는 것이 어떠냐고 제안합니다. 왜냐하면 중동태에 대립하는 능동태와, 수동태에 대립하는 현재의 능동태는 의미가 다름에도 불구하고 같은 이름으로 불리고 있어서 혼란스럽기 때문입니다. 앞으로 필요한 경우에는 이 외태와 내태라는 명칭을 사용하기로 합시다.

중동태의 세 가지 의미

고쿠분 지금의 설명으로 중동태의 의미를 상당히 이해하셨을 거로 생각합니다만, 또 다른 예를 들면서 이번에는 태 대립의 변화가 갖는 의미를 생각해보겠습니다.

그리스어 동사로 'φαίνω(파이노)'라는 동사가 있습니다. 이 동사는 능동태로 활용되며, '내가 보여주다'를 뜻합니다. 영어로 하면 'I show'가 됩니다. 이 '파이노'를 중동태로 하면 'φαίνομαι(파이노마이)'가 됩니다. 중동태에서 주어는 동사가 나타내는 과정의 장소(자리)가 되는데, 그렇다면 '파이노마이'의 뜻은 무엇이 될지 예상되시나요?

나 자신이 '보여주는' 동작의 장소이므로 '파이노마이'는 나 자신이 나타남을 의미합니다. 영어로 치면 'I appear'이지요. 즉 중동태의 의미는 'appear'와 같은 자동사 표현으로 번역할 수 있습니다.

하지만 번역하는 방식은 그것뿐만이 아닙니다. '내가 나타나다'는 다시 말해 '내가 보인다'이므로, 이것을 'I am shown'이라는 수동태 표현으로 번역해도 되는 것입니다. 중동태의 의미는 수동태 표현으로도 번역할 수 있습니다.

또한 영어에는 재귀용법이라고 하는 꽤 특이한 표현 방법이 있지요. '내가 나 자신을 …한다'라는 용법입니다. 이것을 사용할 수도 있습니다. 즉 '파이노마이'라면 'I show myself'라고 말해도 됩니다.

'파이노마이'를 예로 들면, 중동태의 의미는 대체로 현재의 언어로 말하는 자동사 표현, 수동태 표현, 재귀 표현의 세 가지로 나타낼 수 있는 겁니다. 바꿔 말해 현재라면 이 세 가지 표현으로 나타낼 수 있는 의미가 중동태 안에서는 하나로 되어 있는 것이지요.

능동태/중동태에서 능동태/수동태로

고쿠분 여기서 주목했으면 하는 것은 자동사 표현 'I appear'와 수동 표현의 'I am shown'으로 나타내는 의미가 모두 중동태에 맡겨져 있다는 점입니다. 확실히 양자는 같은 사태를 지시합니다. 내가 나타난다는 건 나라는 존재가 보인다, show 된다는 거죠. 그러므로 그것들을 중동태로 활용한 하나의 같은 동사, '파이노'가 의미하는 건 조금도 이상하지 않습니다.

하지만 여기서 멈춰 서서 우리의 상식으로 이것을 바라보면 아무래도 이상한 느낌이 듭니다. 왜냐하면 'I appear'는 능동, 'I am shown'은 수동이어서 우리는 이 둘을 대립적으로 이해하기 때문입니다. 현재 언어의 사고방식에 따르면 대립하는 표현이 중동태 안에 공존하는 것입니다. 중동태가 있다면 대립시킬 필요가 없는 것을 현재는 대립시키고 있다는 것이죠.(86쪽 도해 참조)

그럼 중동태가 있던 시대에 존재하지 않았던 이 대립은 어떤 의미였을까요? 이는 『중동태의 세계』에서 천착하고자 했던 논점 중 하나였습니다. 'I appear'도 'I am shown'도, 요컨대 '내가 나타나다'입니다. 그렇다면 왜 현재의 언어는 그것들을 대립시키고 구별할까요? 앞의 비유를 가져와 말한다면, 수동태의 하극상으로 인해 중동태가 몰락함으로써 그때까지 중동태 안에서 사이좋게 지내던 자동사적인 의미와 수동의 의미가 서로 틀어지게 된 것입니다. 혁명 때문에 가족이 갈가리 찢겨 내 편과 네 편으로 나뉜 모습 같습니다.

그럼, 양자를 대립시켜 어떤 효과가 발생했던 것일까요? 'I appear'와 'I am shown'을 구별함으로써 유발되는 효과에 대해서 저는 이런 가설을 품고 있습니다. 이 구별은 내가 스스로 나타나는 것인지, 아니면 나타남을 강요당한 것인지, 그것을 명확히 하고 싶은 것입니다. 즉 "너는 스스로, 자신의 의지로 나타난 거야? 아니면 누군가에게 끌려 나와서 나타남을 강제당한 거야, 어느 쪽이야? 확실히 해!"라는 것이지요.

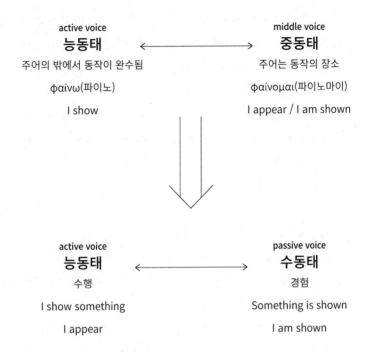

중동태의 정의
"능동에서 동사는 주어에서 출발하여 주어 밖에서
완수되는 과정을 가리킨다. 이에 대립하는 태인 중
동에서 동사는 주어가 그 장소(자리)가 되는 과정을
나타낸다. 즉 주어는 과정의 내부에 있다." (에밀 뱅
베니스트, 앞의 책, 328쪽)

능동과 수동을 대립시키는 언어는 행위의 의지를 문제 삼게 된 것은 아닐까라고 생각합니다. 그러면 같은 현상이라도 자기 의지로 나타났는지 아니면 나타나도록 강요받은 것인지 구별해야 합니다.

'자신의 의지로 한 것인가, 그렇지 않은가?'라고 강하게 추궁하는 이 언어를 '심문하는 언어'라고 저는 부르고 있습니다. '중동태가 소멸한 후에 나타난 건 그런 언어였던 게 아닐까. 즉 중동태의 소멸과 의지 개념의 발흥에는 평행성이 있지 않을까'라는 것이 제 가설입니다.

'의지'의 탄생

고쿠분 사실 이것은 책을 쓰기 위해 조사하다가 알게 되어 저도 놀란 것이지만, 고대 그리스에는 의지라는 개념이 없었습니다. 그리고 고대 그리스어에는 중동태가 남아 있었습니다. 여기에서 인과관계를 찾기는 어렵다고 생각합니다. 다만, 중동태의 소멸과 의지 개념의 발흥이 아무래도 나란히 발생한 것 같습니다.

그렇다면 의지 개념은 어디에서 왔을까요? 철학자 한나 아렌트는 『정신의 삶』[16]이라는 책에서 의지 개념을 발견한 것이 기독교 철학이라고 말합니다. 고대 그리스와 기독교는 종종 유럽의 기원으로 동일시되곤 하지만, 실제로는 매우

16　한나 아렌트, 홍원표 옮김, 『정신의 삶』, 푸른숲, 2019.

다르며 오히려 첨예하게 대립하고 있습니다. 그리스는 매우 아시아적이며, 그 문명의 근저에 있는 것은 순환하는 시간과 자연이라는 사고방식입니다. 그에 반해 기독교는 직선적인 시간 감각을 만들어냈습니다. 시작과 끝이 있는 시간이라는 생각입니다.

아렌트는 아마 『로마인들에게 보낸 편지(로마서)』를 쓴 바울이 의지 개념의 발견자일 거라고 합니다. 아렌트가 의거하고 있는 부분은 바울이 율법에 대해 말하는 유명한 부분입니다. "율법에 의하지 않았다면 나는 죄를 몰랐을 겁니다. 즉 만약 율법이 '탐하지 말라'라고 말하지 않았다면, 나는 탐심을 몰랐을 것입니다."(『로마인들에게 보낸 편지』 7장 7절) 아렌트는 다음과 같이 해석합니다. 율법을 받은 사람은 선을 행하고자 한다. 즉 탐하지 않겠다고 의지를 갖는 거죠. 하지만 그렇게 의지를 갖는다는 건 반드시 '그래도 탐하고 싶지 않나'라는 '대항 의지'를 만들어냅니다. 의지는 어김없이 분열되어 있어서 율법을 실천하려는 의지는 반드시 죄를 범하려는 의지를 가동시킵니다.

"결국 의지가 무력한 것은, 의지의 성공을 가로막는 어떤 외적인 것에 의해서가 아니라, 의지가 자기 자신에게 훼방을 놓기 때문이다. 그리고 예수의 경우와 마찬가지로 의지 스스로 방해하지 않는다고 한다면 아직 의지가 존재하지 않는 것이다."[17]

17 한나 아렌트, 앞의 책, 415쪽.

따라서 율법을 준수하든 죄를 범하든, 이 내면적 의지의 갈등은 절대 해결되지 않습니다. 바울은 그런 내면의 비참함 혹은 인간의 나약함을 사람들이 인정하기를 청했습니다. 정의가 이루어져야 하고, 그러니 율법이 지켜져야만 합니다. 그러나 율법을 지키고자 의지를 낸다면, 그 의지는 반드시 대항 의지를 산출합니다. 바울은 이 갈등을 치유하는 것은 신의 은총뿐이라고 생각했습니다. 괴로움에서 벗어나기 위해서 신앙이 필요한 거지요.

설명이 조금 길어졌습니다만, 아렌트는 여기에서 다음과 같이 쓰고 있습니다. 바울은 의지에 관해 논하지는 않았지만, 율법에 관한 고찰 속에서 인간 안에 필연이나 강제와는 무관하게 예스와 노를 말할 능력이 있다는 점, 그리고 그 능력이 인간이 하고자 하는 것을 결정할지도 모른다는 점을 발견한 것이라고.[18] 아렌트가 여기서는 의지 개념을 긍정적으로 파악하고 있음에 주의해야 합니다.

의지는 반드시 대항 의지를 수반한다는 논점은 매우 흥미로운 것입니다. 그리고 반드시 대항 의지를 야기하는 의지라는 것이 만약 우리 행위의 원리라면, 우리는 우리의 행위에 엄청난 짐을 짊어지게 되겠지요. 반드시 대항 의지를 물리쳐야 하고, 대항 의지에 굴복하게 되었을 때는 "그에 반하는 의지를 내가 가지고 있었을 텐데…"라고 몹시 후회하게 됩니다. 의지 개념은 사람을 괴롭히기 위해 발명되었다는 기분조차 듭니다.

18 한나 아렌트, 앞의 책, 412쪽.

바울의 사상을 이어받은 기독교 최고의 철학자 아우구스티누스는, 의지에서는 바라면서도 바라지 않는다는 게 기이한 일이 아니라고 주장했습니다.[19] 확실히, 의지는 반드시 대항 의지를 만들어낸다는 생각을 이어받은 것이겠지요. 그리고 그러한 의지에 대해서 아우구스티누스는 "정신은 자신이 움직여지기를 의지하기 전에는 움직여지지 않는" 것이며, 의지만이 "우리의 힘 안에 있고, 의지는 자유다"라고 주장하기에 이른 것입니다.[20] 이성도 욕구도 욕망도 아닌, 의지야말로 행위의 원천으로 여겨진 순간이라고 말해도 좋지 않을까요.

의지와 무로부터의 창조

고쿠분 '행위의 원천으로서의 의지'라는 생각은 한층 더한 문제를 일으킵니다. 자신의 의지로 행위한다는 것은 어떤 것일까요? 내가 다른 사람에 의해 꼬드겨지거나 누군가에 의해 강제되는 게 아니라 자신의 의지로 행위한다는 것은, 그 행위의 출발점이 자신에게 있음을 의미합니다. 그리고 의지를 행위의 출발점으로 간주한다는 건, 그 의지가 순수한 원천으로 여겨진다는 걸 의미합니다. 즉 의지에 선행하

---

19   한나 아렌트, 서유경 옮김, 『과거와 미래 사이』, 한길사, 2023.
20   한나 아렌트, 『정신의 삶』, 441쪽.

는 원인은 존재하지 않고, 아무것도 없는 곳에 의지가 불쑥 나타나서 행위를 만들어냈다는 거지요.

기독교에는 세계의 탄생을 설명하는 '무(無)로부터의 창조'라는 말이 있습니다. 라틴어로는 'creatio ex nihilo', 영어라면 'creation out of nothing'입니다. 의지라는 것은 정확히 '무로부터의 창조'로 이미지화된다는 걸 알 수 있습니다. 신은 뭔가 재료를 사용해서 세계를 창조한 것이 아닙니다. 마찬가지로 의지도 주위나 과거로부터의 영향과는 관계없이 무에서 태어났다고 간주하고 있는 것이지요.

그러나 실제로는 인간의 정신 속에 그러한 무로부터의 창조 따위는 있을 수 없습니다. 우리에게는 과거가 있어서 거기서 영향을 받고 있으며, 외부 세계로부터도 완전히 단절되는 일은 있을 수 없기에 항상 외부로부터 자극을 받고 있습니다. 순수한 원천인 무에서 창조된 의지란 불가능한 것입니다. 무엇으로부터도 자유롭고, 모든 것에 선행하는 의지란 있을 수 없습니다. 그럼에도 불구하고 우리는 이 의지 개념을 일상적으로 이용하고 있습니다. 그렇다면 이건 신앙이라고밖에 할 수 없지요. 즉 우리는 의지라는 신앙 속에 있습니다. 그리고 의지가 기독교 철학에서 발견된 개념이라면 우리는 기독교인이라든가, 기독교 철학의 영향 아래 있다고까지 말할 수도 있습니다.

'무로부터의 창조'로서의 행위 따위가 있을 수 없다는 말은 행위에 이르는 인과관계가 복잡하게 서로 얽혀 있고, 동시에 그것은 얼마든지 거슬러 올라갈 수 있다는 겁니다. 그런데도 의지를 무로부터의 창조, 행위의 순수한 원천이라고 생각한다면 그때 우리는 단지 인과관계를 못 보고 있을 뿐입니다. 또는 그 인과관계를 무리하게 어딘가에서 절단하고 있는 것입니다.

예를 들어 저는 오늘 점심에 따끈한 우동을 먹었는데, 어째서 메뉴를 우동으로 정했을까요? 집에 우동이 있었기 때문일 수도 있고 어제 우동을 특집으로 한 TV 프로그램을 봤기 때문일 수도 있습니다. 혹은 친구가 "이런 날씨엔 우동이지"라고 말했던 것이 생각나서인지도 모릅니다. 또 애초에 제가 우동을 먹을 수 있는 사람이어야만 하지요. 그럼, 어째서 제가 우동을 먹을 수 있는 사람으로 성장했는가… 그러한 것을 생각하기 시작하면 무한히 거슬러 올라갈 수 있을 겁니다.

그럼에도 제가 "내 의지로 우동을 먹기로 결정했습니다"라고 말한다면, 그것은 다만 인과관계를 의지 너머까지 거슬러 가는 것을 회피하는 것일 뿐입니다. 다르게 표현하자면, 의지 개념을 사용하여 인과관계를 자의적으로 끊어버리고 있는 겁니다. 의지 개념이 절단의 효과를 지니고 있다는 것을 알 수 있는데, 그것은 본래 끊을 수 없는 것을 끊는 것이지요. 그럼 어째서 그런 무리한 일을 일상적으로 하고 있는 걸까요? 여기에 책임의 개념이 얽혀 있습니다.

의지, 선택, 책임

고쿠분 이탈리아 철학자 조르조 아감벤은 『신체의 사용』에서 의지에 관해 참으로 흥미로운 내용을 서술합니다.

> 의지는 서양문화에서 여러 행위나 소유하고 있는 기술을 어떤 주체에 소속시키는 것을 가능케 하는 장치다.[21]

의지 개념에 따라 행위를 어떤 주체에 소속시킬 수 있게 됩니다. 그럼 행위를 누군가에게 소속시킨다고 하는 것은 어떤 것일까요. 물론 그것은 그 행위를 그 사람의 소유물로 삼겠다는 겁니다. 행위가 일종의 사유재산이 되는 셈입니다. 그럼 어째서 그런 게 필요할까요? 그건 책임을 따지기 위해서죠. 어떤 행위가 나의 것이라면 그 행위의 책임은 나에게 있게 됩니다. 그렇지 않다면 그건 내 책임이 아니죠. 그렇기에 행위를 소유물로 삼는 생각의 근거가 '의지'의 개념인 것입니다.

여기서 책임과 의지의 관계를 둘러싼 하나의 예를 들어서 생각해보지요. 제가 고등학교 때 진짜 있었던 일입니다. 항상 수업 시간에 자는 친구가 있었습니다. 지금까지도 사이좋게 지내는 녀석입니다만, 어느 날 결국 선생님께 굉장히 심하게 야단을 맞았지요. "너 왜 항상 수업 중에 자는 거

---

21 조르조 아감벤, 우에무라 다다오 옮김, 『신체의 사용(身体の使用)』, 미스즈쇼보, 2016, 113쪽.

냐!!" 하고 야단친 뒤 선생님이 조금 누그러진 말투로 이런 말을 했습니다. "옛날에 내가 가르친 학생 중에 여자 친구와 동거하며 야간에 아르바이트를 할 수밖에 없어서 수업 중에 아무래도 졸게 된다고 말한 학생이 있었다. 너한테도 그런 말 못 할 사정이 있는 거냐?"

저는 그가 야단맞은 것보다 선생님 말씀에 놀라서 '도쿄의 학교는 대단하구나, 고등학생이 여자 친구와 동거하는 경우도 있는 건가…'라고 생각했던 일을 잘 기억하고 있습니다.(웃음) 하지만 그건 차치하고, 그런 뒤 다른 생각이 이어졌어요. 선생님은 그에게도 그런 사정이 있다면 수업 중에 자는 것도 어쩔 수 없는 일이니 그는 질책을 받아서는 안 된다고 생각한 것입니다. 하지만 수업시간에 잤다는 것에는 변함이 없죠. 어째서지? 만약 아침까지 게임을 하느라 그 때문에 수업 중에 자고 있었다면 어떨까요. 틀림없이 혼이 나겠지요. 그럼, 왜 혼나는 건가요? 그는 일찍 이불로 들어가 잘 수도 있었습니다. 그런데도 '아침까지 게임 하는' 쪽을 택했습니다. 두 가지 모두 똑같이 선택할 수 있었는데도 그는 자신의 '의지'로 게임 하기를 선택했습니다. 그래서 '수업 중에 졸았다'는 행위의 책임은 그에게 있다, 이런 논리가 성립합니다.

그런데 찬찬히 생각해보면 이상합니다. 사실 그는 왠지 모르게 아침까지 게임을 해버린 것에 지나지 않습니다. 자신의 '의지'로 게임 하기를 선택한 게 아닙니다. 하지만 그 사람은 일찍 잠자리에 드는 선택지와 게임을 아침까지 하는 선택지 사이에서 후자를 능동적으로 선택한 것으로 간주되며, 그 때문에 질책을 받는 것입니다. 적지 않은 사람이 '그는 아침까지 빈둥빈둥 게임이나 하는 의지가 약한 인간'이라고 생각하지 않을까요? 그런데 그렇게 '의지가 약한 인간'이 어찌 된 일인지 질책의 장면에서는, 두 가지 선택지 사이에서 어느 하나를 자신의 '의지'로 선택한 인간으로 나타납니다.

이게 무슨 말이냐 하면, 사실은 '의지'가 있었다는 이유로 책임을 묻고 있는 게 아닌 겁니다. 책임을 물어야 한다고 여겨지는 경우에 의지 개념에 근거해 주체에게 행위가 귀속되는 것입니다. 이렇게 생각하면, '의지'와 '선택'을 나누어 생각할 수 있겠지요. 의지와 선택은 종종 하나로 간주됩니다. 선택이 이루어졌다면 거기에는 의지가 있었던 것이고, 의지가 있었기에 선택이 이루어진 것이라고. 하지만 의지는 마음속에 느껴지는 것이고 선택은 현실의 행위입니다. 존재하는 수준이 전혀 다릅니다.

자, 모든 행위는 선택으로 간주할 수 있습니다. 아침까지 게임을 하는 행위는 잠자기가 아니라 게임 하는 쪽을 선택한 것입니다. 그리고 행위 즉 선택은, 의지의 유무와는 관계가 없습니다. 단지 그러한 행위 즉 선택이 행해지고 있을 뿐입니다. 그런데 책임을 물어야만 하는 상황이 되면, 갑자기 의지 개념이 나타나서 그 행위 즉 선택을 덮치는 겁니다.

우리가 의지와 선택을 동일시하는 것은, 의지를 사용해서 선택의 책임을 묻는 것에 너무나 익숙해져 있기 때문입니다. 그러나 양자는 전혀 다른 것이어서 우선은 이것을 구별해서 생각해야만 합니다.

우리는 끊임없이 선택하고 있습니다. 무엇을 하는 것도 모두 선택입니다. 그에 반해 의지라는 것은 나중에 찾아와서 거기에 부여되는 것입니다. 부여된 후에 그 선택이 사적인 소유물로 됩니다. '이 행위는 당신의 것이네요'라는 말이 됩니다. 그렇게 책임이 발생합니다.

행위의 코뮤니즘, 들뢰즈와 '의로운 마음'

고쿠분 보통 우리는 이런 메커니즘에 입각해서 책임을 이해하고 있습니다. 그러나 저는 이것이 어딘가 이상하지 않은가라고 생각하기도 합니다. 마지막으로 그 점을 설명하겠습니다.

책임을 영어로 responsibility라고 하죠. 이것은 응답을 의미하는 response에서 왔습니다. 즉 책임은 응답하는 것과 관련되어 있습니다. 그런데 우리가 아는 의지라는 개념에 의해 야기되는 책임은, 어디에도 응답의 계기가 없습니다. 왜일까요?

애초에 책임이 응답과 결부되어 있다는 건 어떤 것일까요? 『논어』에 "의를 보고도 하지 않으면 무용(無勇)이다"[22]라는 말이 있습니다. '사람의 도리로서 마땅히 해야 할 일인 줄 알면서도 행하지 않는 것은 용기가 없는 것이다'라는 의미

---

22 〔옮긴이주〕『논어』「위정편」의 마지막 문장. "子曰, 非其鬼而祭之 諂也. 見義不爲 無勇也(공자께서 말씀하셨다. 제사 지내야 할 귀신이 아닌데 제사 지내는 것은 아첨이다. 의로운 일을 보고도 하지 않는 것은 용기가 없는 것이다)."

입니다. 누가 부탁한 것도 아닙니다. 하지만 뭔가 자신이 해야 한다는 의(義)를 느낍니다. 그 의로움에 응하려고 할 때 사람은 의에 응답하는 것이 됩니다.

책임이라는 것은 이러한 '의(義)의 마음'이 아닐까요. 자신이 응답해야 할 무언가를 마주했을 때 사람은 책임감을 느끼고 응답합니다. 이것이 원래 책임이라는 말의 의미가 아닐까요.

그렇다면 이렇게 생각할 수 있습니다. 의지 개념을 사용해서 야기되는 책임이라는 건 실은 타락한 책임입니다. 실제로는 그 사람이 그 사태에 응답해야 합니다. 그런데 응답해야 할 본인이 응답하지 않으니 그래서 어쩔 수 없이 의지 개념을 사용하여 당사자에게 책임을 억지로 떠맡깁니다. 그렇게 떠맡겨진 책임만을 우리는 책임이라고 부르고 있는 것입니다.

제 전공인 철학자 질 들뢰즈(Gilles Deleuze)는 책임에 대해 직접 논하는 일은 거의 없지만, 실은 회화론인 『프랜시스 베이컨―감각의 논리학』에서 이를 간접적으로 논하고 있습니다. 들뢰즈는 "우리는 무엇에 대해 책임질 수 없는 것이며, 무엇인가에 대해 책임을 느끼는 존재가 되는 것이다"[23]라고 말합니다. 제게는 들뢰즈의 이 말이 '의로운 마음'으로 이어지는 게 아닌가, 이렇게 생각하지 않을 수 없습니다.

『중동태의 세계』에는 '의지와 책임의 고고학'이라는 부제가 붙어 있지만, 사실 '책임' 얘기는 거의 하지 않습니다.

---

23 질 들뢰즈, 하태환 옮김, 『감각의 논리』, 민음사, 2008.

마지막에 『빌리 버드』[24]를 논한 제9장(「빌리들의 이야기」)에서 책임과 법의 관계를 다시 묻고 그 이후로 이어지긴 하지만 그 책 한 권으로는 한계가 있었습니다. 앞으로 지금 이야기한 책임 문제에 관해서 한층 더 생각해보고 싶습니다.

이상으로 길어졌지만 『중동태의 세계』 복습을 겸한 제 이야기는 여기까지 하겠습니다.

「상처와 운명」

구마가야 수고하셨습니다.

고쿠분 선생님의 얘기 마지막에 '책임'의 개념을 다음 단계로 심화시켜 생각해보려고 한다는 것과 '의지'와 '책임'을 하나로 합쳐서 방기할 것이 아니라 '책임'을 본래의 형태로 다시 구제하자는 말에 매우 기대감을 느낍니다. 『중동태의 세계』에 대해 자주 "그럼, 중동태에서는 책임지지 않아도 되겠네요."라는 오해가 생기는데 절대 그렇지 않다는 것이죠. 거듭 고쿠분 선생님의 생각을 이해할 수 있었습니다.

그럼 저는 고쿠분 선생님과의 만남부터 지금까지를 되돌아보면서 고쿠분 선생님의 사유가 제게 어떤 식으로 보이는지를 이야기해보려 합니다. 물론 고쿠분 선생님이 하시는 모든 일을 알고 있는 건 아니므로, 특히 『한가함과 지루함의

---

24 허먼 멜빌의 소설. 『중동태의 세계』 참조. 한국어판, 최수연 옮김, 『빌리 버드』, 열림원, 2002.

윤리학』[25]과『중동태의 세계』, 두 저작을 통해 제가 생각하게 된 것부터 말씀드리고 싶습니다.

『한가함과 지루함의 윤리학』에서는 큰 충격을 받았고 수많은 발견도 했습니다. 그래서 꼭 한번 고쿠분 선생님과 이야기하고 싶어서 제 쪽에서 적극적으로 접근했었다고 기억합니다.

고쿠분 정확히 트위터의 DM으로 연락을 받았었지요.

구마가야 네, 제가 꽤 들러붙었다고나 할까요.

고쿠분 그랬나요?(웃음)

구마가야 네, 그렇습니다.(웃음) 제 기억이 확실하다면 '개인차'의 문제를 어떻게 합니까, 그 질문을 하면서 귀찮게 했던 것 같습니다. 즉 "지루하다고 한마디로 말씀하시지만, 지루한 것을 5분을 못 견디는 사람과 3일은 견딜 수 있는 사람, 1년 동안 견딜 수 있는 사람, 어쩌면 평생 견뎌낼 수 있는 사람이 있을지도 모르죠. 지루함에는 내성의 개인차가 있어요. 이 문제를 고쿠분 선생님은 어떻게 다루시는지요?"라고요.

저는 사실 여름방학 이런 걸 굉장히 질색하는 아이였습니다. 할 일이 아무것도 없어지면 더 견딜 수 없었죠. 어쩌면 고쿠분 선생님도 그렇지 않습니까?

고쿠분 딱 그렇습니다.(웃음) 아직도 저는 설날이 정말 힘듭니다.

25 〔옮긴이주〕고쿠분 고이치로, 최재혁 옮김,『인간은 언제부터 지루해했을까?』, 한권의책, 2014.

구마가야　설날은 3일 동안 강제로 휴가를 줘버리니까요. 고쿠분 선생님의 책을 읽고 제 머릿속에 먼저 떠오른 것은 알코올이나 약물의존증으로부터 회복되길 바라는 여성들의 시설 '다르크 여성 하우스'의 시설장이기도 한 가미오카 하루에 씨의 이야기였습니다. 가미오카 씨는 자신도 생존자 중 한 사람인데요, 저는 비교적 오래 교류하고 있습니다만 처음 만난 무렵에 들었던 말이 있습니다.

"어릴 적, 특히 트라우마(정신적 외상)를 경험한 사람 중에 한가해지면 지옥이 밀려오는 사람이 있고, 그런 그·그녀들은 『한가함과 지루함의 윤리학』에서 고쿠분 선생님이 쓰셨던 '기분 전환'에 해당하는, 싸움을 하거나 약물을 사용하는 등 자신을 각성시키고 흥분시키는 행위로 지옥 같은 지루함을 달래고 있는 것"이라는 말이지요.

당시에는 미처 그 의미를 잘 몰랐지만, 한편으로 저는 '상처'와 '지루함' 사이에 어떤 관계가 있을 것 같다고 전부터 느끼고 있었고, 그것을 주제로 「고통에서 시작하는 당사자 연구」라는 글을 썼습니다.[26] 그 글에서 상처의 '지각(知覺)'과 '기억'을 나누어 살펴보았는데, 마침 그 무렵에 『한가함과 지루함의 윤리학』에서 고쿠분 선생님이 지루함에 관해 쓰신 것을 읽었습니다.

이것 역시 이전에 가미오카 씨로부터 알게 된 에피소드인데, 이른바 '비행 청소년'에게 "왜 약물을 사용한 거야?"라

26　구마가야 신이치로, 이시하라 코우지 엮음, 「고통에서 시작하는 당사자 연구」, 『당사자 연구의 연구(当事者研究の研究)』, 의학서원, 2013.

고 물으면 "심심하니까"라고 대답하는 경우가 있다고 합니다. 그러면 어른들은 대부분 틀림없이 '심심하다고 약물을 하다니!' '당치도 않다. 괘씸해!!'라고 생각해버립니다. 하지만 어른들은 종종 청소년이 사용하는 말의 의미를 잘못 받아들입니다. 가미오카 씨는 '비행 청소년'은 단지 불량한 척해서 그렇게 말하는 게 아니라, '심심하다'라는 말로 지옥과 같은 괴로움을 표현하고 있는 것이라고 말합니다. 그리고 거기에서 구제받으려고, 이른바 기도의 행위로서 비행으로 치닫는 것이라고 말했습니다.

한편 고쿠분 선생님은 『한가함과 지루함의 윤리학』에서 파스칼을 인용하며 "지루함은 인간의 고통 중에서도 가장 고통스러운 고뇌"라고 적었습니다. '지루함'은 대수롭지 않게 여겨지고 있지만, 그것을 달랠 수만 있다면 사실 인간은 무슨 일이라도 한다고 말이죠. '지루함'은 그만큼 엄청난 것이라고 설명하셨지요. 그리고 그 책의 초판이 나오고 3년 정도 지난 후에 나온 증보판에는 「상처와 운명」이라는 논고가 새로 실렸습니다. 제가 지금까지 가미오카 씨에게 들어온 것, 그것을 바탕으로 가미오카 씨나 고쿠분 선생님 등과 함께 이야기해 온 것이 체계적으로 정리되어 있어서 많이 배우는 기분이 들었습니다.

고쿠분 천만에요. 이야기 도중에 죄송합니다만, 구마가야 선생님과 가미오카 씨를 만나게 된 일은 저에게도 확실히 결정적인 일이었고 그 이후로도 여러 형태로 논의를 지속해 주시는 것이야말로 정말 감사드릴 일이라고 생각합니다.

'예측 오차'와 트라우마

구마가야 감사합니다. 그런데 고쿠분 선생님을 처음 만났을 무렵의 저는 '예측 오차'라고 하는 개념에 깊이 관심을 두었고, 그 후로 고쿠분 선생님과 논의하며 반복해서 이에 관해 언급해 왔습니다. 예측 오차란 무엇인가, 여기에서 간단하게 여러분에게 설명해드리고 싶습니다.

우리는 누구라도 '저렇게 되고 싶다'라는 기대, 혹은 '저렇게 되겠지'라는 예측을 하며 살아갑니다. 정확하게는 기대와 예측은 다릅니다. 기대는 '저렇게 되고 싶다', 예측은 '저렇게 될 것이다' 하는 것이므로 기대한 전개가 예측되지 못하는 경우도 있습니다만, 여기에서는 일단 기대와 예측을 '예측'으로 묶어서 이야기해 나가겠습니다.

사람은 예측을 하며 살아갑니다. 하지만 살다 보면 당연히 예측이 어긋날 수 있습니다. 그 어긋나는 체험을 '예측 오차'라고 부를 수 있습니다.

이미 조금 말씀드린 것처럼 당시의 저는 아야야 사츠키 씨와 함께 자폐스펙트럼장애(ASD) 당사자 연구를 하는 가운데 다양한 발견을 했고, 또 거기에서 생각할 수 있는 추론을 해 왔습니다. 같은 ASD라도 예측 오차에 민감한 체질이 있는 것은 아닌가, 혹은 트라우마란 상당히 강한 예측 오차를 경험했을 때 생기는 것이 아닌가 하는 것들입니다. 또한 주위에서 그다지 트라우마 상태일 거라고 여겨지지 않는 사건인데도 예측 오차에 과민한 탓에 트라우마 반응을 보이는 경우 같은 것입니다. 그리고 그런 것들이 고쿠분 선생님의 작업과 실로 깊게 연결되지 않을까 하는 생각을 늘 하고 있었습니다.

애초에 예측 오차에 직면하면 사람은 어떤 반응을 보일까요? 예를 들어, 태어난 지 얼마 되지 않았을 때는 무엇이든 한 번뿐인 새로움의 연속입니다. 그러나 몇 번씩 그것을 경험하는 사이 여러 사건을 관통하는 일종의 규칙성, 패턴을 학습해 나갑니다. '이러면 이렇게 된다'는 식으로 자기의 신체를 포함한 세계에 관한 전망을 학습합니다. 그리고 점점 세계 전체를 예측할 수 있게 됩니다. 그렇게 예측을 잘 다듬어 나갈 때 예측 오차가 발생하게 됩니다. 예측이 없으면 예측 오차는 논리적으로 생기지 않으니까요.

예측 오차가 생긴다는 건 기존에 지니고 있던 예측 체계가 충분히 사건을 예측할 수 있는 정확도를 갖추지 못했다는 걸 의미합니다. 그러므로 사람은 예측 오차에 직면하면 예측을 보다 정확한 것으로 갱신하고, 그 결과 예측 오차는 점차 드물어지게 됩니다. 또 이렇게 예측이 정교해짐에 따라 대부분 사람이 예측 오차에 익숙해집니다. 즉 세상을 읽을 수 있게 되는 거죠. 그것이 '일반적'이라고 여겨지는 발달 속에서 일어나는 일입니다.

예측 오차가 적당하다면 그걸로 괜찮습니다. 그러나 가령 어린아이의 허용량을 초과해서 예측 오차가 밀려오는 경우가 있습니다. 그런 경험은 예측의 갱신이라는 통상적인 방법으로는 익숙해질 수 없습니다. 이처럼 한계치를 넘어선 예측 오차를 우리는 '트라우마'라고 부른다고 저와 아야야 씨는 생각합니다.

구마가야   자, 여기서 어떤 의문이 생깁니다. 지금까지 이야기한 것에서 알 수 있다고 생각합니다만, 사람은 예측을 다듬어 나감으로써 세상에 대한 전망을 세울 수 있게 됩니다. 반대로 말하면 사람은 예측 오차를 되도록 피하려고 한다는 겁니다. 많은 연구자, 아시다시피 프로이트도 '쾌락원칙'이라고 하는 말로 그렇게 말하고 있습니다.

그럼에도 우리는 일부러 스스로 예측 오차를 찾아 나서는 경우가 있습니다. 여러분도 분명 짐작이 가는 대목이 있지 않으신가요? 그렇다는 말은 원래 정말로 인간은 예측 오차를 줄이고만 싶어 하는 생물일까, 하는 의문이 떠오르는 겁니다.

가장 예측 오차가 생기지 않을 때는 어두운 방에서 아무것도 하지 않는 채로 꼼짝 않고 틀어박혀 있는 상황입니다. 만일 인간이 쾌락원칙만으로 살고 있다면, 그것이 가장 기분 좋은 일이 될 것입니다. 하지만 인간은 그런 상태를 원하지 않습니다. 인지과학 등의 분야에서는 이것을 '암실 문제(Darkroom problem)'라고 부르며 계속 논의 중인 주제이기도 합니다.

자, 여기까지 이야기해보면 이 문제가 고쿠분 선생님의 『한가함과 지루함의 윤리학』의 주제와 겹치는 걸 아시겠지요. '사람은 예측 오차를 줄이고 싶을 텐데 어째서 일부러 자진해서 기꺼이 예측 오차를 감수하려는 듯한 일을 하는 건가. 바꿔 말하면, 사람들은 왜 어리석게도 '무료함을 해소하고자' 하는가. 이 문제를 푸는 관건은 트라우마, 즉 예측 오차에 대한 기억에 있지 않을까?' 몇 번이나 고쿠분 선생님과 토론을 거듭해 오면서 우리는 그런 가설을 세웠습니다.

우리는 태어나서 오늘에 이르기까지 무수한 예측 오차를 경험하고 있습니다. 과거의 예측 오차에는 그것을 떠올릴 때마다 소리치고 싶어지는 '아픈' 기억이 많이 담겨 있다고 생각합니다. 누구나 아픈 건 싫지요. 저도 물론 싫습니다.(웃음) 게다가 예측 오차의 기억은 범주화를 벗어난 일회성 에피소드 기억의 형식을 취합니다. 예측이 가능하려면 반복되는 유형(type)의 일례(token)로 그 예측 오차의 기억이 자리 잡힐 필요가 있지만, 일회성 기억은 내 안에서는 반복되지 않으므로 논리적으로 불가능한 겁니다.

아마 여기서 중요한 것은 유사한 에피소드를 경험하고 있는 타자와 언어를 통해 서로 나누는 일이라고 저는 생각합니다. 타자를 매개로 일회성 기억을 반복함으로써 트라우마 기억으로 변하지 않도록 하는 게 아닐까 생각합니다. 그러면서 여러 사람의 경험이 모여 형성된 집합적인 예측 속에 자신의 에피소드 기억이 자리 잡게 되면, 그것은 생생한 트라우마 기억이 아니라 통상의 불쾌한 기억으로서 차차 다루기 쉬워지는 거지요.

그런데 그런 타자가 없거나 매개하는 언어가 통용되지 않는 등의 이유로 예측 오차의 기억이 빛바랜 추억으로 변하지 않는 경우가 있습니다. 이러한 예측 오차의 기억을 우리는 '트라우마 기억'이라고 부르고 있는 게 아닐까, 저는 생각합니다. 이것은 특별한 사람에게만 일어날 수 있는 일이 아니라 크든 작든 아마도 모든 사람이 트라우마 상태의 기억이 있을 것입니다. 그리고 당연히 잊어버렸을, 그런 과거 기억의 덮개가 어느 날 갑자기 열려버릴 수도 있습니다. 특히 중요한 것은, 그 사람의 각성도가 떨어지거나 혹은 아무것도 할 일이 없어지거나 하는 순간에 덮개가 쉽게 열린다는 점입니다.

기억의 덮개가 열리지 않도록 하기 위해서, 예를 들어 각성제나 진정제에 빠져들거나 일에 과도하게 몰두해 각성도를 0이나 100으로 만든다고 생각할 수 있지 않을까. 즉 아픈 과거를 단절하고 미래를 향해 매진하는 방향으로 마음을 쏟는 건 아닐까. 예측 오차를 지각하는 것은 각성도를 높이는 효과가 있다. 그로 인해 지옥과 같은 예측 오차의 기억을 덮을 수 있다. 이렇게 예측 오차를 원하게 되는 인간의 성향을 예측 오차를 기억하는 내력에 의해 설명할 수 있지 않을까, 하는 것이 고쿠분 선생님과 몇 년간 토론을 하면서 겨우 다다른 가설이었습니다. 그러나 예측 오차를 지각하는 것은 당연히 예측 오차의 기억으로 즉시 침전되기 때문에 이 사이클은 끝나지 않습니다. 심지어 예측 오차의 느낌을 받고자 반복해서 기분 전환(시간 죽이기)을 하면, 그 반복으로 인해 거기서 얻을 수 있는 지각은 예측 가능한 것이 되므로, 기분 전환은 점점 단계가 올라갈 수밖에 없는 숙명이 됩니다.

누구나 크든 작든 상처받은 기억이 있습니다. 그런 우리 인간에게는 아무것도 할 일이 없고 지루할 때가 위험한 것은 아닐까요? 바로 그럴 때만, 과거에 있었던 트라우마적 기억의 덮개가 열리게 됩니다. 그래서 우리는 그 기억을 단절

하는, 즉 기억의 덮개를 다시 닫기 위해서 예측 오차를 느끼
고자 이른바 '기분 전환'을 하는 게 아닐까요?

휴먼 네이처/ 휴먼 페이트

구마가야　지금도 이것은 유력한 가설이 아닐까, 저는 생각하
고 있습니다. 사람은 분명 예측 오차를 줄이고 싶어 하는 생
물이지만, 실제로 살다 보면 예측 오차는 반드시 생깁니다.
그런 의미에서 우리는 모두 상처투성이인 셈이죠. 바로 그
래서 사람은 지루함을 견디지 못합니다. 지루함이란 '오래
된 상처의 쓰라림'의 또 다른 이름이 아닐까, 이것이 고쿠분
선생님이 2015년 『한가함과 지루함의 윤리학』 증보판을 출
간하기 전쯤 저와 함께 내렸던 잠정적인 답이었습니다. 그
리고 고쿠분 선생님은 이 책의 증보 부분에서 루소를 인용
하면서 예측 오차를 대략 다음과 같이 정리하셨던 것 같습
니다.

　　예측 오차를 조금이라도 줄이고 싶다는 특성은 아마도
인간이 태어났을 때부터 지닌 것이리라. 상처를 얻기 전, 타
고난 신체에 깃들어 있는 특성이나 경향, 인간의 본질적인
면을 '휴먼 네이처(Human Nature)'라 할 수 있다. 그런데 살다
보면 무수한 상처를 입는다. 즉 앞에서 썼듯이 '휴먼 네이처'
와는 반대로 자기 스스로 상처를 부르는 행위를 해버린다.
그래서 '휴먼 네이처'만으로는 어째서 사람이 지루해지는지,
왜 사람이 어리석은 '기분 전환'에 빠져드는지 설명할 수 없

다. 살다 보면 어쩔 수 없이 대부분의 사람이 자신에게 상처를 입히는 경험을 하게 된다. 누구도 상처받지 않을 수는 없고 상처투성이가 될 운명이다. 그 운명에 근거한 인간의 성질이나 행동을 '휴먼 페이트(Human Fate)'라고 부를 수 있지 않을까. 생각해보면 그런 조금은 슬픈 운명이 예외 없이 모든 사람에게 주어져 있다. 이렇게 생각하면, '휴먼 네이처'와 '휴먼 페이트' 모두를 고려했을 때 비로소 사람은 왜 지루해지는지 그리고 왜 그 지루함을 대하는 기질에서 개인차가 생기는지를 설명할 수 있지 않을까.

　　이상입니다. 고쿠분 선생님, 어떻습니까?

고쿠분　훌륭합니다, 깔끔하네요.

구마가야　다행이네요….(웃음) 고쿠분 선생님의 이 정리는 저에게 상당히 납득이 가는 것이었습니다. 자 그럼, 이제 지루함과 중동태가 어떻게 관련되는지에 관한 주제로 넘어가겠습니다. 지금 설명해드린 '휴먼 페이트'의 이야기가 힌트가 될 것이고, 그 접점은 아마 조금 전 고쿠분 선생님이 이야기하신 '무로부터의 창조'에 있다고 생각합니다.

　　순서대로 설명하겠습니다. 먼저 이건 가설인데, 하나는 좀 전에 약물의 예로 설명했듯이, 의존증(중독)이란 고통스러운 과거를 끊어내려는 몸짓이 아닐까 생각합니다. 과거 기억의 덮개가 열리면 지옥이 찾아옵니다. 그런 사람에게는 덮개가 닫혀 있는 편이 좋습니다. 그러기 위해서 과거를 절단하여 과거가 그 이상 치고 올라올 수 없는 상태로 만들고 싶어 합니다. 또는 지금을 출발점으로 삼고 싶어 합니다. 즉 과거와는 무관하게 현재나 미래를 '무로부터 창조'하고 싶어 하죠. 과거의 기억이 되살아남으로써 찾아오는 것이 '지옥'이라면, 의지의 힘으로 현재와 미래밖에 없는 삶을 살고 싶은 겁니다. 바꾸어 말하면, 중동태를 부정하고 100퍼센트 능동태의 상태가 되고 싶은 것이죠. 지옥이 닥칠 것이 예상된다면 이렇게 생각해도 전혀 이상할 게 없습니다. 그리고 저에게 고쿠분 선생님의 『중동태의 세계』는 이 '절단' 혹은 '무로부터의 창조'라는 사고방식 자체에 관한 비판으로 읽을 수 있었다는 점을 말해 두고 싶습니다.

'12단계'라는 프로그램

구마가야 자 여기서, 조금 전부터 언급된 가미오카 하루에 씨 등의 '다르크 여성 하우스'를 비롯해 의존증 자조집단(self-help groups)에서 활용하고 있는 '익명의 알코올중독자들 12단계'(이하 '12단계')라고 불리는 프로그램에 관해 조금 이야기하고 싶습니다. 이것은 원래 알코올의존증 자조집단 '익명의 알코올중독자들(Alcoholics Anonymous, A.A.)'[27]이 명문화하여 회복의 지표로 삼은 것입니다. 이 '12단계'에 대해서는 나중에 다시 상세하게 다루고 싶은데, 우선 1단계에

---

27 〔옮긴이주〕알코올중독자들이 스스로 중독에서 벗어나기 위해 결성한 단체. 뉴욕에 본부를 두고 있으나 A.A. 모임은 지역별로 자율적으로 운영된다. '익명'이라는 이름처럼 회원들은 서로를 이름과 성(姓)의 첫 글자로만 부른다. 한국A.A.는 1983년 설립되었다.

"우리는 알코올에 무력하며, 우리가 원하는 대로 살아갈 수 없게 되었음을 인정했다"라고 되어 있습니다.

다시 말하면, 의지를 갖고 능동적으로 자신의 삶을 컨트롤한다는, 지금까지의 생활방식에서 내려오는 것이 회복으로 들어서는 입구라는 것입니다. 즉 이 의존증 환자들은 능동/수동의 대립에 얽매여 있는 것이야말로 의존증이라는 병의 핵심이라는 인식과 자각이 있으며, 바로 그래서 그 대립이 해체되고 중동태적인 태도 속에서 비로소 회복이 시작된다고 생각하며 실천해 왔습니다. 그들의 그런 오랜 경험에서 나타난 것이 바로 이 '12단계'라고 저는 생각합니다.

이것은 실로 정밀하고 세련된 방식으로 사람을 능동/수동의 틀에서 능동/중동의 틀로 꾀어내는 프로그램이 되었다고 생각합니다. 그래서 저는 이 '12단계'를 중동태라는 관점에서 읽어내고 싶습니다. 왜냐하면 단계가 진전됨에 따라 의지와는 다른 방식으로 책임을 다시 받아들이는 프로그램이 된 것이 아닌가 하는 직감이 들기 때문입니다. 이 '12단계'에 대해서는 향후 또 다른 곳에서도 자세하게 언급하게 되겠지만, 그런 의미에서도 오늘 고쿠분 선생님의 이야기는 매우 시사하는 바가 커서 많은 공부가 되었습니다. 지금까지는 '12단계'를 설명할 때 다시 한번 신중하게 '재근대화'한다든가 '재주체화'한다는 등으로 통칭하는 경우가 많았지만 사실은 좀 더 정밀하게 읽을 수 있지 않을까라고 새삼 느끼고 있습니다. 또한 조금 전에 고쿠분 선생님이 말씀하신 '의로운 마음'에 대해서 이것은 다음에 제가 생각해야 할 중요한 과제이기도 하다는 생각을 하면서 들었습니다.

1 우리는 알코올에 무력하며, 우리가 원하는 대로 살아갈 수 없게 되었음을 인정했다.
2 우리 자신을 초월한 큰 힘이 우리를 건강한 마음으로 되돌려 준다고 믿게 됐다.
3 우리의 의지와 삶의 방식을 **자기 나름대로 이해한** 신의 배려에 맡기기로 결심했다.
4 두려워하지 말고 철저하게 자기 자신의 '재고조사'를 시행하여 그것을 표로 만들었다.
5 신에게, 자기 자신에게, 또 다른 한 사람에게, 자신의 과오를 있는 그대로 인정했다.
6 이러한 성격상의 결점을 모두 신에게 제거 받을 준비를 이미 마쳤다.
7 자신의 단점을 제거해 달라고 겸허히 신에게 청했다.
8 우리가 상처 입힌 모든 사람의 목록을 만들고 그들 모두에게 나아가 벌충해야겠다는 마음이 되었다.
9 그 사람들이나 다른 사람에게 해가 되지 않는 한, 기회 있을 때마다 그 사람들에게 직접 벌충했다.
10 자신의 재고조사를 계속하고, 잘못되었을 때는 곧장 그것을 인정했다.
11 기도와 묵상을 통해 **자기 나름대로 이해한** 신과의 의식적 접촉을 돈독히 하고 신의 의지를 아는 것과 함께 그것을 실천할 힘만을 청했다.
12 이러한 단계를 거친 결과 우리는 영적으로 깨어났고, 이 메시지를 알코올중독자에게 전하고 우리 일상의 모든 일에 이러한 원칙을 실천하려고 노력했다.

('A.A.월드서비스'의 허락을 받아 수록함)

구마가야   이처럼 이야기를 하다 보면 능동, 수동의 고충에 대해서 '중동태'가 하나의 해결책이 되는 게 아닐까 생각하기 쉽다고 느낍니다. 하지만 여기서 한 가지, 앞에서 소개한 아야야 사츠키 씨의 연구에 관해서 덧붙여 두고 싶습니다. 그녀와도 그동안 중동태에 관해서 다양한 논의를 해 왔는데 그 가운데 아야야 씨가 "중동태를 계속 살아간다는 건 사실 몹시 힘든 일이다"라고 말했습니다. 어떤 의미일까요? 그녀에 따르면, 아무래도 문자 그대로 '중동태로 계속 살아가는 몸'이 있는 것 같다는 겁니다.

아야야 씨가 쓴 「어포던스 배치로 지탱되는 자기─자폐 스펙트럼장애 당사자의 관점에서」[28]라는 논문이 있습니다. 덧붙여서 '어포던스(affordance, 행위유도성)'는 『중동태의 세계』에서는 아렌트를 논하는 가운데 고쿠분 선생님이 제안하신 '비자발적 동의'의 개념에 대응하겠네요. 고쿠분 선생님, 여기까지 제법 단숨에 이야기를 해버렸습니다만, 슬슬 천천히 할까요?(웃음)

고쿠분   아뇨, 대단히 자극적인 이야기뿐이라서 정말로 중간에 방해하고 싶지 않았어요.(웃음) 그대로 계속해주시죠. 제가 제안한 비자발적 동의 문제가 결부되는군요.

---

28   아야야 사츠키, 고노 테츠야 엮음, 「アフォーダンスの配置によって支えられる自己―ある自閉症スペクトラム当事者の視点より」, 『지식의 생태학적 전회 3 윤리(知の生態学的転回3 倫理)』, 도쿄대학출판회, 2013.

구마가야　네, 그렇습니다. 고쿠분 선생님은『중동태의 세계』에서 이 비자발적 동의와 관련해 협박의 예를 제시했었죠.

고쿠분　네, 권력은 능동/수동의 대립으로는 파악할 수 없다고 논하는 중에 하나의 극단적인 예로 협박을 언급했습니다.

구마가야　여기서 간단히 설명해주시면 좋겠습니다.

고쿠분　네. 사실 저는 협박을 당했던 경험이 있었는데, 중학생 때였습니다. 이쪽은 세 명이고 상대는 혼자였는데, 웬일인지 저는 돈을 손수 건넸지요. 일부러 부딪치고는 "너, 사과 안 해?"라며 트집을 잡는 고전적인 수법이었습니다.(웃음)

　　그런데 그때 저는 협박을 당해서 돈을 건넸으니 능동적이지 못합니다. "네가 능동적으로 돈을 준 거겠네"라고 말한다면, 반박하겠죠. 그렇지만 저는 제 손으로 지갑에서 돈을 꺼내 건네주었습니다. 그렇게 생각하면 저는 수동적이었다고 단언할 수도 없습니다. 여기에서 능동과 수동의 대립으로 협박을 설명하는 건 어렵습니다. 협박을 받는 나는 능동이라고도 수동이라고도 할 수 있고, 능동도 수동도 아니라고 할 수도 있습니다.

　　『중동태의 세계』에서 제가 말한 것은 능동태와 중동태의 대립으로 보면 협박 행위를 명확하게 설명할 수 있다는 것이었습니다. 협박하는 고등학생은 능동태입니다. 그 고등학생의 행위는 그의 바깥, 즉 중학생인 우리에게서 완결되고 있기 때문입니다. 그리고 그런 고등학생에 맞서는 중학생인 저희는 중동태입니다. 우리가 행위의 장이 되었기 때문입니다.

저는 이렇게 중동태의 개념을 협박의 사례에 빗대어 자발성과 동의(승낙)를 재정의했습니다. 동의는 자주 자발성과 연결됩니다. 아까 말씀드린 선택과 의지의 논리와 똑같습니다. 동의했으니 자발적이었을 거라는 말이지요. 그러나 동의는 실제로는 반드시 자발성을 전제로 삼는 건 아닙니다. 무슨 말이냐면, 협박받은 저는 '돈을 내놔'라는 고교생의 요구에 정확히 동의한 것입니다. 돈을 줬으니까요. 그러나 제가 자발적으로 그랬던 것은 아닙니다. 동의는 했지만 자발적이지 않은 행위의 양태, 이것을 저는 '비자발적 동의'라고 칭한 것입니다.

덧붙여서 아렌트는 동의를 통해 권력을 정의하는데, 그때 동의를 자발적인 것으로 전제하고 있는 셈입니다. 저는 그걸 비판했습니다. 아렌트는 비자발적 동의라는 양태를 무시하고 있지요.

구마가야 고쿠분 선생님은 그런 아렌트를 푸코와 비교하셨지요. 푸코와 아렌트 두 사람 다 권력과 폭력을 구별하긴 하지만, 사실 이것들을 다른 방식으로 정리합니다. 아렌트도 흥미롭긴 했지만 제게는 푸코 쪽이 더욱 흥미로웠습니다. 푸코의 정리에서 권력이라는 것은 행위에 작용하는 것입니다. 그에 반해 폭력은 신체에 작용합니다. 즉 작용 지점이 다른 거지요. 권력은 가령 총구를 들이대고 위협해서 다른 사람을 움직입니다. 상대의 신체에 직접 닿지 않고 행위에 영향을 끼치는 겁니다. 그에 반해, 폭력은 물리적으로 상대의 신체에 어떤 영향을 끼치는 행동입니다. 그런데 역시 직접적, 물리적으로 상대방의 신체에 접촉하지 않고 행위에 영향을 주는 것에 '어포던스'라는 것이 있습니다. 어포던스란 무엇인가. 간단히 설명하겠습니다.

사람이든 물건이든 상관없지만, 예를 들어 제가 여기에 있고 눈앞에 컵이 있다고 합시다. 이 경우, 그 컵은 제게 '들어 올리겠습니까?'라거나 '물을 따르겠어요?' '따른 물로 당신 목을 축이겠습니까?' 등 여러 가지 행위를 요구한다고 생각할 수 있습니다. 이를, 컵이 나에게 '든다'거나 '물을 따른다'라는 행위를 어포드(afford, 주다/제공하다)하고 있다고 표현합니다. 눈앞의 컵에서 손이 생겨나서 억지로 내 손을 잡고는 물을 마시라고 물리적으로 영향을 주고 있는 게 아니라, 존재 자체가 내게 모종의 행위를 요구합니다. 사람이든 물건이든 직접 접촉하지 않고 상대방의 행위에 영향을 주는 힘을 가지고 있습니다. 그 힘을 어포던스라고 부릅니다.

그러고 보면, 푸코의 권력관은 매우 어포던스적이지 않나, 그래서 어쩌면 푸코의 권력론과 어포던스 이론은 서로 잘 어울리는 게 아닌가 하는 생각이 들었습니다.

내장의 어포던스, 중동태를 살아가는 신체

구마가야 아야야 씨의 연구로 이야기를 되돌리자면, 그녀의 「어포던스 배치로 지탱되는 자기」는 제목에서 알 수 있듯이 그녀가 당사자 연구를 하는 가운데 어포던스 이론을 사용하여 자신의 경험을 기술한 것입니다. 거기서 아야야 씨는 이렇게 쓰고 있습니다. "나는 남들보다 의지가 잘 일어나지 않는다." 즉 "내발(內發)적인 의지가 일어나기 힘든 것이다"[29]
라고요. 왜냐하면 그녀의 신체 안에서도 바깥에서도 대량의
어포던스가 전해 오기 때문이라고 합니다. 지난 강의에도
공복감에 관한 아야야 씨의 이야기를 조금 소개했습니다만,
조금 더 설명하겠습니다.

예를 들면 위장이 지금부터 얼른 뭔가를 먹으라고 어포
던스를 줍니다. 그리고 눈앞에 있는 많은 음식이 나를 먹으
라며 각각의 어포던스를 전해주는 거죠. 즉 몸의 안에서도
바깥에서도 대량의 어포던스가 그녀 안으로 유입되지만, 그
것을 이른바 민주적으로 합의·형성하고 하나의 자기 의지로
서 가다듬기까지 굉장히 시간이 걸린다고 말합니다.

아야야 씨는, 다수자는 의지라고 부르는 것이 일어나는
과정을, 선행하는 원인의 무리를 끊어내지 않고 고해상도
(high resolution)로 선명하게 파악하고 있다고 말하지요. 또한
아야야 씨는 이 책에서 '내장으로부터의 어포던스'라는 새
로운 표현으로 어포던스 개념을 확장하려 시도하고 있습니
다. 외부뿐만 아니라, 위(胃)를 비롯한 내장에서도 어포던스
가 끊임없이 전달되고 있다고 합니다. 그리고 그런 많은 양
의 어포던스를 조정하는 과정을 많은 사람들이 무의식중에
하고 있으며, 거기서는 이른바 중동태적인 프로세스에 의해
서 의지 혹은 행위가 일어난다고 이야기합니다.

아야야 씨에게 있어서 이 프로세스는 무의식적인 부분
이 아닙니다. 그녀는 정말로 선택이나 행위가 자신에게 귀

29   아야야 사츠키, 앞의 책, 162쪽.

속되는 것이 아니라 신체 안팎으로부터 비자발적 동의를 강요받은 결과로 파악하고 있어서, 그런 의미에서 중동태를 계속 살아가고 있는 것이라고 말할 수 있습니다. 어포던스가 범람하는 가운데 좀처럼 의지도 행위도 일어나지 않습니다. 바로 그렇기에 "중동태는 살기 편하다느니 하는 식으로 절대 생각하지 말라"고 말합니다. 그건 당연하다고 생각합니다. 어쩌면 중동태가 희망 또는 구원인 것처럼 언급되는 경우도 있을지 모르겠습니다. 하지만 그렇게 언급되는 '중동태 세계'의 실제란, 어포던스의 홍수 속에 몸을 내맡기는 것을 의미하는 것입니다.

사람이 왜 '상처투성이가 된다'고 해도 능동/수동의 세계를 바라는지를 생각하는 힌트가 바로 여기에 있는 게 아닐까, 즉 '범인은 누구냐?'와 같은 근대적인 책임소재를 묻는다는 이유만으로 능동/수동이라는 언어 체제가 유지되는 건 아니지 않을까, 즉 한 인간이 중동태를 계속 산다는 것은 상당히 힘든 일이므로 많은 사람이 무의식적으로 그것을 피하도록 되어 있는 것이 아닐까. 그녀의 연구에서는 이러한 점도 시사하고 있습니다.

고쿠분　아주 중요한 말씀만 하시는군요. 특히 마지막 이야기는 '과연'이라고 생각하면서 듣고 있었습니다. 또한 특히 '내장으로부터의 어포던스'가 실로 흥미롭네요.

중동태는 구원이 아니다

구마가야 네, 저도 '내장으로부터의 어포던스'라는 아야야 씨의 개념은 획기적인 것이라고 생각합니다.

지금까지 어포던스라고 하면 피부의 바깥에 있는 '사물'에 대해서 말해 왔습니다. 서서히 확장되기는 했지만 역시 피부 바깥쪽에서 오는 것이라는 전제가 강고하게 있습니다. 어포던스는 비(非)자기에서 오는 것으로 알려져 있습니다만, 아야야 씨의 연구가 재미있는 점은 내장도 신체도 비자기가 된다는 점입니다. 피부 안쪽이 자기라는 근거는 없으니 이론적으로는 그쪽이 설득력 있습니다.

고쿠분 정말 그렇군요. 그리고 어포던스 이론과 푸코의 권력 이론이 비슷하다는 지적도 매우 흥미롭습니다.

그리고 '중동태는 구원이 아니다'에 관한 얘기인데, 저도 그렇게 생각합니다. 제가 '중동태'라는 개념을 내놓은 것은 우리가 살아가고 생각하는 '이 경험의 틀' 자체를 '이것이 당연한 것은 아니다'라고 다시 한번 새롭게 파악하기 위해서입니다. 중동태는 사물을 생각하기 위한 범주이지 중동태적인 것이 좋다/나쁘다 그런 것을 판단할 생각은 전혀 없습니다. 다만 중동태를 사용하는 쪽이 제대로 생각할 수 있다는 그뿐입니다.

필연적 법칙과 '자유'

고쿠분   거기서 중요한 것이 스피노자입니다. 『중동태의 세계』 제8장에서도 논했지만, 저는 이 장이 없으면 이 책이 무가치하다고까지 생각했습니다. 왜냐하면 거기서 스피노자에 대해 논하지 않으면, 그야말로 '중동태가 구원'처럼 되어버리기 때문입니다. 서장에서도 스피노자 이야기를 했으니, 『중동태의 세계』는 어떤 의미에서는 스피노자론이 된다고도 할 수 있습니다. 실제로 스피노자적인 '효과'의 관점에서 문법에 다가가는 것이 이 책의 방법론입니다.

스피노자가 중동태를 직접 언급하지는 않았습니다. 하지만 그의 철학은 중동태를 사용해서 이 세계를 기술하고자 합니다. 그것이 확실히 드러나는 것이 '변용되다(양상이 변화하다)'라고 번역할 수 있는 'afficitur'라는 라틴어 동사입니다. 이것은 『에티카』의 중요 개념인 '변용(affectio, 양상의 변화)'의 동사형이며 수동태로 활용됩니다. 하지만 수동태로 이를 이해하면 『에티카』는 전혀 이해할 수 없게 되지요. 이 동사는 중동태를 이미 상실한 라틴어에서 자주 쓰이던, 수동태의 중동태적 용법으로 이해되어야 합니다.

실은 스피노자를 논한 『중동태의 세계』 제8장을 쓰고 있을 때, 저는 쭉 구마가야 선생님이나 아야야 씨에게서 들은 여러 이야기를 떠올리고 있었습니다. 특히 이 부분에서 사용하고 있는 "자폐적·내향적인 변용의 과정"이라는 표현은 두 분의 말씀을 염두에 두면서 생각하게 된 것입니다.

확실히 우리는 외부 원인으로부터 자극을 받는다. 그러나 이 외부 원인이 그것만으로 우리를 결정하는 것은 아니다. 이 외부 원인은 우리 안에서 afficitur라는 (중동태의 의미를 가진) 동사 표현이 지시하는 자폐적·내향적인 변용의 과정을 개시하는 것이다.[30]

이러한 자폐적·내향적인 변용의 과정을 생각하면 외부로부터 영향을 받으면서도 그 사람 나름의 반응이 있다는 점을 잘 설명할 수 있습니다. 그것이 그 사람 나름의 필연성이라는 것이죠. 그리고 그 필연성을 잘 따라서 행위할 수 있는 것이야말로 스피노자에게는 자유인 것입니다.

그렇다면 자유를 논하기 위해서는 중동태적인 논리를 이해해야 합니다. 또한 중동태를 알게 되면 난해한 『에티카』의 자유론을 보다 쉽게 받아들일 수 있습니다. 제가 그 책의 마지막에 접어들어 어떻게든 스피노자를 논하고 싶었던 것은 어떻게 하면 내가 자유로워질 수 있을까를 생각하고 싶었기 때문입니다.

구마가야 제8장 「중동태와 자유의 철학―스피노자」이지요. 거기서 고쿠분 선생님이 소개한, 스피노자가 『에티카』에서 말한 자유의 정의, 곧 "자신을 관통하는 필연적인 법칙에 따라 그 본질을 충분히 표현할 때 사람은 '자유'다"라는 정의가 당사자 연구에서도 공통된 점이라서 매우 흥미로웠습니다.

---

30 〔옮긴이주〕 고쿠분 고이치로, 박성관 옮김, 『중동태의 세계』, 동아시아, 2019, 299쪽.

왜냐하면 이해할 수 없는 카오스를 살아온 사람에게서 신체나 경험 속 일정한 질서나 법칙을 발견하는 것이 당사자 연구이기 때문입니다. 아야야 씨의 말로 하면 '자기감'이라는 게 되는데, 자신의 패턴을 파악하는 것만으로 편안해지고 그 감각을 느낄 수 있다는… 것이므로, 고쿠분 선생님이 소개한 스피노자의 자유론은 우리에게도 매우 중요합니다.

반대로 지나친 사회적 구성주의의 맥락에서 말하면, 자기의 필연적인 법칙을 사회적 맥락에서 풀려고 하거나, 또 한편으로 이것도 나중에 다른 식으로 이야기하고 싶은데, 장애인 운동의 맥락에서 말하면 '내 것에만 얽매이지 말고 사회로 눈을 돌리자'라는 사회 변화를 지향하는 흐름 속에서 자폐적·내향적인 변용의 과정은 방치되어버립니다.

당사자 연구를 실천할 때의 '모습'은 때때로 자폐적·내향적인 상태로 보일 수도 있고, 연구로 사회가 변하지 않는 것처럼 여겨질 수도 있습니다. 그러나 외부에서 자극을 받으면서도 자폐·내향하는 변용의 과정이야말로 당사자 연구가 역점을 두는 지점이기도 합니다. 또한 그 과정 외에 사회 변혁의 원천 또한 있을 수 없습니다. 저는 그렇게 생각합니다.

고쿠분 굉장한 스피노자 이해군요. 구마가야 선생님의 스피노자 해석을 들으면서 지금 매우 감동하고 있습니다.

구마가야 아닙니다. 고쿠분 선생님이 스피노자에 관해 소개해주셔서 정말로 감사히 생각하고 있습니다. 신이 나서 하나 더 말하자면,(웃음) 서장에서 말한 것처럼 당사자 연구가 필요하다고 느끼는 사람들은 '비가시적 장애'를 가진 경우가 많아서 자신의 필연적 법칙이 손에 잡히지 않는 상황에 놓일 때가 많습니다. 그런 분들은 스피노자가 말하는 '자유'를 손에 넣고 나서야 비로소 사회와 마주할 수 있고, 또 사회 변혁의 방향도 알게 된다고 생각합니다. 지금까지 간과되어 온 이 단계가 왜 지금 당사자 연구에서 중시되는지, 그것을 스피노자의 자유 개념이 적확하게 드러내준다고 생각합니다.

코나투스와 당사자 연구

고쿠분 '자유'라는 말을 스피노자처럼 정의한 사람은 없다고 생각합니다. 이는 능동과 수동에 지배된 언어체계 안에 있는 한, 좀처럼 이해할 수 없는 자유 개념입니다. 통계 기반의 발상이랄까, 데카르트적이거나 근대 과학적인 언어로는 잘 이해되지 않는 것입니다.

구마가야 그러나 우리 입장에서 보면 반대로 아주 잘 이해할 수 있는 면이 있습니다.

고쿠분 네. 참고로 미셸 푸코는 『주체의 해석학』에서 17세기에 진리의 지위가 바뀌었다고 말합니다. 그때까지 진리라는 것은 주체가 '레벨업' 해야 비로소 획득할 수 있었는데, 그러던 것이 17세기에 이르러 단순한 인식 대상이 되어버렸습니다. 즉 진리는 배우면 누구나 알 수 있게 된 것이지요. 푸코는 그러한 진리의 출발점을 데카르트로 보고 있고, 17세기의 예외가 스피노자라고 지적했습니다.[31] 스피노자에게

---

31 미셸 푸코, 심세광 옮김, 『주체의 해석학』, 동문선, 2007, 66쪽.

진리는 스스로 체험해야만 하는 것입니다. 진리는 체험의 대상으로 여겨지는 거지요.

구마가야 정확히 당사자 연구에서 말하는 '디스커버리'[32]네요.

고쿠분 그렇군요. 또 그것은 본래 일상적으로 우리가 경험하고 있고 왠지 모르게 알고 있는 것이기도 하다고 생각하지요. 그런데 지금 우리의 언어가 그에 맞지 않는다는 문제가 있습니다. 우리의 언어로는 스피노자가 말하는 것을 잘 이해할 수 없다고 해도 좋습니다. 그런 의미에서 스피노자 철학은 당사자 연구로 인해 재발견되는 중이라고 해도 좋을 것 같습니다.

구마가야 그건 굉장하네요!(웃음)

고쿠분 이런 중첩은 정말 대단한 거지요.(웃음) 이야기를 조금 앞으로 되돌리자면, 조금 전 구마가야 선생님이 언급하신 "민주적"이라는 말의 사용 방식도 재미있었습니다. 피부 외부뿐 아니라 신체 내부에서도 고해상도로 어포던스가 오기 때문에 이들을 '민주적'으로 잘 조정하지 못한다는 아야야 씨의 경험을 설명한 부분이지요.

아야야 씨는 자신의 당사자 연구를 통해서 '어포던스 배치로 지탱되는 자기'를 발견하고 그것을 훌륭하게 기술했습니다. 이것은 실로 스피노자적입니다. 스스로를 관통하는 필연성을 어포던스의 배치로 파악한 것이지요.

---

32 〔옮긴이주〕 디스커버리는 개인이 스스로 자신의 경험이나 문제를 탐구하면서 새로운 깨달음이나 이해를 얻는 과정을 뜻한다. 당사자 연구에서는 참여자가 직접 자신의 문제를 탐구하며 그 과정에서 스스로 의미를 발견하는 것을 가리킨다.

자기 안에 있는 혹은 내가 외부와 접촉했을 때 느끼는 다양한 어포던스와 교류하는 방식은 사람마다 다릅니다. 바로 그 때문에 그것을 알 필요가 있습니다. 그것을 잘 따라서 행위할 수 있게 될 때 사람은 자유롭다고 할 수 있겠지요. 바로 필연성과 자유가 결합되는, 스피노자 철학의 발상입니다.

　스피노자 철학이란 중동태적인 프로세스를 사는 인간이 자유로워지기 위해서는 어떻게 하면 좋을까를 생각한 철학이라고 생각합니다. 그러니 중동태로 사는 게 좋다는 게 아닙니다. 그런 의미에서 아야야 씨의 지적은 매우 중요하네요. 『중동태의 세계』에 있어서 스피노자 철학이 빠질 수 없는 이유를 설명해주신 것 같습니다.

구마가야　'중동태를 편하다고 생각하지 말라'에 대한 답이 이 장에 적혀 있습니다. 즉 스피노자의 '코나투스(conatus)'라는 개념에 관한 내용입니다. 자신의 필연적 법칙, 곧 의학적으로 표현하자면 '항상성 유지'가 될 것 같은데, 이런 경우 항상성은 가령 혈당치는 90 이상, 산소 포화도는 98퍼센트는 되어야 한다와 같은 그런 것입니다. 인간의 몸은 살아 있는 이상 아무래도 괜찮은 게 아니라 여기서부터 여기까지의 사이여야 한다는 상태의 폭이 정해져 있습니다. 바꾸어 말하면, 원래 그 사람의 몸에 내재되어 있는 '나는 이래야 한다'라고 지시하는 경향성인 겁니다. 스피노자는 그것을 '코나투스'라고 부릅니다.

　방금 아야야 씨의 당사자 연구 이야기를 했을 때 내장의 어포던스도, 외부에서의 어포던스도 등가라는 말을 했습니다. 그러나 보다 정확하게는 내장의 어포던스에는 코나투스가 포함되어 있습니다. 반면, 외부로부터의 어포던스에는 코나투스가 포함되어 있지 않습니다. 내장에서든 외부에서든 전해지는 어포던스가 등가라는 것은 흥미롭지만, 코나투스의 포함 여부로 나누면 그 도식이 달라지리라 생각합니다.

이것은 방금 고쿠분 선생님이 말씀하신 어포던스를 정리하는 민주주의적 프로세스와도 관련되어 있습니다. 아야야 씨는 어포던스를 취사선택하여 그것들을 가다듬는 엔진은 이른바 내장이 전하는 코나투스가 아닐까라고 생각합니다. 그녀 자신은 코나투스라는 말을 사용하지 않지만, 내장의 어포던스 속에 필연성을 깨닫도록 이끄는 요소 같은 것이 포함되어 있을 거라고 지적하는 겁니다.

그렇다고 해도 스피노자라는 사람은 대단하네요. 당사자 연구를 수행하면서 생각한 것인데, 사람은 자신의 신체가 지닌 필연적 법칙을 사실 잘 알아차리지 못합니다. 특히 신체적인 소수자, 그중에서도 비가시적 장애가 있는 소수자의 코나투스는 어떠한 것인지 주위 사람들에게 잘 보이지 않을 뿐만 아니라 그 자신에게도 잘 보이지 않습니다. 그래서 자기도 모르게 다른 사람들과 똑같은 행동규범이나 욕망을 자신에게 설정하게 됩니다. 그것이 자신의 규범이나 욕망일 리 없지요. 그러니까 자기 안쪽에서 오는 코나투스와 바깥으로부터 강요받는 다수자를 위한 욕망이나 규범이 자기 안에서 충돌하게 되고 다양한 고뇌가 생깁니다.

당사자 연구는 스피노자가 말하는 코나투스를 인지하고, 자신의 필연적인 법칙을 알고, 그것을 표현하는 프로세스, 즉 그것을 주위에 가시화하는 과정일지도 모릅니다. 코나투스적인 자신의 필연을 따르는 것이 자유다, 이것이 자유에 대한 스피노자의 정의였죠. 저는 그것이야말로 당사자 연구가 하고자 하는 바와 겹치는 부분이라고 생각합니다.

저처럼 겉으로 잘 드러나는 장애의 경우에는 코나투스도 이해하기 쉽습니다. 분명 여러분도 저의 필연적 법칙을 아시겠지요? 걸을 수 없을 것 같다든가, 단차가 없는 쪽이 좋겠다든가 하는. 하지만 겉으로 잘 드러나지 않는 비가시적 장애는 코나투스도 잘 보이지 않습니다. 그러므로 독특한 부가적인 어려움이 있습니다. 당사자 연구가 둘 중에 특히 잘 드러나지 않는 장애 분야에서 활발하다는 점에는 그러한 배경이 있다고 생각합니다. 저에게 있어서 스피노자에 따른 자유의 정의는 당사자 연구에서 지극히 중요한 것을 정리하는 데 유용하다는 것, 이 점은 몇 번이라도 강조하고 싶습니다.

의지한다는 건 미워한다는 것이다

고쿠분 구마가야 선생님, 감사합니다. 여기서 잠깐 의존증 얘기를 해도 될까요? 정도의 차이는 있어도 기본적으로 인간에게는 많든 적든 의존증이 있다는 것이 제 가설입니다. 만약 인간이 살아간다는 것과 인간에게 의존증이 있다는 것이 같은 의미라면, 많은 사람이 과거를 어느 정도는 단절하고 자신을 어느 정도 부정하고 싶어 한다고 생각하는 건 당연할지도 모릅니다. 그건 죽고 싶다는 뜻이 아닙니다. 그러나 눈을 반짝이며 자신의 존재를 모두 받아들이며 살고 싶은 것도 아닙니다.

저는 『중동태의 세계』 7장에서 하이데거를 논했습니다. 하이데거는 의지 개념에 비판적인데, 이 개념에 관해 대단한 말을 합니다. 세 가지가 있어요. 먼저 "의지(意志)한다는 것은 시작이 되고자 하는 것"이라는 겁니다. 이것은 앞에서 설명한 '무로부터의 창조'로서의 의지를 말하는 것이지요. 흥미로운 것은 거기에서 도출되는 다음 명제인데, 하이데거는 의지에 대해서 "의지한다는 것은 잊고자 하는 것"이라고 말합니다.

구마가야   음, 정말 대단한 사람이네요.

고쿠분   네, 굉장하지요.(웃음) '의지한다는 것은 잊고자 하는 것이다.' 다른 누가 이것을 지적할 수 있을까 싶습니다. 이는 다시 말해 '의지한다는 것은 생각하지 않는다는 것이다'라는 뜻이기도 합니다.

마지막이 '의지한다는 것은 미워한다는 것이다'입니다. 자신이 지금 살아가고 있는 현재라는 것은 어찌할 도리가 없죠. 과거에 의해 규정되어버리니까요. 이 어찌할 수 없는 과거를 앞에 두고 사람은 그것에 보복하고 싶은 마음이 듭니다. 의지는 이 보복심과 떼려야 뗄 수 없습니다.

구마가야   과거를 미워한다는 표현은 놀랍습니다. 찌릿하네요.

고쿠분   네, 저도요.

구마가야   중간까지는 어떤 의미로 상식적인가 싶습니다만, 마지막의 '미워한다'는 말이 예사롭지 않아요.

고쿠분 그렇지요. 하이데거는 '각오'라는 표현을 씁니다. 의지와 각오라는 것은 종종 혼동되지만, 실은 전혀 다른 것입니다. 의지가 과거의 절단이라면, 각오라는 것은 현재, 과거, 미래를 스스로 받아들이겠다는 것이지요. 연속체 속에 몸을 담는 게 각오인 것이지요. 하이데거와 의지 개념의 관계는 좀 복잡해서, 그는 『존재와 시간』[33]부터 한동안 의지 개념에 끌렸던 것 같습니다. 그것이 니체를 다시 읽으면서 변해 갑니다. 하이데거 안에서 각오와 의지가 확연히 나뉘게 되었다고 해도 좋겠습니다.

어쨌든 하이데거는 말이 매우 어려워서 좀처럼 응용하는 것이 어렵지요. 다만 표현이 어려운 것만 해결할 수 있다면 그는 의외로 이해하기 쉬운 일상적인 것을 이야기하고 있어요. 그의 결론에는 납득할 수 없는 것도 적지 않지만, 중동태나 의지에 관한 비판이라는 논의의 맥락에서 보면 의외로 선뜻 읽을 수 있는 느낌이 듭니다.

하이데거가 당사자 연구를 한다면 어떻게 될지 좀 흥미롭네요. '제가 어렵게 말하는 버릇이 있어서'와 같은 그런 고백을 하는 건 아닐까요.

구마가야 뭐야, 의외로 말이 통하는 사람이잖아, 할 수도 있죠.

고쿠분 의외가 아닐지도 모르죠. 하이데거 철학은 정말 재미있습니다. 그래서 더욱 조심해야 할 것 같아요. 자칫 안이한 해석을 부르는 경우가 있으니까요.

---

33 마르틴 하이데거, 이기상 옮김, 『존재와 시간』, 까치, 1998.

'나'와 '상처'

고쿠분 그리고 여기서 이미 구마가야 선생님으로부터 설명을 들은 '휴먼 페이트'와 '휴먼 네이처'에 관한 이야기를 조금 보충하고자 합니다. 휴먼 네이처가 '인간의 본성'이라면, 휴먼 페이트는 '인간의 운명'으로 번역할 수 있고요, 제가 만들어낸 표현입니다. 이 개념을 제시하면서 참고한 것은 장자크 루소의 자연인 개념이었습니다.

루소에 따르면 자연인은 어떤 속박도 받지 않고 자유롭게 살아갑니다. 분명 누군가와 하룻밤을 같이 보낼 수도 있겠죠. 하지만 어떤 속박도 없다면 인간은 그 후 그 상대방과 함께 있을 리 없다고 루소는 말합니다. 자유롭게 혼자 살아가며 같은 일을 반복할 거라고요. 루소는 가족제도를 자연스러운 것이라고 논한 존 로크를 비판하며 이렇게 말했습니다. 아이가 태어나기까지는 10개월이 걸리는데, 그동안 아무런 속박도 없는 자연 상태에서의 남녀가 쭉 함께 있는 것은 억지스러운 일이며, 로크는 사회 상태에서의 상식을 자연 상태에 투영한 것에 불과하다는 겁니다.

루소가 말하는 내용이 논리로는 이치에 맞다고 생각합니다. 확실히 자연인이라는 게 존재한다면 무엇에도 누구에게도 구속받지 않고, 유유자적 자신이 원하는 대로 살아갈 것입니다. 그것은 모를 리 없지요.

그러나 잠시 멈춰서 생각해보면 어딘가 납득할 수 없는 점이 있습니다. 왜냐하면 우리 대부분은 설령 자유롭다고 해도 그럼에도 누군가와 함께 있기를 바라기 때문입니다.

분명히 자유롭다면 누군가와 함께 있을 필요는 없어요. 누군가와 함께 있다는 것은 귀찮은 일투성이일 테죠. 그런데도 우리가 누군가와 함께 있기를 원하는 건 왜일까요? 여기에는 커다란 수수께끼가 있습니다.

여기에서 힌트가 되는 것은 자연의 상태는 지금까지 존재하지 않고 지금도 존재하지 않으며 앞으로도 존재하지 않을 상태이고, 따라서 자연인이란 실제로 존재하지 않는 허구적 존재라는 점입니다. 루소는 이 허구적 존재를 설명함으로써 사회 상태라는 현실을 분석하고자 했습니다. 자연인이 허구적 존재라는 건, 그것이 순수한 인간 본성을 구현하고 있다는 말이지요. 만일 상처가 전혀 없는 순수한 인간 본성이 하나의 존재로서 이 세상에 나타난다면, 그것은 분명 루소의 말대로 되겠지요.

그러나 우리는 절대로 상처 없는 순수한 인간 본성일 수 없습니다. 현실 속에서 살아감으로써 우리는 많든 적든 반드시 상처 입기 때문입니다. 구마가야 선생님이 말하는 예측 오차 또한 상처의 원인이겠지요. 배가 고픈데 당장은 식사를 할 수 없다는, 그런 어긋남만으로도 우리는 상처를 입습니다. 우리는 상처 입도록 운명지어져 있습니다.

상처를 입는 게 우리의 운명이라면 그 상처로 초래되는 다양한 결과와 효과는 보편적인 것이 됩니다. 즉 인간이 상처를 입는 존재인 것에 예외가 없는 셈입니다. 그러면 상처가 초래하는 결과나 효과가 마치 인간의 본성인 것처럼 보입니다. 그러나 만약 그것들을 혼동해버리면 인간에게 나중에 부여되는 성질이 원래 거기에 내재하고 있던 것이 되어버립니다. 그러니 자연인과 같은 허구를 내세워 인간의 본성을 생각함과 동시에, 보편적으로 존재하는 이 세상에서의 인간적인 삶의 모습을 '인간의 운명'이라는 개념으로 생각할 필요가 있지 않을까요? 상처 없이 매끈한 휴먼 네이처를 상정하고 나서 거친 상처투성이의 존재가 될 수밖에 없는 우리의 운명, 곧 휴먼 페이트에 대해 생각할 필요가 있지 않을까요?

휴먼 페이트로서 고려해야 할 상처가 인간으로 하여금 누군가와 함께 있고 싶다고 느끼게 하는 건 아닐까 하는 것이 저의 가설입니다. 이것은 정신분석의 관점에도 의거한 것이며 어떤 의미에서는 그것을 달리 말한 것일지도 모르지만, 휴먼 네이처와 휴먼 페이트라는 대칭되는 쌍으로 생각해보면 뭔가 보이는 것이 있는 것 같아서 저는 이렇게 명명합니다.

구마가야 그렇군요. 다시 정리할 수 있었습니다. 감사합니다.

'살리엔시'와 익숙함

고쿠분 이야기가 조금 돌아갑니다만, 이전에 구마가야 선생님과 예측 오차에 대해 논의할 때, 큰 키워드로 삼던 개념이 있었지요.『한가함과 지루함의 윤리학』증보판에 수록된「상처와 운명」이라는 장에서도 논한 '살리엔시'라는 개념입니다. 영어로는 'saliency', 원래 '돌기'나 '돌출물'이라는 뜻입니다.

구마가야 '현저성(顯著性)'이라고도 하죠.

고쿠분 맞습니다. 패턴을 학습하는 것으로 예측 오차를 줄여 가는 것, 이는 살리엔시를 줄여 가는 것이라고 바꿔 말할 수 있습니다. 처음 구마가야 선생님에게 들었을 때 이 개념이 매우 재미있다고 생각해서 그 이후 이 개념을 둘러싸고 마음껏 논의해 왔습니다.

그런데 최근에는 예전만큼 끌리지 않게 되었습니다. 거기에는 몇 가지 이유가 있는데, 하나는 이 살리엔시에 대해서 아무래도 '극한 상태에 익숙해져야 한다'라는 뉘앙스를 느끼게 되었기 때문입니다. 그건 저만의 느낌이 아닌 것 같습니다. 또 최근 이 개념은 군사 연구에서 주목받고 있는데 극한 상태에 들어간 군인이 어떻게 거기에 익숙해질 수 있을까 하는 맥락에서 자주 사용된다고 합니다.

구마가야 그렇습니다. 우리가 '익숙해질 수 없는' 부분으로 주목했던 살리엔시가 오히려 '익숙함'이 중요하다고 강조되는 맥락에서 사용되고 있다는 것이죠.

고쿠분 네. 그래서 살리엔시라는 단어 탓만은 아니지만, 이 말이 나타내고 있는 어떤 이론적인 이미지의 배경에 뭔가 큰 문제가 있을지도 모른다고 생각하게 되었습니다. 군사 연구 이야기는 저도 얼마 전에야 알았습니다만, 조금 다른 접근 방식을 취해야겠다는 생각이 들었습니다.

구마가야 어떻게 해서 다름 아닌 이 '살리엔시'라는 말이 사용되기 시작했는가 하는 것이군요.

고쿠분 그렇지요.

구마가야 저도 솔직히 그다지 정밀하게 살피지 않고 계속 사용해 왔습니다만, 사용하는 방식에는 신중해야 하겠지요. 생각지도 못한 영향을 줄 수 있기 때문입니다.

고쿠분 네. 물론 지금도 사용하는 말이고 사용해서 안 된다는 건 아닙니다. 단지, 아까 구마가야 선생님이 소개해주신 '예측 오차'든, 저의 '지루함'이든, 좋든 나쁘든 어떤 개념이 생각지도 못한 영역과 연결될 가능성도 있습니다. 그 때문에 재미있을 수도 있겠지만 그러한 의미에서 신중하게 해 나가야 한다, 이렇게 새삼 생각하던 참이었습니다.

조현병 패러다임의 상실

고쿠분 신중히 다루지 않으면 안 되는 주제로 하나 더 말씀 드리자면, 『한가함과 지루함의 윤리학』을 쓰고 있을 때 제가 스스로 부과한 제한이 있었습니다. 그건 정신질환 이야기는 하지 않는다는 것이었습니다. 지루함의 문제를 다룬다면 거기에 발을 들여놓지 않을 수 없을 것 같긴 했어요. 하지만 그것은 명백히 제힘에 부치는 것이었고, 현장이나 임상을 모르는 제가 부주의하게 발언하는 것은 윤리적으로 문제가 있다고도 생각했습니다. 그러나 책을 내고 나서 알게 된 것은 제가 실제로는 지루함의 문제를 통해서 결과적으로 정신질환 이야기를 해버렸다는 것입니다.

예를 들어 하이데거는 지루함을 세 가지 형식으로 구별하는데, 마지막 가장 심한 제3형식은 "아무튼 그냥 지루하다

(Es ist einem langweilig)"라고 설명되어 있습니다. 이것은 이러한 목소리가 마음속 어딘가에서 들려오는 것으로 거의 환청이라고 해도 좋을 것입니다. 하이데거는 일요일에 대도시의 큰길을 걷고 있으면 문득 이 말이 들린다고 썼는데요, 이것은 이미 상당히 위험한 상태가 아닙니까.

구마가야 그렇네요, 그건 정말 당사자 연구를 꼭 했으면 하는 부분입니다.

고쿠분 그렇죠. 그런데 하이데거는 이 지루함 제3형식의 체험을 결단의 기회로 생각했습니다. 그는 결정을 내리면 그 목소리는 사라질 것으로 생각했던 것 같습니다.

구마가야 지루함의 제1형식이네요.

고쿠분 네. 제 해석으로는 그렇게 결정을 내림으로써 일에 쫓기게 되고 일상생활의 노예가 되는 지루함의 제1형식에 빠지게 됩니다. 그러나 그대로 제3형식이 더 심화하는 경우도 생각할 수 있습니다. 세상 자체가 턱없이 공허해지는 경험입니다. 저는 그런 상태를 진단할 수도 없고 이름 붙일 수도 없지만, '아무튼 그냥 지루하다'라는 상태에서 돌아오지 못하게 되는 것은 역시 아무래도 당사자 연구가 필요한 상태인 것 같습니다. 정신질환에는 발을 내딛지 않을 작정이었지만, 실제로는 예기치 않게 파고들고 있었습니다.

그 책에서 저의 계획이라는 것은 언뜻 보기에 가벼운 문제로 여겨지는 '지루함'을 의도적으로 철학적으로 다뤄보는 것이었습니다. 하지만 지루함은 실제로 정신질환과 맞닿아 있습니다. 지루함은 가볍기는커녕 아주 무거운 문제였던 거지요. 그런 의미에서 지루함을 논하는 데에도 신중함을 잊어서는 안 된다고 생각하게 되었습니다. 물론 그건 어떤 주제에 대해서도 말할 수 있는 거지만요.

구마가야 『한가함과 지루함의 윤리학』도『중동태의 세계』도, 일견 가벼워 보이는 문제에서 심오한 문제까지 하나로 꿰었다는 바로 그 점에서 대단하다고 저는 생각했습니다.

고쿠분 감사합니다. 현대사상의 영역에서 거론되는 정신질환이라는 건, 70년대 정도부터 쭉 '정신분열증'이었습니다. 요즘 말하는 조현병이지요. 조현병이라는 병을 통해서 인간의 진리를 그려내려는 '조현병 패러다임' 같은 것들이 계속 있었던 것 같습니다. 제가 대학생이던 90년대 중반에 이르러서도 그랬습니다. 다만 지금은 이 패러다임이 효용을 잃어 가고 있다는 느낌이 듭니다.

"조현병 같은 극한의 상태에서야말로 인간의 진리가 있다"라는 사고방식을 모르는 바는 아니었고, 정신분석을 통해 정신질환에는 줄곧 관심을 두고 있었습니다. 하지만 뭐랄까, 좀 더 우리의 일상과 맞닿은 문제로부터 시작해 거기서부터 깊숙한 문제까지 생각하고 싶다는 마음이 강했습니다. 애초에 저 자신이 지루함의 문제에 계속 사로잡혀 있었습니다. 그런 의미에서 쓰고 있을 때는 전혀 의식하지 않았습니다만,『한가함과 지루함의 윤리학』이라는 책은 조현병 패러다임이 효력을 잃은 상황에 응답하는 것이었던 것 같습니다.

구마가야 그렇군요. 아주 잘 이해가 되었습니다.

고쿠분 『중동태의 세계』도 그렇고, 옛 언어의 문법에 관해 아주 세밀하게 논의를 하고 있습니다만, 출발점에는 우리들이 일상적으로 사용하는 '의지'와 '책임'의 개념을 철저히 생각하고 싶은 마음이 있었습니다.

한번은, 임상심리사였던 것 같은데 "의지라는 단어를 사용하면서 아무래도 불편함을 많이 느낍니다"라는 코멘트를 해주신 적이 있습니다. 의지라는 단어는 우리 일상에 깊게 뿌리내리고 있는 것이어서 이와 거리를 두는 건 대단히 어려운 일입니다. 그래서 고대 언어까지 거슬러 올라가는 극단적인 작업이 필요하게 됩니다. 그런 의미에서 일상성과 극단적인 것 사이를 항상 고민하고 싶은지도 모르겠네요.

구마가야 그렇군요. 전에 읽은 잡지 인터뷰에서 고쿠분 선생님은 '일반 의료' 이야기를 했지요.[34] 그중에서 제 인상에 남은 것은 감기나 피로, 지루함 등 그렇게 흔해 빠진 일상적인 것에 관심이 있다고 말씀하셨던 부분입니다. 우선은 좀 더 소박한 일상성 속에서 생각을 시작하자는 뜻이겠죠. 매우 공감되었고, 상당히 당사자 연구적이라고 생각했습니다.

최근에는 ASD, 즉 자폐스펙트럼장애 또한 90년대의 '조현병'과 마찬가지로 극단적인 타자화라고 할까, 어쩌면 드라마틱한 낭만화가 일어나기 쉬운 것 같습니다. 즉 '땅에 발 딛고 있다'는 느낌을 상실하는 일이 일상에서 조금씩 일어나고 있는지도 모르겠네요.

---

34 「기다리기만 하면 '철학'은 찾아오지 않는다(待ってるだけじゃ'哲学'はやってこない)」, 철학자 고쿠분 고이치로 인터뷰 #1, 분슌 온라인, 2017년 7월 8일, 문예춘추.

고쿠분 '땅에 발 딛고 있다'는 느낌의 상실, 확실히 그럴지도 모릅니다. 이것은 계속 이어 갈 중요한 주제 중 하나라고 생각합니다.

오늘은 본격적인 강의의 첫 회로 꽤 알차게 이야기를 주고받을 수 있었던 것 같습니다. 퍽 충실한 시간이었다고 할까요, 상당히 길어졌습니다만.(웃음) 모처럼인 만큼 지금까지 들어주신 여러분의 질문이나 의견이 있다면 꼭 말씀해주시지요.

질의응답

질문1

당사자 연구가 힘듭니다

―― 고쿠분 선생님, 구마가야 선생님, 이야기 감사했습니다.

범죄 피해 때문에 생긴 트라우마 또는 PTSD(정신적 외상 후 스트레스 장애)의 당사자 연구도 계속 진행되고 있습니다만, 저는 그 당사자이기도 합니다. 고쿠분 선생님의 중동태 이야기와 '베델의 집' 사고방식이 서로 통하는 바가 있다고 생각하면서 들었습니다.

그리고 전에 베델의 집 사회복지사 무카이야치 이쿠요시 선생님에게 PTSD의 당사자 연구 방법에 관해 질문했을 때, 마찬가지로 "현상으로 들어가라"고 들은 적이 있습니다. "'이런 식으로 생각하게 돼요. 이런 식으로 돼버리곤 해요'라는 식으로, 현상을 표현하듯이 자기의 생각이나 경험을 사람들에게 이야기하면 좋습니다"라고.

그런데 막상 그렇게 사람들 앞에서 얘기하면 죄책감이 엄청났습니다. 그런 식으로 표현하고는 모두에게 어떤 식으로 받아들여졌을까 불안해서 견딜 수 없게 되었습니다. 그래서 당분간 이야기하는 걸 그만두고, 이번에는 제 몸의 내부로 시선을 돌려서 몸의 상태나 감정이나 감각에 집중하는 작업을 계속했더니 이번에는 몸 상태가 굉장히 나빠져서 여기저기 아프기 시작했어요.

예전부터 제 몸에 일어난 사건을 중동태적으로 생각하거나 말하거나 하면 머리가 콕콕 쑤시고 아프고, 몸이 욱신욱신하고 뭐랄까 띵

하고 피로해지는, 소위 괴리라고 하는 별로 좋지 않은 증상이 나오는 것 같기도 하고…. 그럴 때 또 다른 어떤 사람에게서 "좀 더 객관적으로 자신을 표현하세요"라는 말을 듣거나 하면 이번에는 기억 같은 것이 상태가 나빠지거나 했습니다.

저는 외부 세계나 사회와도 대립이 있습니다만, 제 몸속에도 떠올리고 싶은 나의 몸과 떠올리고 싶지 않은 나의 몸이라는 대립 같은 게 있어요. 그래서 이제 당사자 연구를 계속하는 건 좀 벅차다는 생각이 들고, 다음부터는 제 괴로움을 하이쿠(일본 고유의 단형시)로 써서 선보이거나 그런 걸 하고 싶다고 생각하고 있습니다.

그렇지만 동시에 당사자 연구를 하는 게 가장 효과적이라는 것도 알고 있습니다. 실제로 제가 이처럼 괴로웠던 상황도 당사자 연구로 조금은 나아진다는 것도 알고 있어요. 도대체 저는 어떻게 하면 좋을까요. 뭔가 좋은 방법이 있다면 가르쳐 주세요.

구마가야 이거 어렵네요. 실은 오늘, 지금까지 고쿠분 선생님과 나눈 이야기 중 몇 번인가 언급된, 다르크 여성 하우스의 가미오카 하루에 씨가 이곳에 와 계십니다. 일단 가미오카 씨의 도움을 좀 받을까요. 가미오카 씨, 부탁드려도 될까요?

가미오카 네, 알겠습니다. 안녕하세요, 다르크 여성 하우스의 가미오카입니다.

방금 이분의 말씀이 정말 놀랍습니다. 아주 잘 이해했어요. 제가 처음 고쿠분 선생님을 만났을 때 "고쿠분 선생님,

기억이란 대체 무엇인가요?" 하고 물었습니다. "저는 술을 끊는 순간에 시간이 멈췄습니다. 시간이 왜 흐르거나 멈추거나 할까요?"라고 물었거든요. 고쿠분 선생님도 대답할 때 괴로워하셨던 것 같았습니다만.(웃음)

조금 전 강의를 들었던 것처럼 기억이란 정말 어렵습니다. 과거를 떠올리는 것 자체가 여러 가지로 어렵습니다. 예를 들어 방금 질문하신 분의 이야기로 치면, 사건에서 얼마나 시간이 지났는지 모르겠지만 덮개를 닫고 현실 생활을 하는 것이 좋은 시기, 그리고 그 사실을 떠올리는 게 좋을, 즉 덮개를 열기 시작해도 좋은 시기가 있습니다.

그리고 사건 피해자의 기억과 가해자의 기억이란 실은 전혀 다르다고 생각합니다. 가해자에 대해서도 자신의 가해 경험을 언어화하는 데 몇 년이 걸리는 걸까요? 혹은 애당초 언어화할 수 있는 것일까요? 어쨌든 시간이 걸리는 일입니다. 그런데 최근 들어 사건 후 시간이 별로 지나지 않은 때 가해자가 언론 인터뷰에 답하거나 가해자 본인의 수기 같은 게 발표되기도 합니다. 그때의 언어라는 건 대체 무엇일까, 구마가야 선생님 등과 자주 이야기하기도 합니다.

그러니까 지금 질문하신 분이 매우 고통스러운 시간 속에서 본인 안에 일어나고 있는 일이 본인 자신의 말이 되는 것은 역시 매우 시간이 걸리는 일이지요. 그것은 아까도 말했듯이 기억을 언어화하는 것이 좋은 시기, 그리고 거기에 완전히 덮개를 덮어버리고 일상을 사는 것만 몇 년 정도 하는 것이 좋은 시기가 각각 있습니다. 그러니 만약 지금 벅차다면 당사자 연구든 뭐든 간에 거기에 무리하게 손을 대지 않는 편이 좋습니다. 어느 정도의 시간이 필요하냐고 하면, 대략 10년 정도의 시간이 필요하지 않을까요. 모쪼록 무리하지 않길 바랍니다.

── 알겠습니다. 대단히 감사합니다.

고쿠분 가미오카 씨, 대단히 감사합니다. 지금의 질문과 경험을 토대로 한 가미오카 씨의 이야기가 매우 중요하다고 생각해서 질문과 가미오카 씨의 조언을 존중하면서 조금 보충하겠습니다.

일전에 구마가야 선생님과 베델의 집 무카이야치 이쿠요시 씨가 당사자 연구를 할 때의 언어에 관해 마침 이야기를 나누던 때였습니다. 저에게 흥미로웠던 건, 방금 질문해주신 분도 언급하신 "현상으로 들어간다"는 화법이지요. 예를 들면, 어떻게 해도 방화를 해버리는 사람이 있습니다. 그사람이 "방화를 저질러버렸습니다"라고 했을 때 무카이야치 씨는 "아, 방화 현상이 일어났군요"라고 바꿔 말했습니다.

이는 『중동태의 세계』 용어로 바꿔 말하면, '행위자를 확정하는 언어'에서 '사건을 묘사하는 언어'로 거슬러 올라가는 말이지요. 말하자면, 오늘 제가 설명해드렸듯이 오래된 언어, 즉 중동태의 언어를 사용하고 있습니다. 저는 언어의 역사를 거슬러 올라가면서 지금의 언어와는 다른 언어를 찾아냈지만, 무카이야치 씨는 당사자 연구의 실천 속에서 그것을 하고 계십니다. 게다가 놀라운 점은 그렇게 해서 한번 면책됨으로써 본인이 실제로 자신이 한 일의 책임을 받아들일 수 있게 되는 것입니다. 옛 언어가 분명히 도움이 되는 거죠.

구마가야 당사자 연구의 방법, 특히 베델의 집이 발명했다고도 할 수 있는 '외재화'라는 방법이지요. 한마디로 '사람과 문제를 분리한다'는 것입니다. 지난 시간에 말씀드렸던 것처럼 당사자 연구의 시작이기도 합니다. 능동/수동의 태(態)로 기술되는 심문의 언어가 아니라 '왜 불을 지르게 되는 걸까요? 그런 자신을 연구해보자!'라고 하는 것이죠. 확실히 '중동태'로 초대하는 것입니다.

다만 능동/수동에 지배되는 습관은 머리에도 몸에도 스며들어 있어서 좀처럼 잘되지 않습니다. 그래서 무카이야치 씨는 그렇게 절묘한 '다르게 표현하기'를 보여주고 있는 것입니다. 가미오카 씨도 마찬가지로 외재화로 유도할 궁리를, 바꾸어 말하면 '중동태의 세계'로 유도해내는 장치를 다양한 형태로 마련해 놓고 있습니다. 여기가 『중동태의 세계』와 당사자 연구의 중요한 합류 포인트이며, 퍼실리테이션(facilitation, 심리학의 '촉진') 측면에서 본 중동태의 의미입니다. 물론 무카이야치 씨도, 가미오카 씨도 과거에 대해서 단순하게 "되돌아보세요"라는 말은 절대 하지 않습니다. 조금 전의 '말 바꿈'도 그렇습니다만, 대단히 신중하게 '되돌아보는 방식'을 취하고 있습니다. 그 적확함은 역시 현장에서의 축적이 없으면 쉽게 할 수 없습니다.

한편, 당사자 쪽으로 눈을 돌려보자면 연구하면 할수록 상태가 나빠지는 사람과 점점 건강해지는 사람이 있습니다. 가미오카 씨가 아까 간단히 말씀하셨듯이, 우선 '현재'의 상황을 안전하다고 느낄 수 있어야만 비로소 시간의 축 위에 자신이 지금 서 있는 기준점이 생기고 과거와 미래가 성립됩니다. 안전한 현재에 두 발을 땅에 붙이고 과거를 되돌아볼 수 있어야, 그제야 과거에 먹혀들지 않고 거리를 두어 생각해낼 수 있는 것입니다. 거리를 둘 수 없는 대상은 언어화할 수 없지요. 현재가 안전하지 않은 상황에서, 바꿔 말해 시간의 축 위에 기준점이 없는 상태에서 과거를 부주의하게 회상하면 과거형으로 떠오르는 게 아니라 기억이 현재형이 되어서 플래시백이나 타임슬립이 일어나게 됩니다. 그러한 '우선 현재 그리고 과거'라는 순서가 중요한 것은 물론, 자신의 과거나 경험을 되돌아보는 형식에 개인차가 있다는 것도 알게 됩니다.

자신을 되돌아보는 자기참조의 방법에는 두 종류가 있는데, 그 하나는 '반추(rumination, 되새김)'입니다. 초식동물이 삼켰던 풀을 게워서 다시 바로 우물우물하듯이, 플래시백 했던 기억을 범인 심문(추궁)의 문법으로 재해석해서 삼켜버리려는 방법입니다. 다른 하나는 '성찰(reflection)'로, 호기심을 자극하는 연구 대상이 되는 '유의미한 사건'으로 '과거'를 떠올리는 스타일입니다. 대략 말하자면, 전자는 상태가 나빠지기 쉬운 자기참조 형식이고, 후자는 건강을 되찾는 자기참조 형식이라고 보고되고 있습니다. 후자는 베델의 집 방식에 가깝죠.

고쿠분 그렇군요. 그것은 또 매우 중요한 보고네요.

구마가야 네.『중동태의 세계』이전에는 자기참조 형식의 차이를 이러한 심리학의 개념을 사용해서 이해해 왔지만, 그 책을 읽고 나서는 능동/수동의 형식으로 과거의 사건을 떠올리는 것을 '반추', 중동태의 형식으로 '자신에게 생겨난 현상'으로서 과거 사건을 떠올리는 것을 '성찰'이라고 생각하게 되었습니다. 생각보다 깔끔하지요.

고쿠분 그렇군요. 그 차이는 알겠습니다. '반추'는 이미지가 그려지는데, '성찰'이란 실제로 어떤 형태인 겁니까?

구마가야 '유머'와 가깝다고 할 수 있을 것 같아요. 사건으로부터 거리를 두면서 자기가 자기의 고생을 말한다는 모습에서 전해지는 이야기의 형식은, 공감을 자아내면서 차분한 웃음을 동반하는 듯 느껴집니다.

　저는 쭉 무카이야치 씨와 가미오카 씨의 퍼실리테이션을 어떻게 분석할까 고민해 왔습니다. 이번에 고쿠분 선생님과 이야기하고 다시금 '태'에 주목해보자고 생각했습니다. 무카이야치 씨나 가미오카 씨가 당사자에게 말을 거는 언어의 '태(모양)'를 말합니다. 방금 질문해주신 분의 이야기, 가미오카 씨의 말씀, 그리고 오늘 고쿠분 선생님의 이야기에서 아주 큰 힌트를 얻은 것 같습니다.

질문2

중동태의 소멸과 석가의 탄생은 관계가 있지 않을까요?

―― 중동태와 불교의 관계에 관해서 묻겠습니다. 석가의 탄생 또한 기원전 5세기경입니다. 중동태가 소멸한 이즈음에 의지의 개념이 발생했다면, 그 구제를 위해 불교가 중동태로 돌아가려는 형태로 일어난 것은 아닐까요? 반야심경에서도 '무색무수상행식(無色無受想行識)'이라는 방식으로 의지를 기본적으로 부정합니다. 메이지 시대에는 '정토진종(淨土眞宗)'이 '무한책임'이라는 개념으로 그것을 또 구제하고 있습니다. 선생님은 불교와 중동태를 어떻게 생각하십니까?

고쿠분 질문, 감사합니다. 저는 불교는 잘 모릅니다. 정말로 산스크리트어도 해야만 한다고 생각은 했습니다만 못했어요. 산스크리트어에는 더 순수하게 능동태와 중동태의 대립이 남아 있는 것 같습니다.

　　다만, 조금만 생각하는 바를 덧붙이겠습니다. 중동태의 이야기를 듣고 '일본적이다' '동양적이다'라는 감상을 품는 사람이 있을지도 모릅니다. 하지만 '중동태'는 인도-유럽어를 거슬러 올라가서 얻을 수 있는 것입니다. 유럽 혹은 '서양적인 것'의 기원으로 간주하는 것 속에서 발견되는 거지요. 애초에 그리스까지 거슬러 올라가면 '서양 대 동양'이라는 도식은 의미가 없습니다. 제가 사용하던 그리스어 교과서는 프랑스 것이었는데, 거기에는 아폴론이 상징하는 태양에 대한 신앙이 일본에서도 볼 수 있다고 쓰여 있었습니다. 그리스는 아시아와 붙어 있고 대단히 아시아적이지요.

　일본어에는 중동태가 남아 있다고 『중동태의 세계』에 썼습니다. 이는 무엇을 의미하냐면, 유럽의 언어는 원래 가지고 있던 중동태를 언어상의 일종의 혁명에 의해 폐기해버렸지만, 일본어는 그러한 혁명을 거치지 않았기에 혁명 이전의 카테고리를 유지하고 있다는 것입니다. 일본이 특수한 것이 아니라 오히려 유럽 쪽이 특수한 혁명을 이뤄서 현재는 그 전통에 시달리고 있다고 말하는 편이 좋을지도 모릅니다. 이런 시각으로 세계사를 바라보면 조금 다르게 보이지 않을까요.

　그리고 불교적인 관점은 그다지 특별한 것이 아니라고 저는 생각하고 있고, 가령 의지나 책임에 대해서 생각하게 된다면 모든 사건이 연결되어 있다는 건 금방 알 수 있는 것이지요. 불교적인 인식은 그런 의미에서는 실로 자연스러운 것으로 느껴지며 라이프니츠와 스피노자의 사고방식도 그에 가깝습니다. 그러면 불교 쪽에서 거기로 나아가도 좋고, 다른 곳에서 거기로 향해도 됩니다.

　저는 '서양 철학'이라는 것을 하고 있기에 그로부터 생각을 진행하고 있지만, 굳이 불교나 '동양'이라고는 말하지 않으려고 합니다. '서양'이라고 부르는 것 안에서 그것을 탈구축(해체)할 수 있는 계기를 찾아내는 일이 최종적으로 임팩트를 갖는다고 생각하기 때문입니다. 물론 불교에도 관심이 있습니다만, 그것은 저에게는 너무 지름길이라고 할까요….
굳이 멀리 돌아서 현재의 지배적인 사고방식을 흔들고 싶다
는 마음이 강한 것 같습니다. 기대하셨던 답변과 다르다면
죄송합니다.

── 아닙니다. 그렇군요. 감사합니다.

질문3
능동·수동·중동과 의학의 역사에 관해

── 저는 의학의 역사를 연구하고 있습니다. 지금의 능동/수동의 대
립, 능동/중동의 대립에 관한 이야기를 들으면서 의학도 똑같이 걸어
왔다고 생각했습니다. 근대 의학의 특징은 감염증이든 악성종양이든
몸 내부에 명확하게 '나쁜 놈'을 상정합니다. 그 나쁜 놈이 병을 일으
키는 거죠. 그리고 그 악은 항생제나 수술로 제거할 수 있다, 이렇게
생각합니다. 그런데 근대 이전의 시대에는 균형이 나빠지면 자연스
럽게 질병이 생겨난다고 생각했습니다. 예를 들면 간과 신장의 균형
이 나쁘다, 비장과 신장의 균형이 나쁘다고 하는 것이지요. 이런 것은
제거할 수 없으니 바로 중동태의 이야기라는 생각이 들어 매우 흥미
롭게 느껴집니다.

다만 서양의학이 발전해서 그때까지의 불치병을 고칠 수 있게 된
것과 마찬가지로, 능동/수동이라는 언어 체제도 지금까지 말로 표현
할 수 없었던 것을 표현할 수 있게 된 것입니다. 똑같이 근대 국가가

성립한다고 해도 그것이 등장하는 것은 무언가 좋은 게 있기 때문이 아닐까요. 그로 인해서 우리의 생활이 이루어지고 있기도 한데, 그렇게 우리가 살아가면서 굉장히 고통스러운 것들도 이미 나타나고 있는 그런 양면이 있잖아요. 그러니까 단지 '중동태'가 선이다, 구원이다, 하는 식으로 생각하는 것은 마치 자연 의료나 한방 의료가 전부 바로 잡아준다고 생각하는 것처럼 조금 위험한 사고방식이지 않나, 그렇게 생각했습니다.

고쿠분　말씀하신 대로입니다. 당연하다고 생각하는 자신의 도식에서 한번 벗어나보는 것, 혹은 그러한 틀에서 거리를 두는 것이야말로 중요하지 중동태가 구원이라는 건 아닙니다. 그것은 『중동태의 세계』를 관통하는 저의 메시지입니다.

　　지금 의료 이야기를 해주셨습니다만, 여러 영역에서 중동태에 대한 관심이 전해지고 있습니다. 특히 몸에 관련된 일을 하시는 분들이 매우 많은데, 춤이나 간호, 돌봄 같은 일들입니다. 그리고 의외인 쪽은 건축입니다. 건축가와 클라이언트의 관계도 능동/수동으로는 잘 설명되지 않는다는 거죠.

　　너무 퍼지면 유행어가 되어 오해받을 수도 있겠지만, 어떤 말이 널리 퍼지기 위해서는 그것이 오해받을 필요가 있다는 의견을 들은 적도 있습니다. 거기에는 일리가 있다고 생각합니다. 여러분이 읽어주시고 조금이라도 '이런 생각이 있구나'라는 게 느껴지시면 좋겠고, 그리고 일상의 무언가에 도움이 될 수 있었다면 더할 나위가 없겠습니다. 그럼 다음 시간에 이어 가도록 하겠습니다.

구마가야 긴 시간 동안 들어주셔서 고맙습니다.

2장

중동태와 주체의 생성

性
規則を決めることで
「切断」を目指す。行為のための戦略。
（その様が 自閉症者の
「こだわりの強さ」と
言われてしまうのでは？）

？

かせ
こっている

ル？）

의지란 '끊어내는 일', 절단이다

고쿠분 구마가야 선생님, 여러분, 오늘도 아무쪼록 잘 부탁
드립니다. 지난번에 구마가야 선생님이 매우 흥미로운 지적
을 해주셨습니다. 『중동태의 세계』라는 책은 어떤 의미에서
절단이라는 사고방식 자체를 비판하고 있는 게 아니냐는 겁
니다. 확실히 그런 것 같습니다. 오늘날 세상은 절단이라는
개념에 강하게 사로잡혀 있습니다. 그건 매우 거북한 느낌
이지요. '자기 책임' 같은 건 강압적으로 절단을 강요하는 것
이 아닌가 합니다.

　『중동태의 세계』에서는 중동태라는 오래된 말을 다루고
있지만, 단순히 그 단어나 개념을 설명하는 것만은 아닙니
다. 중심 주제 중 하나는 '의지'입니다. 이 주제를 정할 때 신
경이 쓰였던 것은 나의 전문 분야인 스피노자 철학이었습니
다. 스피노자는 "자유로운 의지라는 건 존재하지 않는다"라
고 말했습니다. 저는 스피노자 연구를 시작한 후부터 줄곧
그 의미를 잘 몰랐습니다. "의지의 자유를 부정하면 인간은
로봇 같은 것이 되는 게 아닌가"라고 생각했기 때문입니다.
그러나 글을 써 가면서, 의지의 자유를 부정하는 것과 자유
를 부정하는 것은 무관하다는 걸 알게 되었습니다.

그리고 거기에 다다르기 위한 힌트가 '의지란 절단이다'라는 생각이었습니다. 한나 아렌트를 읽으면서 얻은 이 생각은 저에게 커다란 발견이었습니다. 인간이 자유의지로 뭔가를 하고 있다고 생각하는 건 그 사람의 의지가 행위의 순수한 출발점이라고 여기는 것입니다. 지난번에도 말씀드렸지만, 행위에 연결된 원인의 계열은 사실 얼마든지 거슬러 올라갈 수 있습니다. 그럼에도 우리는 의지가 행위를 실현하고 있다는 생각 때문에 그 계열을 끊어버립니다.

의지는 얼마든지 거슬러 올라갈 수 있는 인과관계를 절단하고 행위의 출발점을 만들어냅니다. 그럼 어째서 그런 사고방식이 나오게 된 것인가, 사회적인 책임 문제가 거기에 얽혀 있을 것이라는 게 저의 가설이었습니다. 의지가 행위의 출발점이라면 의지 개념을 사용해 어떤 행위를 누군가에게 귀속시킬 수 있습니다. 행위를 사적 소유물로 삼을 수 있습니다. 그로 인해 그 사유물의 소유자에게 행위의 책임을 지게 하는 것입니다.

이것이 『중동태의 세계』에서 중심적으로 논한 의지와 절단의 개념인데, 구마가야 선생님과 이야기하면서 이러한 개념이 실은 응용 범위가 넓다는 것을 알게 되었습니다.

의사결정 지원과 욕망형성 지원

고쿠분 지난번에도 잠깐 언급했습니다만, 『중동태의 세계』에는 의지에 관한 하이데거의 말을 인용하고 있습니다. 하이데거에 따르면 의지한다는 건 '생각하지 않으려고 하는 것' '잊으려는 것' 그리고 '미워하는 것'입니다. 하이데거가 그렇게 말하는 것은 의지를 절단으로 파악하기 때문입니다.

과거를 살펴보지 않고 미래만 응시하며 '미래를 내 손으로 만들겠다'는 것이 의지라고 말입니다. 그것은 과거를 나에게서 끊어내고자 하는 것입니다. 하이데거에 따르면 그렇게 하는 한, 사람은 무언가를 사유하는 일에서 가장 멀리 있게 됩니다. 인간은 반드시 시간 속에, 역사 속에만 있는 것이어서 거기에서 눈을 돌리고 있는 한 무언가를 생각할 수 없기 때문입니다.

일종의 증오라는 감정이 의지와 결부되어 있다는 지적도 인상적입니다. 과거는 이미 어떻게 할 도리가 없습니다. 의지는 이 '어찌할 도리가 없음'을 산출하는 과거를 끊어내려고 합니다. 근데 끊어질 리가 없지요. 그래서 그걸 미워하는 거라고 합니다.

구마가야 하이데거가 정말 대단한 말을 했군요. 고쿠분 선생님과 대화를 주고받으며 이번에 한나 아렌트를 읽을 수 있었던 것도 공부가 많이 되었습니다. 아렌트가 의지에 관해 논하고 있는 것을 체계화해서 고쿠분 선생님이 쓴 '과거와 절단해 완전히 새롭게 시작되는 미래'라는 문장을 읽었을 때, 최근 상담이나 임상심리학 분야에서 '희망 지향'과 같은 말을 자주 들은 게 생각나서….

고쿠분 '희망 지향'이요?

구마가야 사실 여러 깊은 의미가 있는 말이지만, 현장에서는 과거를 되돌아보지 말고 옆으로 밀쳐놓고 '미래를 지향해서 생각하자'라는 겉치레식의 담론 자원으로 가볍게 소비해버리는 일도 적지 않습니다. 정신분석에 대한 일종의 알레르기 반응일지도 모르지만, 걱정되는 부분이 있어서 저는 조금 우려가 됩니다.

고쿠분 그렇군요. 현장에는 그런 문제가 있군요.

구마가야 네. 당사자 연구도 잘못하면 자기계발 옵션의 하나인 것처럼 만만하고 편하게 받아들여질 수도 있습니다.

고쿠분 자기계발은 어딘가 언어를 경시하는 일과 관련되는 것 같습니다. 당사자 연구는 그 반대여서 언어가 중요한 열쇠가 되지요. 그건 그렇고, 『중동태의 세계』서두에 의존증인 사람과의 가상 대담을 실었는데….

구마가야 다르크 여성 하우스의 가미오카 하루에 씨와 말투가 좀 비슷한….(웃음)

고쿠분 맞아요.(웃음) 그 가상 대담은 가미오카 씨와의 대화를 떠올리면서 단절과 언어를 주제로 제가 구성해봤습니다.

의존증도 과거를 절단하는 문제와 분리할 수 없죠. 대부분의 경우, 알코올이나 약물의존증으로 괴로워하는 사람들은 잊고 싶어도 잊을 수 없는 기억에 시달리고 있습니다. 예를 들어 어린 시절 학대받은 기억이라든지, 떠오르기만 해도 고통스러운 기억이지요. 그러니 상기하고 싶지도 않고 어떻게든 잊어버리고 싶어요. 하지만 잊을 수 없죠. 그래서 과거를 잘라내기 위해서 의지가 아닌 것을 사용합니다. 약물이나 알코올이 과거를 떠올리지 않는 데, 즉 과거를 끊어내는 데 도움이 됩니다. 하지만 반대로 생각하면, 저는 의지 개념이야말로 '약물적'인 것이 아닌가 싶습니다.

구마가야 그렇군요, 그 반대라니. 확실히 그렇네요.

고쿠분 의지에도 약물과 같은 효과가 있습니다. '미래지향'이라는 건 아주 가벼운 모양새로 사람들 사이에 침투되어 있다고 할 수 있죠. 아이들에게도 '미래의 꿈을 향해 날개를 펴자'라든가 그런 것들만 말하고 있습니다. 뭔가 떠올리고 싶지 않은 과거를 모두 필사적으로 무시하려고 하는 듯 보입니다. 과거를 잊고 눈을 반짝이거나 미소를 지으며 미래의 꿈을 향해 도약합니다. 그것은 하이데거식으로 말하면, "생각하지 마, 생각하지 마"라고 말하는 것과 마찬가지입니다.

구마가야 그렇군요. 또한 제가 아는 세계에는 이런 일이 있습니다. 예를 들면, '의사결정 지원'[35]이라는 과정에서 지적장애로 여겨지는 분에게 집요하게 "오렌지주스와 우롱차 중 어느 것을 마시겠어요?"라고 활동지원사가 물어보는 장면과 맞닥뜨리게 됩니다.

고쿠분 그런 식으로 '결정'을 본인에게 맡긴다는 게 어떤 의미가 있는 걸까요.

구마가야 물론 일부 활동지원사의 경우입니다만, 실제로 그와 같은 현장에 입회했던 적이 있습니다. 애초에 오렌지주스니 우롱차니 하는 건 '의사결정'도 뭣도 아닌 단순한 선택입니다. '의사결정'이라는 개념을 무비판적으로 그대로 수용한다면 단순히 이런 식으로 될 수 있습니다. 그렇다면 '의사결정 지원'이란 어떠해야 하는 것인가. 아직 생각이 잘 정

---

35 '의사결정 지원'의 경우는 '의사'로 표기되는 경우가 많다. 여기서는 '의지'와 같은 의미로 이 말을 사용하고 있다.

리되지는 않지만 그러한 최전선의 지원이 마땅히 그래야 할 모습을 기술할 수 있는 가능성이 스피노자의 자유의지 부정과 자유의 정의에 갖춰져 있다고 직감하고 있습니다.

고쿠분 '의사결정 지원'이라는 사고방식에 대해서는 저도 여러 가지로 생각하는 바가 있습니다. 순서대로 설명하겠습니다. 우선 이렇게 생각하게 된 배경에는 환자 혹은 피지원자가 지금까지 치료·지원의 결정 과정에서 배제되어 왔다는 점이 있습니다. 자기결정권 혹은 이 연속강연의 첫머리에서 말씀드린 것처럼 '주권'이라고 말해도 될 텐데요, 그것이 무시되어 왔습니다. 온정주의라는 말로 이것을 설명해도 좋겠죠. 온정주의가 초래한 배제에 대한 반성에서 '의사결정 지원'이라는 아이디어가 나온 것은 잘 알고 있습니다. 그런 의미에서 이런 사고방식이 나온 것 자체는 우선 환영해야 합니다.

그러나 현재 우리의 사고방식을 지배하고 있는 의지 개념이나 우리가 사용하고 있는 언어라는 것이 이 배제에 대한 반성에 제한을 가해버렸음을 지적해야 합니다. 그 외의 옵션이 개념으로 주어지지 않았으니 어쩔 수 없었을지도 모르지만, 이 반성은 결국 의지 개념에 의존하게 되었습니다. 그 결과, 어떻게 되었냐면 '의사결정 지원'은 한없이 치료하는 쪽이나 지원해주는 쪽의 책임 회피 논리에 가까워져 버렸습니다.

이건 사전 동의(informed consent)[36] 문제와 아주 흡사합니다. "이러저러한 치료법이 있습니다. 그것을 선택하는 당신의 의지를 우리는 존중합니다. 선택해주세요." 그렇게 말한다면, 가령 암 환자라면 그가 치료 방법을 선택할 수 있을까요? 개인의 의사를 최대한 존중한다고 말한다는 건 듣기에는 좋습니다만, 이건 대부분 경우 개인의 의지를 신성시해 그 이상 거슬러 올라가 따져보지도, 그 외의 것을 생각하지도 않는 단순한 리버럴리즘(liberalism, 자유주의)으로 이어져버립니다. 미국에서도 사전 동의가 의사가 소송을 회피하기 위한 수단이 되고 있다는 지적이 있습니다. 즉 온정주의 때문에 환자·피지원자가 결정 과정에서 배제되는 것은 확실히 큰 문제입니다. 그러나 그렇다고 '의사결정 지원' '사전 동의'라고 말만 하는 것은 상대에게 책임을 떠넘기는 일에 불과합니다. 다른 회로가 필요합니다. 그리고 그 다른 회로는 의지 개념이나 현재의 언어 때문에 매우 보기 어렵게 되어버렸습니다.

저도 결정적인 답이 있지는 않지만, '의사결정 지원'이라는 말 대신 '욕망형성 지원'이라는 말을 쓰자고 제안하고 있습니다. 의지(의사)가 아니라 욕망, 그리고 결정이 아니라 형성입니다. 사람은 자신이 어떻게 하고 싶은지 등을 명확히 알 수 없습니다. 사람은 자신이 무엇을 욕망하는지 스스로는 알 수 없고 모순된 바람을 품고 있는 경우도 드물지 않습니다. 그러니 욕망을 의사(醫師)나 활동지원사와 공동으로 형성해 가는 것이 중요하겠지요.

36 [옮긴이주] 환자에게 치료에 관한 정보를 제공하고 동의를 구하는 과정. 환자 및 당사자의 주체성과 관련한 중요한 이슈이며, 최근 한국에서도 많이 논의되고 있다.

'욕망형성 지원'도 중동태의 사고에 기초하고 있습니다. 중동태의 개념을 통해 개인의 의사결정이라는 사고방식이 위험하다는 걸 알 수 있는데, 그렇다면 거기에서 나오는 것은 개인이 아니라 집단, 의사결정과 같은 단절이 아니라 과거와의 연속체 안에 있는 욕망을 형성하는 일이 중요하다는 것입니다.

물론 '욕망형성 지원'은 단지 개념적 모토일 뿐이지만 실제로 그런 일을 하시는 분들이 분명히 계실 겁니다. 또한 의료 분야에 종사하는 분들 앞에서 이 말을 꺼내면, "아, 그렇게 말하면 좋았겠다"라거나 "그런 말이 필요했어"와 같은 감상을 자주 듣습니다. 표현할 말이 없어서 묻혀버린 실천을 발굴하고 드러내는 일에 이 개념이 도움이 되면 좋겠다고 생각해서 저는 이 말을 자주 합니다.

구마가야 선택이나 행위에 앞선 원인들을 끊어내는 '의지'를 돕는 게 아니라, 원인들의 조율 과정에 발을 맞춰 '~하고 싶다'가 형성되는 것을 도와주는 이미지군요. 지난번에 말씀하신 아야야 씨의 논문 「어포던스 배치로 지탱되는 자기」의 내용도 떠오릅니다.

'몰(mole)적' 상태와 '분자적' 상태

고쿠분 욕망형성 지원이라는 개념을 생각해낸 배경 중 하나로 아야야 씨의 당사자 연구 성과를 알게 된 것이 있습니다.

아야야 씨는 자신을 둘러싼 환경이나 과거의 기억으로부터 방대한 정보가 전해져서 행위의 묶어내기가 되지 않는다고 말합니다. 예로 들 수 있는 게, 지난 시간에도 거론했던 '공복감'입니다.

우리는 배가 고프다는 것을 다양한 정보 또는 자극들로 알게 됩니다. 저는 배가 고프면 자주 컨디션이 나빠집니다. 오늘 아침에도 컨디션이 좀 안 좋았습니다. 순간 '감기인가?' 싶기도 했죠. 배에서 소리가 나거나 옆구리가 아픈 증상도 있었습니다. 배고픔이라고 해도 그걸 알리는 신호는 다종다양하며 그 다종다양한 신호를 하나로 묶어낸 형태로 '공복감'은 존재합니다.

그런데 아야야 씨는 그런 식의 묶어내기가 좀처럼 이뤄지지 않는다고 하지요. 다종다양한 신호를, 말하자면 매우 높은 해상도로 받아들이기 때문에 각각의 신호가 서로 무관하다고 여겨진다고 말해도 좋습니다. 묶어낸다는 건 이질적인 것을 동질의 것으로 처리하는 것이니까요. 아야야 씨는 그것이 불가능합니다. 이질인 것을 다른 성질인 채로 계속 유지해버리지요.

들뢰즈와 가타리는 '분자적'과 '몰(mole)적'[37]이라는 말을 사용합니다.[38] 여러 이질적인 요소가 제각각인 상태를 '분자

37 〔옮긴이주〕원자, 분자, 전자 등 물질의 양을 표시하는 단위로 'mol'이라는 기호를 사용한다. 1몰에는 6.02×10^{23}개의 동질 입자가 존재한다. 아주 작은 입자를 하나씩 세는 건 힘들뿐더러 효용이 없기에 크게 묶어서 몰 단위로 헤아린다.

38 질 들뢰즈·펠릭스 가타리, 김재인 옮김, 『천 개의 고원』, 새물결, 2001.

적'이라고 하며, 그 이질적이고 제각각인 분자를 묶어내어 나타나는 상태를 '몰적'이라고 합니다. 예를 들면, 공복감이라는 것은 굉장히 몰적인 상태입니다. 많은 양의 정보를 하나로 대략 묶어야 얻을 수 있는 것이기 때문입니다. 욕망은 분자적입니다. 실제로는 셀 수 없을 만큼 많은 요소가 꿈틀거리고 있습니다. 우리는 그것을 몰적으로 파악함으로써 그럭저럭 생활하고 있습니다. 하지만 중대한 결정에 관해서는 그렇게 간단하게 몰적으로 파악할 수 없습니다. 바로 그렇기에 집단으로 서로 도우면서 몰적인 파악을 목표로 삼을 필요가 있지 않을까요? 그에 반해, 의사결정 지원이라는 건 단순히 요소를 절단하는 방향으로 갈 수밖에 없습니다. 결정과 모순되는 요소는 끊어내고 무시한다는 느낌이지요. 그래서 이 말은 어딘가 차가운 느낌이 드는 겁니다.

구마가야 조금 전 고쿠분 선생님의 정리로 말해보면, 대다수 사람들이 몰적으로 처리하는 것을 아야야 씨는 분자적으로 처리하고 있습니다. 아야야 씨와 저는 2007년부터 공동 연구를 하고 있습니다만, 지지난번에 소개한 2008년의 첫 저작 『발달장애 당사자 연구』 이후로 쭉 그녀는 일관되게 '분자적'과 '몰적'의 괴리에 관해 쓰고 있습니다.

자폐증이라는 것은 그 뿌리에 커뮤니케이션 장애가 있다고 흔히 말해지며, 이미 말씀드렸듯이 진단 기준에도 그렇게 쓰여 있습니다. 그렇지만 적어도 아야야 씨의 경우는 그렇지 않습니다. 많은 사람이 몰적인 처리를 하는 곳에서 그녀는 계속 분자적인 처리를 하고 있습니다. 그 괴리가 커뮤니케이션의 오해로 이어집니다.

어떤 일일까요? 몰적으로 처리하는 사람끼리라면 커뮤니케이션이 잘되는 경우도 있습니다. 또 그 반대로 분자적으로 처리하는 사람들끼리도 커뮤니케이션이 잘될 수 있습니다. 그렇다는 말은, 어떻게 생각하든 커뮤니케이션 장애가 자폐증의 뿌리에 있다고는 할 수 없겠지요. 단지 처리 방식의 차이, 혹은 처리하는 대상의 입자 크기의 차이에 불과한 것이 아닐까요? 입자 크기의 이야기는 잠시 후에 이야기할 '도식화'라는 키워드와도 관련되는 것 같습니다.

'하고싶음'과 '일단하기', '무심코'의 효용

구마가야　오늘의 첫 번째 테마 '절단'에 관해 아야야 씨의 『발달장애 당사자 연구』에는 어떤 이야기가 있는지, 이 자리에서 재차 설명해보겠습니다.

　그 책의 초반에 '하고싶음(したい性)'이라는 조어가 나옵니다. 무언가를 하고 싶다고 말할 때의 '하고 싶다'입니다. 그리고 '하고싶음'은 '일단하기(します性)'라는 말과 대비해서 쓰입니다.

　'한다'이든, '하고 싶다'이든 모두 '의지'라는 카테고리에 포함될지도 모르겠네요. 뭔가를 하다, 하고 싶다고 생각하고 그리고 그 의지가 일어난 후에 실제로 행합니다. 아마도 많은 사람이 '의지'라고 부르는 것을 아야야 씨는 고해상도로 기술합니다.

간단히 말하면, 의지란 피부 안쪽에서 오는 많은 정보와 피부 바깥쪽에서 들어오는 많은 정보를 억지로 묶어낸 것이라고 하는 게 아야야 씨의 모델입니다. 의식에 남아 있는지 여부는 차치하고, 우리는 안쪽에서도 바깥쪽에서도 많은 정보를 계속 얻고 있습니다. 예를 들어, 지금 위장에서 소리가 세게 났다든가, 심장이 두근거렸다든가, 숨이 가쁘고 조금 거칠어졌다든가 하는 이런 것들은 피부 안쪽에서 온 정보입니다. 그에 반해 눈앞에 컵이 있다, 맛있어 보이는 돈가스덮밥이 있다처럼 바깥에서 들어오는 정보도 많습니다.

그리고 안쪽의 정보든 바깥쪽의 정보든 단지 정보로서만 있을 리는 없고, 이쪽을 향해서 다양한 행위를 다그치고 요구합니다. 지난 시간에도 조금 설명해드렸지만, 이런 식으로 행위를 촉구해 오는 정보를 '어포던스(affordance)'라고 합니다. 그 정보들은 안쪽에서나 바깥쪽에서나 자신의 행위를 재촉하는 것으로서 들어옵니다. 그때 각각의 정보가 같은 행위를 재촉한다면 좋겠지만, 꼭 그렇다고는 할 수 없습니다. 서로 모순되는 경우도 있습니다. 위장이 "뭔가 든든한 걸 먹고 싶다"고 주장해 옵니다. 그렇지만 목구멍은 "담백하게 잘 넘어가는 걸 원한다"고 촉구합니다. 그리고 눈앞에는 돈가스밖에 없습니다. 자, 어떻게 할까요?

그런 식으로 안에서도 바깥에서도 흘러들어오는 대량의 분자적인 어포던스는 자주 서로 모순됩니다. 아야야 씨는 그 모순된 정보 또는 어포던스의 바다 속에 있는 것 같습니다. 그러면 '이렇게 하고 싶다'는 하나의 의지로 묶어내기가 좀체 안됩니다. 즉 몰적인 '의지'가 생겨나는 그 프로세스가 매우 천천히 진행되는 것입니다. 생겨나지 않는 건 아니지만 시간이 걸립니다.

예를 들면, 뭘 먹고 싶다는 '하고싶음'이 생겨나기까지 두 끼를 꼬박 건너뛰고 간신히 그것이 생겨났을 땐 비유가 아니라 실제로 배고파서 쓰러질 지경이었다고 합니다. 이는 고쿠분 선생님이 분자적, 몰적이라고 설명하신 것을 어포던스와 의지로 다시 기술한 것이라고 말할 수 있지 않을까요?

"그런데 생각해보면"이라고 그녀는 말합니다. 이른바 비장애인이라는 사람들은 "너무나도 무심코 하고 있는 거 아닌가?" 곧바로 의지를 묶어내는 듯이 보인다고. "공복감이란 걸 그렇게 간단히 정리해버린다고?"라며 의문을 제기합니다.

어쩌면 여기서 이야기되는 '무심코'라는 것이야말로 '절단'의 다른 이름일지도 모릅니다. 이른바 정상인은 굳이 끊어내는 게 아니라 무심코, 즉 의식하지 못하는 사이에 정보의 일부를 끊습니다. 실제로는 매우 많은, 또 서로 모순되는 어포던스가 있지만 어느새 그것이 취사선택되고 정리되어 몰적인 의지가 생성됩니다. 그러나 한편으로 어떤 사람들에게는 그 생성이 쉽지 않고, 그 일에 매우 많은 시간이 걸리는 겁니다.

또 다른 '일단하기'에 대해서 설명해보지요. 이것은 말하자면 아야야 씨의 '절단 전략'인데, 자기 안쪽에서 오는 정보나 바깥에서 오는 정보를 끊어내기 위해서 규칙을 정해 둡니다. 예를 들면, 무슨 요일 몇 시 몇 분부터는 몸이 뭐라고 하든 상황이 어떻든 결정한 것을 하도록 '일단 합니다'. 그것을 '의지'라고 부를지 말지는 차치하고, 규칙에 따라 신체 안

팎의 어포던스를 절단하고 어쨌든 행위를 선택합니다. '하고싶음'이 좀처럼 묶이지 않는 대신, 스스로 규칙을 마련하고 그대로 자신을 움직입니다. 이를 '일단하기'라는 말로 표현합니다.

자폐스펙트럼장애인에게 '고집이 세다'고 말하는 경우가 자주 있습니다. 그러나 그것은 어쩌면 이 '일단하기'로 움직이고 있다는 뜻일지도 모릅니다. 그리고 '일단하기'로 결정한 대로 일이 진행되지 않았을 때 본인은 매우 혼란스러워지기 쉽습니다. 이것을 본, 정상이라고 할 수 있는 사람들이 '고집이 세다'라고 표현하는 것 아닐까요? 모두가 그런 건 아닐지도 모르지만 자폐성장애를 가진 사람 중 일부가 그런 경향이 있는 건 아닐까요?

조금 전 고쿠분 선생님의 말씀에 겹쳐보자면 자폐성장애를 가진 이들 중에는 신체 안팎에서 들어오는 대량의 분자적인 어포던스가 의식으로 올라와버리는 경우가 있습니다. 이것은 어떤 의미에서는 단절이 일어나지 않고, 의지가 일어나지 않는, '중동태'스러운 상태입니다. 그러나 이미 소개한 대로 이러한 어포던스의 조정 과정이 모두 의식에 떠오르는 일은 매우 성가시며 방대한 정보의 조율과 '묶어내기' 작업에 시간이 걸릴 수밖에 없어서 요지부동의 일상을 보내는 것이라고 아야야 씨는 말하고 있습니다.

그에 반해 왜 그런지는 잘 모르겠지만 정형발달자, 이른바 정상인은 그 자초지종이 의식에 떠오르지 않도록 되어 있는 것 같습니다. 바꿔 말하면 정상인이라는 건 '분자적인 어포던스의 조율에 의해서 몰적인 행위의 결단이 생성되었다'는 자각조차도 없는 채, 그것이 마치 아무것도 없는 곳에서 생겨난 것처럼 느낄 수 있는 게 아닐까요? 이 점은 고쿠분 선생님이 지난번에 말씀하셨던 '무로부터의 창조'를 조금 상기시키는 것 같기도 합니다.

고쿠분 '무심코' 이야기는 무척 재미있네요. 이른바 정상인은 '단절하고 있다'기보다는 무심코 행동을 하고 있습니다. '배가 고프네'라고 생각해서 '그럼 라면이라도 끓일까'라고 하는 건, 확실히 '무심코' 하는 거지요. 정보를 조율할 의도도 없는데 이미 조율하고 있는 거지요.

스피노자가 의지에 대해 말하는 것이 참고가 될지도 모르겠네요. 스피노자는 자유로운 의지가 존재하지 않는다고 합니다. 그런데도 스피노자는 인간이 주관적으로 의지라는 능력을 느낀다는 것을 부정하지는 않지요.

구마가야 착각일 수도 있다는 말이지만 또 확실히 느끼고는 있지요.

고쿠분 네, 그렇습니다. 인간은 스스로 의지를 느낍니다. 그것은 어떤 의미에서 의지가 '무심코' 생성되는 것이기 때문이라고 말할 수 있습니다. 머릿속에서 다양한 연산이 수행되고 그 결과가 의식에 올라옵니다. 의식으로는 결과밖에 모릅니다. 그 각각의 결과들을 무심코 묶어버림으로써 의지를 느낄 수 있게 됩니다.

현상학과 발달장애

고쿠분　여기서 에드문트 후설의 현상학에 대해 조금 이야기하고 싶습니다. 무라카미 야스히코 씨는 후설에게 발달장애가 있지 않았을까 하는 매우 흥미로운 의견을 주장했습니다.[39] 무라카미 씨는 후설의 간주관성(間主觀性) 논의가 정신장애를 지닌 사람들이 보여주는 대인관계 태도와 비슷하다고 말하는데, 저는 후설의 시간론에서도 같은 것을 말할 수 있다고 생각합니다.

　무슨 말이냐면, 후설은 시간의 생성에 관해 불가능할 정도로 세세한 것을 썼습니다. 여기서는 '보통'이라는 표현을 씁니다만, '보통'의 인간은 자기 안에서 어떻게 시간이 생성되었는가 따위를 기억하지 못합니다. 그걸 전부 무심코 해버리지요. 후설이 그것에 관해 거듭해서 쓸 수 있었던 것은, 그 자신이 그것을 '무심코' 해버리지 못하고 매우 어렵게 시간 감각을 획득했기 때문이 아니었을까라는 거지요.

　제가 연구하는 들뢰즈에게도 비슷한 면이 있습니다. 그의 타자론은 타자라는 것이 자기 안에 내면화되기 이전의 상태에 관해서 이야기하는데, 그것을 어떻게 그가 의식적으로 이론화할 수 있었는지 매우 불가사의하게 느껴집니다.

39　"저는 후설이 가벼운 발달장애가 있었다고 생각합니다(물론 19세기 심리학 이론의 영향은 있겠지만). 저 (유명한) 주관성의 논의는 발달장애를 가진 분들이 대인관계를 다루는 방식과 매우 비슷하니까요."(기무라 빈과 무라카미 야스히코 대담 「조현병과 자폐증의 현상학(統合失調症と自閉症の現象学)」, 『현대사상 특집 「임상현상학」(現代思想 特集 「臨床現象学」)』, 2010년 10월호, 세이도샤)

들뢰즈도 타자의 내면화에 어려움을 겪어 왔고 그것을 '무심코' 해버릴 수 없었던 게 아닐까요?

아야야 씨의 지각을 둘러싼 '고해상도'라는 표현도 이와 비슷해서 지각을 무심코 정리해버릴 수 없다는 것입니다. 평소 무심코 정리하는 사람이라면 그것이 의식에 떠오르지 않겠지요.

저는 현상학 전문가는 아니지만, 후설의 현상학이 우리가 지금 다루는 문제를 생각하는 데 도움이 될 거라는 직관은 있습니다. 그런데 현상학에는 다양한 유파가 있습니다. 현상학에서도 자기의 존재, 타자의 존재를 전제로 삼은 후에 논의를 시작하는 자기/타자 모델과 같은 타입이라면, 우리가 지금 이야기하고 있는 문제, 즉 중동태의 세계를 살아간다는 것의 괴로움을 잘 기술할 수 없습니다. 이와 관련해서 구마가야 선생님이 조금 말씀해주시겠습니까?

타자의 현상학과 당사자 연구

구마가야 알겠습니다. 하지만 저도 현상학에 정통하지는 않습니다. 다만 저와 아야야 씨가 함께 책을 쓰고 있을 때 자주 이야기했던 것입니다만, 비전문가이지만 역시 후설에 관해서는 잘 알고 있다는 겁니다. 후설은 당사자 연구와 잘 맞아요. 그렇지만 타자의 생활 세계에 다가가려는 현상학은 오히려 종래의 의료적인 자폐증 연구에 상응하고 있을 뿐이라는 인상을 받습니다. 타자의 현상학은 자폐증이 아닌 사람이 밖에서부터 자폐증의 내적 세계를 탐구하는 식입니다. 저는 솔직히 '그런 게 가능할까'라고 생각할 수밖에 없어요.

물론 자폐증 연구에는 여러 접근법이 있을 수 있습니다. 아야야 씨와 제가 시도한 접근법은, 본인의 시선으로 자신에게 일어나고 있는 사건을 고해상도로 되돌아보는 것입니다. 그런 의미에서는, 이를테면 후설 차원의 의미에서는 '자기의 현상학'이라고 말해도 좋겠어요. 한편, 타자의 현상학에서는 자폐증 아이나 어른을 바깥에서 관찰하는 것입니다. 매우 뛰어난 연구로 여겨지는 것도 많이 있습니다. 그러나 도대체 어느 쪽의 접근법이 옳은 것일까, 생각할 때가 있습니다.

예를 들면, 무라카미 야스히코 씨의 작업도 앞서 말한 의미에서 타자의 현상학이라고 할 수 있는데, 저서에서는 왜 자폐증이 '몰적'으로 될 수 없느냐면 타인으로부터의 시선촉발을 받을 수 없기 때문이다, 이렇게 적혀 있습니다.[40]

앞에서 대부분 사람이 몰적인 세계로 보고 있을 때 자폐증이 있는 사람이라면 분자적인 세계로 더욱 세밀하게 보는 게 아닌가 하는 이야기를 했었습니다. 무라카미 씨의 자폐증 이론도 그 점에 대해서는 일치하고 있습니다. 그런데 어째서 몰적으로 되지 못하냐는 이유가 저희와 다릅니다.

시선촉발(視線觸發, affection of contact)이라는 건 어려운 말입니다만, 다른 사람의 지향성이라고 할까, 눈길 같은 것을

---

40 무라카미 야스히코, 『자폐증의 현상학(自閉症の現象学)』, 경초서방, 2008.

감지하는 현상입니다. 근데 저는 솔직히 잘 모르겠거든요. 예를 들면 지금 제가 고쿠분 선생님을 바라보겠습니다. … 방금 바라보았는데요. 고쿠분 선생님, 시선촉발을 느꼈습니까?

고쿠분 아니, 좀체 몰랐네요. 제 주의력이 산만한 건가요.(웃음)

구마가야 제 눈빛이 약한 거겠죠.(웃음) 어쨌든 누군가를 바라본다는 행위를 우리는 합니다. 반대로 누군가로부터 시선을 받고 있다고 느끼는 경우도 있겠지요. 상대방이 나를 바라보고 있는 것을 알아차린, 이것을 시선촉발된 상태라고 합니다. 그리고 상대방이 나를 보고 있다는 걸, 시선이 이쪽을 향하고 있다는 걸 감지할 수 있는 상태를 시선촉발을 받을 수 있는 상태라고 표현합니다. 무라카미 씨의 책에는 이 시선촉발을 받지 못하는 장애가 자폐증이라고 쓰여 있습니다. 그 이상의 메커니즘은 잘 모르겠지만 시선촉발을 받지 못하는 장애가 근본에 있고 그 결과 몰적으로 될 수 없다는 겁니다. 그런데 과연 그럴까요?

이를 우리의 가설과 비교해보면, 인과관계가 반대라는 것을 알 수 있습니다. 우리 생각엔 시선촉발을 받을 수 없다는 건 결과입니다. 시선촉발을 못 받는 원인은, 다른 사람과 관련되기 이전부터 다수자와 해상도가 다르기 때문입니다. 많은 사람이 몰적으로 보고 있을 때 자폐증인 사람은 분자적으로 보고 있습니다. 만약 이것을 '해상도의 차이'라고 하는 식으로 표현한다면 '먼저 해상도의 차이가 있음' 이것이 아야야 씨와 제가 행한 당사자 연구의 골자입니다.

또 『발달장애 당사자 연구』에서는 제4장에 이르러서야 비로소 '타자'라는 말이 등장합니다(「흔들리는 '타자'상, 풀어지는 '자기'상」). 왜냐하면 우리는 타자와의 관계에 있어서 여러 가지 문제라는 것은 원인이 아니라 결과, 혹은 (2차적인) 응용문제에 불과하다고 생각하기 때문입니다. 지금까지 말한 것처럼 사회적 모델을 채택한다는 우리의 방침에 따라나오는 전제입니다.

이는 단순히 서술하는 순서의 문제라는 그런 이야기가 아닙니다. 우리가 왜 이 순서를 따라가냐면, 이유가 있습니다. 일반적인 전문가들이 가지고 있는 자폐증에 대한 이미지는 그 뿌리에 타자 관계와 연관된 장애가 있다는 것입니다. 그런 의미에서 자폐증에 관한 지금의 통설은 무라카미 씨의 자폐증 연구와 매우 잘 맞습니다. 우선 타자 관계에 장애가 있다고 한다면, 타자 관계 이외의 문제는 그 결과라고 논하는 경향이 세계적인 추세입니다. 그런데 그러면 여러 가지 설명할 수 없는 일이 생길 뿐만 아니라, 의료적 모델의 폐해까지도 끌어온다는 게 우리의 생각입니다.

아까도 조금 다른 식으로 얘기했지만, 우리가 생각하는 것은 세계의 해상도가 잘 맞는 사람들끼리는 커뮤니케이션을 잘할 수 있다는 가설입니다. 타자 관계의 장애가 먼저 있는 게 아니라 단순한 소수성(마이너리티 특성)일 뿐이라는 거죠. 마이너리티 동료끼리라면 커뮤니케이션이 잘될 수 있고 거기에 사회가 생길 수 있다는 생각입니다.

요즘 (장애인에 대한) 포용적 사회, 공존 사회 등이 이야기되고 있습니다. 하지만 자폐증에 대해서 사회성 장애나 커뮤니케이션 장애가 근본적인 특성이라고 기술해버리면, 만약 그것이 바꿀 수 없는 특성이라고 하면, 사회 구성원으로는 받아들일 수 없다는 결론이 되고 맙니다. 그런 결론은 당연히 쉽사리 용납할 수 없지요. 그와 달리, 만약 어떤 대안적 사회가 있다면 거기에 참여할 수는 있을 겁니다. 왜냐하면 '커뮤니케이션 장애가 근본이 아니기 때문이다' '타자 관계의 장애가 근본이 아니기 때문이다'라는 쪽에 우리 연구는 승부를 걸었습니다. 이론적으로 어느 쪽이 옳은가는 지금부터 논해야 합니다. 그러나 그것과는 별개로 이 두 종류의 인과관계 순서는 사실 임상 현장만이 아니라 지극히 실천적인 사회 구상, 혹은 장애인의 지원 계획과도 직결되는 것입니다. 이를 마지막으로 보충해 두고 싶습니다.

주체의 생성과 도식화

고쿠분 구마가야 선생님이 이야기한 두 가지 차이는 대단히 중요하지요. 다시 한번 되짚어볼까요? 만일 자폐증을 대인관계 장애라고 한다면 커뮤니케이션을 잘하지 못하거나 상대의 마음을 상상할 수 없다거나 하는 게 되는군요.

이토록 엄밀성이 부족하면서도 마치 학문적인 듯한 얼굴을 하고 유통되고 있는 정의도 드물겠지요. 커뮤니케이션 장애란 둘 사이에 발생하는 어긋남이므로, 그 원인을 한쪽에 돌릴 수는 없습니다. 확실히 구마가야 선생님과 아야야 씨가 『발달장애 당사자 연구』에서 쓰신 대로 "미국인과 일본인 사이에서 커뮤니케이션이 원활하지 않을 때 '일본인의 커뮤니케이션 장애'라고 치부한다면 지레짐작일 뿐이다"

라는 겁니다.[41] 즉 자폐증 경향을 가진 사람이 정형발달인이 말하려는 바를 이해하지 못한다면, 정형발달인 또한 자폐증 경향을 가진 사람이 말하려는 바를 이해하지 못한다는 뜻입니다.

아까 입자 크기라는 얘기가 있었습니다. 해상도라고 말해도 되는데, 세계의 해상도가 일치하는 사람끼리는 이야기하기 쉽습니다. 이 점은 이해가 가시죠. 그럼에도 불구하고 그 해상도의 입자 크기가 일치하는 다수자 내에서의 커뮤니케이션만을 규범적인 것으로 생각한다면, 거기에 속하지 않는 마이너리티의 사람은 장애인으로 취급됩니다.

타자의 현상학이 상정하는 시선촉발, 즉 타자로부터 발해지는 지향성에 대해서도 받아들일 수 있는 사람과 그럴 수 없는 사람이 있는 게 아니라 해상도가 서로 잘 맞는 경우에는 받아들이기가 쉬워지고, 잘 맞지 않는 경우엔 받아들이기가 곤란해진다고 생각해야 하지 않을까요.

아야야 씨 연구의 흥미로운 점은 너무 고해상도 입자로 둘러싸여 있을 때는 '자기' 자체가 좀처럼 생성되지 않는, 즉 일종의 주체성이 생성되지 않는다는 점이지요. 주체성이 생성되지 않기 때문에 행위가 잘 이뤄지지 않고 우물쭈물하게 됩니다. 주체를 전제로 삼느냐, 주체 자체도 생성된다고 생각하느냐, 이 차이는 크다고 생각합니다. 아야야 씨의 이론은 후자이며 들뢰즈도 확실히 그렇습니다.

---

41 아야야 사츠키·구마가야 신이치로, 『발달장애 당사자 연구』, 의학서원, 2008, 4쪽.

여기서 논의를 전개하기 위해 도식(圖式)이란 말에 관해 다시 한번 생각해보겠습니다. '몰적'이라고 말해 온 것과도 결부되는데, 구마가야 선생님은 도식이라는 말을 자주 사용하시는군요. 저는 주체의 생성에는 도식이 관련되어 있다고 생각합니다. 주체 자체도 그 생성은 일단 제쳐놓고 주체가 행위를 할 때는 어떤 도식이 필요하게 됩니다. 이 경우의 도식은 무엇인가 하면, 세계의 패턴 같은 것이라고 여겨도 좋습니다. 이때의 세계 안에는 자신의 신체도 포함됩니다.

여기서 말하는 세계에 자기 몸도 포함된다는 건 매우 중요하며, 자기 몸이 어떻게 움직이는지, 어떤 자극에 어떻게 반응하는지와 같은 패턴을 인식하는 건 미리 주어지지 않습니다. 예를 들어 이건 제 아이를 보고 깨달은 것인데, 아기는 손가락을 빨다가 조금 크면 손에 쥔 것을 입에 넣으려고 합니다. 그런데 맨 처음엔 그게 잘 안되더라고요. 손에 쥔 막대기 끝이 이마를 때려버리기도 합니다. 손에 쥔 것의 끝이 딱 입에 들어가도록 손을 움직인다는 건 높은 수준의 작업입니다. 그런데 이제 점점 이것도 할 수 있게 되었습니다. 지금 보고 있는 것과 손의 움직임이 연동하는 패턴을 학습함으로써 가능하게 된 것이죠.

구마가야 선생님, 세계의 패턴을 현실 속에서 제대로 파악했을 때, 그 현실을 도식화했다고 말해도 될까요?

구마가야 그렇지요. 패턴이기 때문에 예측도 가능해진다는 말이지요. 이야기하시는 도중에 죄송합니다만, 여기에서 조금 도식화 문제와 관련된 방식으로 예측 오차에 관해 이야기를 다시 해도 괜찮을까요?

고쿠분   네, 물론입니다.

예측 오차와 '바로 이것임'

구마가야   아야야 씨와 제가 2008년에 『발달장애 당사자 연구』를 낸 후, 그 책에서 쓴 것을 잘 설명해주는 이론을 갖추게 해준 일련의 연구자들이 있었습니다. 저희도 아직 충분히 잘 이어받았는지 모르겠지만, 그 이론이란 '예측 부호화 이론(Predictive Coding Theory)'[42]이라는 것으로, 정신 활동에 관해서는 오랜만에 등장한 통합이론(Grand Theory)입니다.

  화학자이자 물리학자, 생리학자이며, '헬름홀츠 자유에너지'로 알려진 헬름홀츠(Hermann von Helmholtz)라는 위대한 연구자가 있습니다. 그 헬름홀츠의 영향을 받아 정신 현상의 통합이론을 창시한 것이 프로이트입니다. 그 헬름홀츠와 프로이트의 영향을 더욱 받아서, 최근 이 '예측 부호화 이론' 또는 나아가 이를 포함하는 형태로 '자유에너지 원리'라는 것을 제안하여 주목받고 있는 연구자가 프리스턴(Karl Friston)입니다. 이 세 사람은 하나의 계보를 형성하는데요. 프리스턴은 조현병, 자폐증 그리고 평균적인 사람 등 다양한 정신 현상을 '예측 부호화'라는 체계로 이론화할 수 있지 않을까라는 이야기를 하고 있습니다. 또한 그들은 자폐스펙트럼장애에 관해서도 퍽 대담한 말을 하는데, 그 가설이 우

---

42 〔옮긴이주〕한국에서는 '예측 코딩 이론'으로 쓰기도 한다.

리 당사자 연구의 가설과도 꽤 관련이 있습니다. 그러고 보니 2018년 3월 과학 저널《사이언스》의 웹사이트 뉴스난에 우리의 당사자 연구와 예측 부호화 이론을 관련지으면서「자폐증은 뇌가 계속해서 놀라기 때문에 발생하는 것일까?」라는 기사도 소개되었습니다.[43] 그러면 이 예측 부호화 이론이란 어떤 것인가를 간단히 설명해보겠습니다.

인간의 뇌를 하나의 장기로 파악했을 때 그 역할은 무엇일까요? 심장은 펌프 기능을 가진 장기, 간은 신진대사의 장기, 장은 소화의 장기입니다. 그럼 뇌는 어떤 장기일까요? 헬름홀츠는 '예측하는 장기' 혹은 예측과 밀접하게 연관된 '추론하는 장기', 즉 예측 기계(prediction machine) 혹은 추론 기계(inference machine)라고 규정했습니다.

그렇게 말하자면 그렇기도 하겠지요. 도식화와 관계되는 것이라고 생각하는데, 확실히 우리는 날것 그대로의 정보를 받아들이고 있는 게 아니라 그것을 의미화하거나 추론하거나 또는 예측하는 것입니다. 다음에 무슨 일이 일어날 것인가 하는 것도 뇌는 항상 예측하고 해석하려고 합니다. 즉 시간이라고 하는 것이겠지요.

고쿠분　아, 여기서 시간이 나오는 거군요.

구마가야　네. '현재'의 감각 경험을 '과거'의 감각 경험과 비교해 공통된 카테고리를 추출한다, 이 카테고리가 '미래'의

43　George Musser, Does autism arise because the brain is continually surprised?, *Science*, March 9, 2018.

감각 경험을 예측한다는 식으로 예측 기관으로서의 뇌는 시간을 만들어냅니다.

그렇다고 해도, 인간이 살다보면 당연히 예측이 빗나가는 경우가 있습니다. 성장함에 따라 점차 빗나가는 일이 줄어들긴 하지만 그래도 예측은 완벽하지 않아서 예견치 못한 사태, 예상 밖의 사태에 우리는 직면하게 됩니다. 이것을 예측 부호화 이론에서는 예측 오차라고 부릅니다. 고쿠분 선생님과 지금까지 여러 형태로 논의해 온 개념, 즉 예측과 현실의 차이라는 거지요.

더욱이 여기에서 ASD에 관해 이야기되는데, 예측 오차의 허용도에는 개인차가 있다고 합니다. 즉 다소 예측이 빗나가도 우리의 뇌는 놀라지 않습니다. 그럭저럭 대강 이 개념이나 이 카테고리로 이 감각을 설명해도 되겠지라는 겁니다. 정확히 이퀄(equal)은 아니지만 이 정도면 괜찮지 않냐고. 즉 어떤 범위 안에 들어가는 예측 오차라면 우리 예측 모델을 업데이트할 정도의 일은 아니라고 판단할 수 있습니다. 하지만 예측 오차가 어떤 범위를 넘어서면 이건 일이 잘못된 게 아닌가, 이렇게 됩니다. 현 상황에서 내가 가진 예측은 질이 낮은 게 아닐까 생각합니다. 그러면 예측 오차를 더 줄일 수 있도록 예측 자체를 업데이트하든가 아니면 예측대로 되도록 세계를 지배하는 수밖에 없다고 프리스턴은 말합니다. 예측의 업데이트는 '지각', 세계의 지배는 '행동'인데, 예측 오차에 대처하는 우리 뇌의 응답은 두 가지 선택인 겁니다.

그리고 프리스턴은 예측 오차가 어떤 일정 선을 넘어서면 더는 지나갈 수 없는 그 문턱값에 개인차가 있다고 말하는 것이며, 이 개인차를 나타내는 변수로 ASD를 표현할 수 있지 않을까라는 것입니다. ASD에서는 이 문턱값이 낮은, 즉 아주 작은 오류가 생겨도 '큰일이다!'라고 쉽게 반응하는 뇌를 가진 사람들이라는 것이 'ASD의 예측 부호화 이론'의 중요한 점이지요. 그런데 이것이 혹시 '상상력'과 깊게 관련된 것은 아닐까, 저는 생각하고 있습니다.

고쿠분　와, 그건 상당히 관련이 있다고 저도 이미 생각하고 있습니다. 상상력이라는 것은 현존하지 않는 대상을 직관하는 능력이라고 칸트는 말합니다. 존재하지 않는데도 직관할 수 있다는 것, 요컨대 존재하지 않는 것을 존재하게 할 수 있는 능력이 상상력이고 '예측'이 정확히 그것이죠. 뇌라는 것이 확실히 예측을 주로 하는 장기라면, 틀림없이 뇌의 능력은 바로 그 상상력이 중심이라는 말이 됩니다.

　지금 준비하고 있는 논문에도 썼지만,[44] 하이데거에 따르면 칸트가 인간의 정신능력으로 상상력 외에도 이성이나 오성, 감성을 인정했다고 하는데, 그 근간에 있는 것은 아무래도 상상력입니다. "인간의 모든 정신적 능력은 상상력에서 나온다." 저는 이 말이 꽤 옳다고 생각합니다. 이성도 결국 발전된 상상력이 아닌가 하고요. 그리고 지금 프리스턴의 이야기로 말하자면, 이 상상력이라는 건 예측이라는 말

44　고쿠분 고이치로, 히가키 다쓰야·고이즈미 요시유키·고다 마사토 엮음, 「유사적 타자: 들뢰즈적 상상력과 자폐증의 문제(類似的他者: ドゥルーズ的想像力と自閉症の問題)」, 『들뢰즈의 21세기(ドゥルーズの21世紀)』, 가와데쇼보신샤, 2019.

이군요. 상상력은 예측 능력을 기르는 일이라고 해도 좋겠습니다.

구마가야 그렇지요. 그리고 저는 서장에서 고쿠분 선생님이 가르쳐주신 '바로 이것임'의 이야기와도 연결되는 것 같습니다. 예측 오차에 민감하다는 말은—프리스턴의 이론이 맞다면 ASD 쪽은 역시 예측 오차에 민감하다고 말할 수 있다고 생각하는데—'바로 이것임' 특성과 밀접하게 관련된 것이라고 생각합니다. 다시 말해 우리는 '아, 이거 알지' 하는, 즉 전에 경험한 적이 있는 사물이나 사건을 '예측 가능한 것'이라고 생각하는 겁니다. 예측이라는 건 두 번, 세 번, 여러 번 경험하지 않으면 그 정의 그대로 불가능한 것이지요. 달리 말하자면 '아, 이건 이미 경험해서 아는 것이다'라는 식으로 눈앞의 대상을 해석할 때, 즉 '완전히 예측할 수 있다'거나, 프리스턴의 말로 하자면 '전부 다 설명했다(explain away)'와 같은 상황으로 눈앞의 대상을 파악하고 있을 때, 이건 범주화(categorize) 또는 도식화가 이뤄진 것이지요. 그건 '바로 이것임'과는 가장 거리가 먼 상태에 있다고 말할 수 있겠지요.

하지만 오류에 민감한 사람들은, 대부분의 사람들이 '아, 이거 전에 이미 경험했었다'라고 생각하는 것에 대해서 '이건 처음이다'라고 여기는 겁니다. 예를 들어 일찍이 같은 시간에 같은 장소에 있었고 같은 경험을 한 적이 있다고 해도 ASD인 사람은 그것을 최초의 에피소드로 경험하는 것이 아닐까요.

아야야 씨도 쓰고 있습니다만, 본인의 머릿속은 '바로 이것임'이나 일회성의 에피소드 기억이 범람하는 상태 같다고 합니다. 다수자는 '의미 기억'이라고 해서 범주화된 카테고리로 회수할 수 있는 일종의 퇴색이랄까, 생생함을 잃어버린 카테고리로 해석할 수 있는 사안을 ASD인 사람은 최초의 에피소드 기억으로 선명하게 반복해서 경험하기 때문에 늘 에피소드 기억으로 머릿속이 빵빵하게 가득 차 있다고 말합니다. 확실히 '바로 이것임'의 포화지요. '바로 이것임'이 포화된 것과 예측 오차에 민감하다고 하는 것은 표리일체의 일이 아닐까요.

고쿠분　표리일체네요. 상당히 흥미로운 논점이라고 생각합니다. 제가 연구 중인 질 들뢰즈라는 철학자가 『차이와 반복』이라는 책에서 '반복', 즉 되풀이됨에 대해서 아주 흥미로운 것을 논합니다.

　　예를 들면, 종을 땡, 땡, 땡, 땡 이렇게 치면 종을 치는 사람이나 그 소리를 듣는 사람은 그 소리가 반복되는 것으로 여기지요. 그러나 들뢰즈에 따르면 실은 그렇지 않고, 그 반복은 종이 쳐질 때마다 붕괴도 있다는 겁니다. 왜냐하면 종은 단지 한 번씩만 울리기 때문입니다. 그것이 반복되고 있다고 여기기 위해서는 뭔가 도약이 필요합니다. 현상으로서는 한 번 울리고 또 한 번 울리고 있을 뿐입니다. 하지만 그것을 받아들이는 주체 안에서 어떤 도약이 일어나 그것으로 반복을 읽어내는 겁니다. 다시 말해, 주체 쪽이 반복으로 받아들이지 않는다면 종의 반복은 붕괴됩니다.

　　이것을 바꿔 말하면, 그 반복의 이전에는 땡, 땡이라는 한 번씩의 종소리가 '바로 이것임'으로 파악된다는 말입니다. 예측과 '바로 이것임'은 확실히 깊은 관계가 있습니다.

반복되고 있다고 생각하는 순간에 또 울린다, 또 울린다, 하고 예측이 나오게 됩니다. 이건 음악이나 리듬을 즐길 수 있는 것과도 관련이 있겠지요. 다만 들뢰즈도 이를 '도약'으로밖에 설명할 수 없었습니다. 불가사의함이 있다고밖에 설명할 수 없는 거지요.

프리스턴이 말하는 예측에서도 '예측이 어떻게 가능해지는가'라는 중요한 부분은 모르는 것 같습니다. 그건 이 예측이 우리 경험의 아주 기본적인 데 있기 때문이 아닐까요? 우리는 '예측 제로'로 살 수 없습니다. 이것이 잘되지 않으면 살아가기가 매우 힘듭니다. 그런데 이 예측이라는 건 찬찬히 생각해보면 어떻게 성립하는지 잘 모릅니다. 가령 저기에 문이 있고, 어디를 어떻게 만지면 어떻게 열리는지 대체로 알고 있다고 짐작하지만, 가만히 생각해보면 열리지 않는 문일지도 모르고 단순히 속임수일지도 모릅니다. 하지만 대체로 뜻대로 되기 때문에 우리는 살아갈 수 있습니다.

구마가야 선생님과 수년에 걸쳐서 예측에 대해 많이 생각해 왔는데, 예측 오차에 대한 일종의 톨레랑스(허용치)가 높은 사람과 낮은 사람이 있습니다. 어릴 때는 모두 연약하고 톨레랑스가 낮지만 점차 성장하면서 높아집니다. 그러나 그렇게 되면 한 번, 한 번, 그때마다의 개별적인 풍부한 체험을 잃어버리게 되는 거지요.

ASD의 삶을 장밋빛으로 그리는 건 문제가 되겠지만, 이를테면 거기서는 하나하나의 현실이 강렬한 강도로 경험되고 있습니다. 거기에는 예측으로 뒤덮인 경험과는 다른 삶

의 경험이 있습니다. 물론 바로 그 때문에 살아가기 어려운
것이지만요.

구마가야   그렇습니다. 실은 ASD에 관한 「세상이 '너무 현실
적'이 될 때(When the world becomes 'too real')」라는 제목의 논
문이 있어요. 자폐증의 예측 부호화 이론에 관한 종합적인
논문이지만요.[45]

고쿠분   "세상이 '너무 현실적'이 될 때"라니, 실로 걸맞은 표
현이네요. 지젝이 좋아할 것 같아요.(웃음)

예측, 도식, 상상력

고쿠분   그럼, 여기서 잠깐 이야기를 되돌려서 예측과 패턴
혹은 도식화와의 관계에 관해 좀 더 구마가야 선생님과 생
각을 이어가고 싶습니다.

방금 이야기에 나온 몰(mole)화는 바꿔 말하면 도식화입
니다. 그러면 이 도식을 우리는 어떻게 만들어내고 있는 걸
까요? 타자의 현상학이라면 어쨌든 도식화 작용을 이미 획
득한 주체가 상정되어버립니다. 그렇지 않다면, 도식화는
어떻게 가능할지를 생각해야 하지 않을까요?

이 '도식'이라는 말은, 아까 이름을 언급했던 철학자 칸
트의 용어입니다. 칸트는 감성, 상상력, 오성, 이 세 가지를

45   Elizabeth Pellicano, David Burr, When the world becomes 'too real':
a Bayesian explanation of autistic perception, *Trend in Cognitive
Sciences*, Vol. 16, Issue 10, Oct. 2012, pp. 504~510.

인간의 중요한 능력으로 나누어 생각했습니다. '감성'은 받아들이는 능력, 수용성이지요. '오성'은 개념을 사용하여 능동적으로 이해하는 능력입니다. 칸트는 여러 가지를 받아들이는 것과 개념으로 이해하는 것 사이에 무엇인가가 있을 것으로 생각했습니다. 단순히 다양한 것을 받아들인다고 해서 그것을 개념에 적용시킬 수는 없다, 그러니 어떤 매개가 필요할 것이라고 말이죠. 그리고 그 매개야말로 상상력이 행하는 도식이라고 생각했습니다.

덧붙여, 지금 제가 상상력이라고 이르는 것은 칸트의 텍스트에서는 독일어 'Einbildungskraft'로, 영어나 프랑스어로는 'imagination'이라고 쓰는 것인데, 일본어에서는 흔히 '구상력'이라고 번역됩니다. 칸트 저작의 번역본을 읽다가 '구상력'이 나오면 '상상력'이라고 여겨주세요.

칸트는 도식화를 상상력의 작용이라고 생각했습니다. 필시 이게 옳다고 생각합니다. '상상력'이라는 말은 일상적으로 너무 자주 사용되어 그 의미가 두루뭉술해졌지만, 이미 인용한 바와 같이 칸트 자신의 상상력에 대한 정의는 극히 간단합니다. '존재하지 않는 것을 존재하게 하는 능력'이지요.

듣고 보면 맞는 말이지요. 가령 상대방의 마음을 상상한다고 할 때 상대의 마음이란 건 당연히 보이지 않습니다. 그러니 내 마음속에 상대의 마음을 만들어내는 거지요. 상상력이라는 건 엄청난 능력입니다. 없는 것을 존재하게 해버리니까요. 예를 들면, 조금 전에 이야기한, 세계에 발견되는 패턴도 현실에는 존재하지 않습니다. 실제로는 매번 미묘하게 다르니까요. 그렇지만 우리는 무심코 '뭐 대체로 이런 것이겠지'라고, 세계에서 패턴을 찾아내게 되지요. 애초부터 '예측'이라고 간단히 말하지만, 미래란 아직 존재하지 않으며 여기에 없는 것이죠. 그런데 그런 것들을 상상력이 만들어냅니다. 그러한 능력이 사물을 대략 분류하는 도식화 작용을 행하고 있습니다.

도식화란 다양한 것을 대략적인 이미지에 적용하는 것입니다. 이 이미지는 현실에 존재하지 않으며 마음속에서 만들어야 합니다. 그래서 상상력이 도식화를 행한다고 말하는 거지요. 바꿔 말하면, 다양한 현실을 '몰적'으로 파악하기 위해 '몰적'인 이미지를 상상력이 만들어내고 현실을 적용해 가는 것이 도식화라고 할 수 있겠지요. 그리고 받아들이는 현실이 너무 고해상도라고 하면, 이미지와의 괴리가 심해져서 잘 적용할 수 없고 너무 많은 이미지를 준비해야만 하기 때문에 도식화가 잘되지 않는다고도 할 수 있습니다.

'타자'가 그렇게 대단한가

구마가야 고쿠분 선생님, 감사합니다. '도식화'와 '상상력'의 관계, 이것은 저도 관심 있는 부분이고 '예측 부호화 이론'과도 잘 들어맞습니다. 계속 논의를 이어가고자 합니다. 어쩌면 종종 이야기되는 '타자'와도 관련이 있을 것 같습니다.

앞서 타자의 현상학에서의 자폐증론과 우리의 당사자 연구를 비교해서 이 두 개의 자폐증론에서는 타자의 시선촉발과 도식화의 순서가 반대라고 이야기했습니다. 타자의 현상학에서 자폐증론을 전개할 때 근거로 삼는 건 라캉이나 레비나스의 철학적 이론인 것 같네요. 그것은 이론적인 근거로 인용되는 부분이나 또 참고 문헌에서도 분명하게 드러납니다.

이른바 타자론입니다. 아주 간단하게 말하자면, 인간의 도식화에 있어서는 타자의 존재가 중요하다는 겁니다. 물론 우리도 '타자가 중요하다'는 점에는 찬성합니다. 하지만 가령 거울 단계(Mirror Stage)처럼 '타자'가 등장할 때까지는 아무 도식도 없는 세계가 있고 거기서는 세계도 신체도 모두 뿔뿔이 흩어져 있다는 이야기가 나오면, '잠깐만요' 하는 생각이 듭니다. 설령 그렇다고 해도 어떤 것을 증명하면 그렇게 말할 수 있는 건가, 멈춰 서서 생각하게 되는 거죠.

우선 아무런 통일성도 없는 분자의 바다 같은 상태가 있는 거라고. 그리고 태어난 지 얼마 되지 않아 다른 사람에게 만져지고 다른 사람의 시선을 받음으로써 도식화가 시작된다는 이론의 출처가 과거의 철학이나 정신분석 안에 있고, 그러한 철학적인 논의에서 영향을 받은 자폐증론이 나오고 있는 건 아닌가 생각합니다.

그러나 우리는 그게 정말 맞는가, 타자가 그렇게 대단한가, 하는 소박한 의문을 품고 있습니다.

고쿠분 "타자가 그렇게 대단한가"라는 게 좋네요. 사실 그렇게까지 대단하지는 않잖아요.(웃음)

구마가야 솔직히 말하면, 실은 '대단치 않은 것 같다'는 것이 제 느낌입니다. 나타나는 순간에 그런 혁명적인 일이 일어나는 타자란 도대체 무엇인가 하는 그런 걸 저로서는 좀처럼 믿을 수가 없네요.

고쿠분　확실히 그렇죠.

태아의 신체 도식

구마가야　조금 전에 고쿠분 선생님이 아기의 '손가락 빨기' 이야기를 하신 것이 떠올랐습니다. 사실 태아도 손가락 빨기를 하는 걸로 알고 있습니다.

고쿠분　네? 태아가요? 몰랐습니다.

구마가야　네, 그렇습니다. 여기서 소개하고 싶은 것은 '태아 연구', 즉 태어나기 전의 아기에 관한 연구입니다. 참고로 라캉이든 다른 정신분석가든 당시 참조했던 발달과학은 지금 보면 좀 오래되었습니다. 즉 오래된 관찰 사실에 근거해 논의를 구성하고 있지요. 하지만 최근에는 배 속에 있는 아기의 영상을 입체적으로 볼 수 있게 되었습니다. 그러한 태아 관찰 기술이 진보해 태아 단계에서 이미 신체 도식이 어느 정도 존재하는 것 같다는 것이 알려졌습니다.

초기 태아는 랜덤하게 몸을 움직여서 규칙성이 그다지 없습니다. 몸 전체가 아무 생각 없이 양수에 둥둥 떠 있을 뿐 확실한 패턴은 보이지 않습니다. 하지만 머지않아 통합성을 지닌 행동 패턴이 관찰됩니다. 그중 하나가 손가락 빨기입니다.

고쿠분 선생님이 아이에 관한 이야기에서 말씀하셨던 것처럼 태아도 처음에는 엉뚱한 곳에 손가락을 가져가거나 신체의 여러 곳에 손가락을 대보는 것 등을 반복합니다. 그리고 점점 입가로 손가락이 향하게 됩니다. 마지막에는 손가락이 입에 닿기 전에 입이 조금 열리기까지 합니다. 즉 '예측'하는 거지요. 이제 곧 손가락이 입에 닿을 것을 예측하고 입을 열기 시작합니다. 이는 매우 원초적이긴 해도 신체 도식이라 할 수 있습니다. 정의상으로도 그렇지만, '이렇게 하면 이렇게 된다'는 것이 바로 신체 도식의 기본 형식입니다. 물론 태아가 그렇게 의식하고 있는지 여부는 알 수 없습니다. 그러나 태아 안에 어떠한 예측 프로세스가 작동하기 시작했다는 점은 말할 수 있을 것 같습니다.

즉 태어난 후 어느 단계에서 타자와 만나서 돌연 신체 도식이 정리되는 게 아니라 그 전부터 신체의 도식화는 이미 시작되고 있습니다. 발달과학 분야에서 그러한 공감대가 형성되고 있습니다. 하나의 방증입니다만 방금 이야기한 도식화가 먼저인가, 타자에게 촉발되는 것이 먼저인가, 하는 논의에 관해서 말해보면 어떠한 의미에서의 도식화가 선행하고 있다고 말할 수 있지 않을까요? 물론 우리도 본격적으로 타자와 만나고 나서 도식화가 한층 정밀해지는 것은 부정하지 않습니다. 하지만 다른 사람과 만나기 전부터 이미 도식화의 다양성이 존재한다고 저는 생각합니다. 즉 소수자는 소수자 나름의 세세한 도식화가 있고, 다수자는 다수자 나름의 거친 도식화가 있습니다. 이러한 다양성은 이미 존재하고 있고, 태어난 시점에서 소수자도 다수자도 모두 도식이 전무한 건 아니라고 생각합니다.

고쿠분 '타자'라는 말을 좀 더 정밀하게 정의할 필요가 있을지도 모릅니다. 지금 구마가야 선생님이 말씀하신 '타자'라는 것은 시선을 지닌 '다른 사람'이라는 의미군요.

구마가야 그렇네요, 의지를 가지고 있는 타자네요.

고쿠분 다만 원래 '타자'라는 것은 자신 외의 무언가라는 의미지요. '타자'라는 번역이라면 의지를 지닌 인간으로 추정됩니다만, 'other'는 단지 내가 아닌 것, 다른 것을 가리킬 뿐입니다.

그러면 태아의 손가락 빨기를 발생시키는 다른 것과의 접촉을 생각할 수 있지 않을까요. 시선을 던지는 '타자'는 없지만, 사실 태아는 여러 다른 것들로부터 자극을 받아들이고 있습니다. 그렇지 않으면 손가락을 빨고 싶다는 '손가락 빨기 충동'은 나오지 않겠지요. 충동이 있다는 건 어떤 자극이 있어서 그것에 반응하고 있다고 생각할 수 있지요.

구마가야 고쿠분 선생님이 지금 말씀하신 것처럼 '타자'와 '다른 것'의 차이에 대해서는 신중하지 않으면 안 되겠네요. 현상학에서 말하는 시선촉발을 해 오는 '타자'란 주체화가 끝난 타자, 시선을 가지고 있고 의지를 가진 존재로서 상정되는 타자입니다. 그에 반해 태아가 만나는 '다른 것'은 어쩌면 태아를 깜짝 놀라게 할 만한 무언가이지요. 그것은 어떤 의미에서 매우 원시적인 예측 오차가 아닐까요. 그리고 동시에 자기 나름의 도식을 가지고 있기 때문에, 바로 그 때문에 다른 것을 상정할 수 있겠지요. 애당초 도식이나 패턴이 없으면 다른 것조차 알기 어렵습니다. 바꾸어 말하면, 무언가 예측하는 범위가 있기 때문에 그것과 어긋나는 사태를 접할 수 있습니다. 그것을 '예측 오차'라고 표현한 것입니다.

'예측 오차'는 예측이 있을 때 비로소 성립됩니다. 만일 도식의 바깥쪽에 있는 것을 '다른 것'이라고 한다면, 주체라고까지는 말할 수 없어도 어떤 패턴이나 도식이 있고 그 후에 '다른 것'을 만나는 것입니다.

코나투스와 상상력

고쿠분 지금 우리는 도식화의 기원을 더듬으면서 이런 이야기를 나누고 있습니다. 거기에서 태아에게 있어서의 도식화라는 데까지 이야기가 이어졌습니다. 구마가야 선생님이 이야기해주신 손가락 빨기의 예 또한 다양한 외적 자극에 의해 생기는 것으로 생각할 수 있습니다. 전혀 자극이 없는 상태에서는 충동이 발생하지 않으며 도식화할 필요도 없기 때문입니다. 구마가야 선생님은 조금 전에 '다른 것'에 대해서, 그것은 어떤 의미에서 매우 원시적인 예측 오차가 아닌가 하고 말씀하셨지요. 하지만 예측 오차 이외의 단순한 것도 있지 않을까 생각합니다만, 그런 것에 관해서는 어떨까요. 예를 들어 흔히 갑자기 아주 조금 '따끔' 하는 자극을 느낄 때 같은 경우 말이죠.

구마가야 그 따끔함을 예측하고 있는지 아닌지 말이죠?

고쿠분 따끔함도 예측 오차인 거군요.

구마가야 네, 역시나, 어째서 이 미세한 따끔함이 생겼지? 같은 생각이 드는 겁니다.

고쿠분 따끔함이 생길 리 없다고 예측하고 있는 데 따끔함이 생기니까 따끔함을 느낀다는 거군요. 항상성이 흐트러지는 거네요.

구마가야 네, 그리고 예측과는 별개로 '기대'라는 말도 있지만요.

고쿠분 어렵네요.

구마가야 어쨌든 사람은 항상성을 유지하길 원합니다.

고쿠분 항상성 논의는 코나투스(conatus)와 관련됩니다.

구마가야 그렇습니다. 『중동태의 세계』에서 코나투스라는 표현이 있었습니다만, 항상성을 유지하고 싶다는 건 생물에게는 당연한 거지요. 또한 전에도 지적했지만, 예측과 기대가 다르다는 점도 예측 오차가 아닌 따끔함을 생각하는 데 중요합니다. 이렇게 될 거라는 게 예측인 데 반해, 이렇게 됐으면 하는 바람이 포함되는 게 기대입니다. 그러한 의미에서 조금 다르지만, 미세한 따끔함의 예와 같이 무언가 훼손된 것은 예측이라기보다는 항상성 유지에 대한 기대라고 할 수 있을지도 모릅니다. 이러한 기대도, 어떤 의미에서는 도식이라 생각됩니다.

고쿠분 코나투스, 즉 생물이 스스로를 유지하려고 하는 힘이 있다, 그것은 기대나 예측을 포함하고 있고 그런 기대나 예측과의 어긋남이 이른바 자극이자 '나와 다른 것'이라고 여겨진다는 것. 스피노자는 퍽 정확한 이야기를 하고 있었다는 말이네요.

구마가야 그렇게 되지요.

고쿠분 스피노자는 모든 개체에는 코나투스가 있으며 개체의 본질은 코나투스라고 합니다. 그렇다면 코나투스라는 말의 의미를 좀 더 엄밀하게 할 필요가 생깁니다. 기대와 예측이 코나투스에 포함된다는 건 확실히 구마가야 선생님의 말씀대로군요.

구마가야 갓난아이는 아마 무엇인가 기대를 가지고 있지 않을까요? 그리고 경험을 쌓으면서 예측이 늘어나고 패턴을 학습해 나갑니다. 그렇게 되면 코나투스, 곧 기대도 확장되어 갑니다. 처음에는 조금 기대했을 뿐인데, 인과관계를 학습하고 세상이나 세계의 구조를 알게 되면서 이것저것 더 기대하기 시작합니다.

고쿠분 지금의 이야기를 듣고 있으니 코나투스가 도식화 그 자체로도 느껴지네요.

구마가야 네, 그런 느낌이 드네요. 적어도 최초의 도식, 다른 것이 등장하기 이전의 도식 중 가장 첫 부분은 코나투스라고 불러도 좋을 것 같습니다.

고쿠분 도식화의 원초적 힘으로서의 코나투스는 상상력의 싹을 품고 있다는 말이 될지도 모르겠네요.

구마가야 저도 상상력이라는 개념이 매우 궁금합니다. 고쿠분 선생님이 말씀하신 정의, 즉 "없는 것을 만들어내는 힘" 말입니다. 코나투스는 '기대'이기에 분명 현실과는 다른 것을 가리키고 있지요.

고쿠분 그렇게 되겠네요.

구마가야 기대를 하기 위해서는 현실과 기대가 어긋나야만 하는 거잖아요.

고쿠분 코나투스와 상상력 사이에 어떤 관계가 있다는 게 보이기 시작했다, 코나투스라는 개체의 본질로서의 힘이 있고 그것은 어떤 기대를 포함하고 있다, 기대를 포함하는 코나투스라고 하는 힘이 어떤 한계치를 넘으면 상상력이라고도 부를 만한 능력을 발생시킨다, 이런 식으로 정리할 수 있을까요?

하이데거는 감성(수동성)과 오성(능동성)이라는 두 줄기의 공통 뿌리로서 상상력을 파악했습니다. 칸트 안에는 그러한 사고방식이 있다면서요. 상상력은 최종적으로 도식화를 맡게 되는데 그 상상력 또한 발생된 것이며 그 기원에는 코나투스라는, 개체의 본질로서의 힘이 있다는 것이네요.

코나투스란 스피노자의 용어로는 개체가 스스로를 유지하려는 힘 또는 경향을 말하는데, 일본어로 직역하면 '노력'이 됩니다.

구마가야 노력.(웃음) 전혀 뉘앙스가 다르네요. 뭔가 돌연 의지에 가까워진 느낌이 되어버렸어요.

고쿠분 그렇답니다. 그러니 '노력'이라 하지 않고 '코나투스'라고 부르는 방식이 더 좋지요. 생명이 가지는 경향성 같은 것이기 때문에 '노력'이라고 번역하면 알 수 없게 되어버립니다.

구마가야 태아도 가지고 있는 것이니까요. 확실히 태아에겐 노력이라는 느낌이 아니지요.(웃음)

고쿠분　아무렴요. 그러니까 코나투스라는 말을 우리가 지금 쓰고 있는 말로 번역하는 일이 얼마나 어려운가 하는 문제지요.

구마가야　이야, 재밌습니다. 오늘은 얘기가 꽤 나아간 느낌입니다.

고쿠분　상당히 진전된 느낌이 있었지요. 여러분, 저희는 평소에도 이런 식으로 주고받고 있습니다. 하지만 이렇게 여러분 앞에서 둘이 수업 같은 걸 하니 매우 좋네요.

구마가야　네. 이미 알고 있는 것을 혼자 발표하고 있을 때와 비교하면 깨닫는 것이 월등히 다르니까요. 그렇다고 해도 코나투스가 여기서 나올 줄이야.

고쿠분　좀 놀랐어요. 인간 능력의 근간은 무엇인가, 이런저런 이미지가 있다고 생각합니다만 저는 어느 쪽인가 하면 '받아들인다'와 같은 이미지로 생각했던 것 같습니다. 하지만 오늘 이야기로 말하자면 '개체가 자신의 통합을 유지하려고 하는 힘이 원래부터 있다. 그리고 그에 대해서 외적인 자극이 일어난다. 그러자면―『중동태의 세계』에서 소개한 스피노자 철학의 용어를 사용하면―변용(affectio)된다. 그 변용 중에 손가락 빨기도 포함되고, 충동도 거기서 나온다' 이런 거지요. 이건 꽤 흥분되는 결론에 이른 것 같습니다.

구마가야　정말이네요. 그러면 여기서 당사자 연구로 다시 이야기를 돌려서 오늘 이야기를 마무리하고 싶은데… 고쿠분 선생님, 괜찮을까요?

고쿠분　모쪼록 부탁드립니다.

내장에의 주목

구마가야 코나투스에 매우 가까운 게, 아야야 씨가 내장에 주목한 것이라고 저는 생각합니다. 신체에는 여러 기관이 있지만, 코나투스를 맡아 유지하려는 기관은 어느 정도 한정돼 있습니다. 그것을 지금 여기서는 얼추 내장이라고 부르기로 했는데, 아야야 씨는 『발달장애 당사자 연구』를 썼을 때부터 자폐증을 해명하는 데 있어 내장이 어떻게 다양한 것을 감지하는지가 매우 중요하다고 했던 것 같습니다. 최근 들어 점차 전 세계의 자폐증 연구자들 중 많은 수가 내장에 주목하기 시작했습니다.

고쿠분 내장에요.

구마가야 네. 다만 내장은 접근하기 어려워서 연구가 까다롭습니다.

고쿠분 그렇겠지요. 게다가 자기 감각에 관한 것이니까요.

구마가야 맞아요. 그렇다고 해도 마지막이 코나투스로 귀결된 것은 재미있습니다.

고쿠분 좀 흥분했었어요. 코나투스와 아야야 씨의 내장에 관한 주목이 결합이 된 것은 처음입니다. 오늘도 매우 중요한 대화를 나누었습니다. 감사합니다.

구마가야 저야말로 대단히 감사했습니다.

고쿠분 그럼 뭔가 질문이나 의견이 있으면, 누구든 말씀해주세요.

질의응답

질문1.
'나'는 어디서 나오는 건가요?

—— 어포던스의 바다로서 피부 안에서도 바깥에서도 온갖 정보가 몰려오지만 그것을 묶어낼 수 없다는 말씀, 아주 신선했습니다.

다만 어포던스의 바다를 완전히 정리해낼 수는 없다고 해도, 그것을 괴롭다거나 힘들다고 생각하는 '나'라는 개념 자체는 벌써 묶어내기가 되어 있는 게 아닐까요? '나'라는 개념이 뭔가 밀수입된 듯한 인상을 받았습니다. 모든 정보를 정리할 수 없는데도 불구하고 '나'는 전제되어 있습니다. 그러니 안이라든가 바깥이라든가 하는 것도 말할 수 있는 게 아닐까요? 온갖 정보들을 묶어낼 수 없다면 안이나 바깥이나, 괴롭다거나 괴롭지 않다는 말조차 할 수 없는 게 아닌지요? '나'는 도대체 어디에서 나오는 걸까요?

구마가야 먼저, 안쪽과 바깥쪽이라는 구별에 대해서는 말씀하신 대로입니다. '나'라는 윤곽이 꽤 명확하지 않으면 안쪽도 바깥쪽도 없겠지요. 안과 밖이라는 표현은 아야야 씨가 독자를 위해 편의상 보조선을 넣어서 나눈 분류입니다.

아야야 씨의 주관적인 감각에서는 어느 쪽이든 '나'의 바깥쪽으로 느끼고 있는 겁니다. 아까도 소개한 아야야 씨의 논문 「어포던스 배치로 지탱되는 자기」에서, 아야야 씨는 자신의 신체도 다른 사람처럼 느낀다고 표현하고 있습니다. 그런 의미에서는 피부의 안쪽과 바깥쪽이라고 나누는 방식이 정확하며, 어느 쪽이든 모두 '나'의 바깥으로 느끼고 있다는, 그런 표현이 될 것 같습니다.

또 앞의 질문에서 '나의 밀수입'으로 느껴진다고 하셨는데, 괴롭거나 힘들다고 느끼는 '나'라는 말은 '나'가 이미 묶어내기가 되어 있는 게 아닌가 하는 질문인 것 같습니다. 고쿠분 선생님과의 토의에서 마지막 몇 분 사이에 도달한 것은, 그것이야말로 코나투스 아닌가 하는 거지요.

머지않아 이야기할 기회가 있을 거로 생각합니다만, 안토니오 다마지오(Antonio Damasio)라는 신경학자는 자기를 세 단계로 나누고 있습니다. '원-자기' '핵심 자기' 그리고 '자서전적 자기'입니다. 한마디로 '자기'라고 해도 어느 순간에 자기가 정리되고, 그 이후는 평생 그대로의 자기라는 게 아니며 아무래도 계층성이나 레벨이 있을 것이라고 그는 생각합니다. 그리고 '원-자기'라는 말로, 오늘 맥락에서 말하면 코나투스적인 것을 표현하려고 합니다. 그런 의미에서 아야 씨의 경우에도 '원-자기'는 묶어내기가 잘되어 있다고 말할 수 있을 것 같습니다.

그리고 코나투스에는 당연히 쾌(快)와 불쾌(不快)가 수반됩니다. 항상성을 유지한 상태가 쾌감에 가깝고, 거기서 벗어난 상태가 불쾌입니다. 바로 그 때문에 항상성 유지에 가치가 있습니다. '원-자기'나 코나투스는 우리가 상상하는 자기와는 물론 전혀 다릅니다. 그렇지만 쾌/불쾌를 발생시키는 근원은 아마 코나투스에 포함되어 있을 거라고 저는 생각합니다.

—— 행위라는 것을 생각할 때 '나'라는 개념을 어떻게 생각하면 좋을까요? 방금 말씀하신 것처럼 무언가 어중간한 '나'는 있습니다. 하지만 그때의 행위라는 것을 어떻게 생각하면 좋을지, 그 점을 잘 모르겠습니다.

고쿠분 예를 들면 지금 숨을 쉬고 있잖아요. 숨을 쉬는 것도 행위입니다. 그러나 그것은 반드시 '나'로서 하고 있는 건 아니지요.

—— 어떻게 구별하면 좋을지… 숨을 쉰다든가 배가 고프다든가 하는 건 행위인가요?

고쿠분 숨을 쉬는 것은 행위라는 느낌이 들지만, 배가 고프다는 건 행위라고 말할 수 있을까요? 배가 고프다는 건 신체 또는 내장으로부터 오는 자극을 '몰적'으로 정리해서 얻은 의식적인 표상이지요. 그런 의미에서 숨 쉬는 것과 배고픈 것에서는 현상이 위치하는 지위가 다른 것 같다는 생각이 듭니다.

말씀하신 대로, 어디서부터 '나'가 있다고 말할 수 있는지 굉장히 어렵습니다. 도식화를 통해서 '나'가 생성되기 직전에도 '나'에 상당하는 무언가가 바탕으로서 존재하고 있지 않을까 하는 거죠. 오늘의 잠정적인 결론은, 그 바탕이란 단지 코나투스라는 힘인 것 같다는 겁니다. 다만 이 점은 향후의 과제로 여겨주십시오.

구마가야 손가락 빨기를 예측할 수 있게 된 태아에겐 '나'라고 부를 수 있는 것이 있느냐는 질문이 제기될 수도 있겠네요. 그때 태아의 운동은 '행위'인가, 아닌가 하는 질문. 행위의 가장 협소한 정의가 '목표를 설정한 운동'이라고 한다면, 목표 즉 골(goal)이 있고 그것을 향해 어느 정도 예측을 하거나 기대하면서 운동하고 있을 때 운동은 행위라고 부를 수 있습니다. 심리학적으로는 운동과 행위의 차이는 목표지향적(goal-directed)인지의 여부로 판단할 수 있습니다. 그렇다면, 오늘 논의에서는 '손가락 빨기가 가능하게 된 태아'는 '행위'를 하고 있다고 말할 수 있을지도 모릅니다. 그리고 그것이 '행위'라면 손가락 빨기가 가능한 태아는 '나'라고 부를 수 있는 어떤 최소한의 것을 가지고 있겠지요. 오늘은 그것이 코나투스일지도 모른다는 데까지 온 겁니다.

고쿠분 그렇군요.

구마가야 '나'에게는 역시 계층성이 있지요. 지금 말씀드린 의미에서의 '나'와 조금 더 성장·발달하고 난 후 거듭해서 '나+1', '(나+1)+1'이 된다는 말입니다. 그러한 몇 가지 단계적인 '나'가 있지 않을까 싶습니다. 다양한 개념이기 때문에 다양한 정리법이 있을 수 있다고 생각합니다.

—— 알 것 같습니다. 감사합니다.

질문2
코나투스는 해체되어야 하지 않을까?

── 저는 내과 의사로 주로 생활습관병[46]과 당뇨병을 진찰하고 있습니다. 그런 직업에 비추어 앞서 '하고싶음'과 '일단하기'의 이야기를 들었을 때, 예를 들어 정형발달의 정상인이 무심코 심야에 라면을 먹어버리는 경우, 생활습관병 치료라는 관점에서 깨달은 게 있었습니다. 이 경우, 우리 대부분이 치료로서 행하는 것은 '일단하기'로 이행하는 일이라고 생각합니다. 즉 심야에 라면을 먹으면 안 된다는 규칙을 의료진이 부여하거나 또는 환자 스스로 규칙을 만들도록 하는 게 치료의 핵심입니다. 그러나 그것은 좀처럼 잘되지 않습니다. 그렇다면 우리가 '하고싶음'으로 이행한다는 것, 즉 무심코 중동태의 세계로 발을 들여놓는다는 것이 실제로 치료의 관건이 되지 않을까 싶습니다.

여기서 먼저 여쭙고 싶은 것은 무심코 행위를 해버리는 사람이 중동태의 세계로 발을 들여놓는다는 건 구체적으로 어떤 것인가 하는 겁니다. 또 하나는 마지막에 나온 코나투스가 항상성의 유지라는 이야기라면, 확실히 심야에 무심코 라면을 먹어버리는 이야기는 인간 생물로서의 기원을 따진다면 코나투스적인 것이 되지 않을까요?

---

46 〔옮긴이주〕이전 명칭 '성인병'. 일본에서도 예전에는 성인병이라 불렀으나 식생활이나 습관 등을 개선함으로써 예방할 수 있다는 인식에 따라 1996년 개칭되었다. 병명뿐만 아니라 병을 보는 관점 자체가 바뀌었음을 보여준다. 한국에서도 2003년 이후 '성인병'을 '생활습관병'으로 이른다.

고쿠분·구마가야 그렇지요.

—— 그런데 이 라면을 먹는다는 행위 말인데요, 여기에선 영양을 섭취한다는 목적이 생존과 직결되지는 않습니다. 옛날에는 영양 섭취와 생존이 어긋나지 않았지만, 지금은 라면을 먹으면 당뇨병에 걸리는 겁니다. 그럼에도 불구하고 어긋나는 그 지점을 주체가 지각하지 못한다는 문제가 있습니다. 그렇다면 치료 행위 과정에서 우리는 외적으로 혹은 내적으로 코나투스를 해체하지 않으면 안 되는 게 아닐까요? 즉 스피노자가 살아가는 힘이라고 말한 코나투스를 해체해 나간다는, 일견 비인도적으로도 보이는 일을 우리는 지금부터 해야만 하는 게 아닌가 하는 느낌이 들었습니다만, 어떻습니까?

고쿠분 이야, 재미있네요.

구마가야 정말이네요. 여기에 가미오카 하루에 씨가 계신다면, 지금 이 이야기를 듣고 매우 감격하시지 않을까 생각합니다. 지난번에 못 오신 분도 계실 텐데, 지난번에는 의존증을 하나의 주제로 삼았는데 요즘 확실히 의존증 치료 모델과 생활습관병 치료 모델의 근접성이 많이 논의되고 있습니다.

고쿠분 '해로움 줄이기(Harm Reduction)'[47] 같은 것이지요.

---

47 마쓰모토 토시히코, 후루토 고로, 가미오카 요에 편저, 『함리덕션이란 무엇인가: 약물문제에 관한 하나의 사회적 선택(ハームリダクションとは何か: 薬物問題に対する、あるひとつの社会的選択)』, 중외의학사, 2017. 〔옮긴이주〕함리덕션(harm reduction)은 개인이 건강 피해나 위험을 초래하는 행동 습관을 즉시 그만둘 수 없을 때, 그 행동에 수반되는 해악이나 위험을 가능한 한 줄이는 걸 목표로 삼는 실천, 지침, 정책 등을 가리킨다. 한국어로는 '위해 감소', '해로움 줄이기' 등으로 부른다.

구마가야 네, 그러니까 지금 이야기는 지난번 이야기와 직결됩니다.

고쿠분 옛날에는 "자, 자기 의지의 힘으로 절대 심야에 라면 같은 걸 먹지 않겠다고 맹세해"라고 했던 셈이죠. 그게 얼마나 몸에 나쁜지 스스로 느끼라고요. 하지만 그런 건 전혀 효과가 없겠지요. 그러면 그 경우 어떻게 하나요? 해로움을 줄이는 방법이라는 건 어떤 식으로 되는 겁니까?

—— 치료의 전환점으로서는 당뇨병 환자가 예를 들어 심근경색에 걸린다든가 하는 신호가 있을 때겠지요. 그게 하나의 계기가 되겠네요.

고쿠분 목숨이 걸려 있는 경우네요.

구마가야 의존증으로 말하자면, 바로 '바닥 체험'인 것이죠.

—— 말씀하신 대로입니다. 하지만 그렇게까지 기다릴 수는 없으니 경고 신호가 일어나기 전에 무언가가 필요합니다.

구마가야 잘 이해했습니다. 최근 '해로움 줄이기'가 주목받는 배경에는 기존의 '바닥' 모델로는 많은 사람이 죽어버리거나, 혹은 아무도 구할 수 없다는 의견이 있기 때문입니다. 그래서 바닥이 아닌 접근법이 필요하게 되었다는 거지요.

고쿠분 그리고 영양 섭취와 생존의 어긋남이라는 문제는 매우 흥미롭습니다. 즉 당뇨병 환자의 경우 코나투스를 쫓아 마음대로 라면을 먹는다면 죽음에 이르게 됩니다. 그런 경우 코나투스를 해체하지 않으면 생존할 수 없다, 이런 말이군요.

이 문제를 생각하기 위해서는 어쩌면 고도로 사변적일 필요가 있을지도 모릅니다. 프로이트가 "이건 사변적이다"라고 단서를 달아 제시한 개념이 '죽음 충동'입니다. "어떤 생물이든 자신의 죽음을 완수하고자 하며 죽음을 향해 살아가고 있다." 프로이트가 언젠가부터 하기 시작한 생각입니다. 어떤 생물이라도 자기 생명을 지키고자 하는 게 아닌가 하는 반론이 당연히 있을 수 있지만, 프로이트에 의하면 "생물이 목표로 삼는 건 자기 손으로 자신의 죽음을 완수하는 것이며, 이를 방해하는 것은 제거한다"는 의미입니다. 즉 "방해하는 것은 제거한다"는 부분만을 떼어내서 보면 생을 향한 충동이 생물을 지배하고 있는 듯 보이지만, 이는 부분만 보는 것에 불과하다고 말하지요.

그러면 이렇게 생각되지 않습니까? 이것은 위험한 사고방식일지도 모르니 어디까지나 가설이라 생각하고 들어주시기 바랍니다. 당뇨병을 포함해 여러 질환을 통해 죽으려고 하는 생물이 있을 때, 코나투스 또한 그 죽음으로 향하는 과정에 붙어 있는 것이며 그 코나투스를 해체하려는 건 그 생물의 충동을 방해하고 있다는 건 아닐까요. 코나투스를 삶을 향한 고집이라고 꼭 생각할 필요는 없을지 모릅니다. 물론 이렇게 생각하면 뭐든지 코나투스로 설명할 수 있으니 문제일지도 모르겠네요. 다만, 매우 사변적인 가설로서 우선 여기서 제시해봤습니다.

구마가야　한편으로 지난번 고쿠분 선생님과의 논의에서 나온 것은 과거를 끊어내기 위한 수단이나 몸짓에 대해서였습니다. 저도 자주 하거든요.(웃음) 과거를 절단하기 위해 라면이나 햄버거를 먹거나 합니다.

고쿠분　햄버거를 먹고 절단되는 과거는 좀 재미있네요.(웃음)

구마가야　그것은…(웃음), 뭐라고 할까요…, 자조(自助)의 방편으로 햄버거를 먹거나 라면을 먹는다고 할까요? 그건 본인도 알고 있어요. 아니, 스스로는 눈치채지 못하더라도 뭔가 먹지 않으면 안 되는, 어쩔 수 없는 사정이 있을지도 모르는 겁니다. 지난번에 논의한 것처럼 살기 위해 능동태적으로 라면을 먹고 있을지도요. 라면이나 햄버거를 먹는 것은 단절의 몸짓일 수도 있는 겁니다. 의존 행동(중독적 행동)으로서 이를 파악한다는 그러한 접근법은 진료에 있어서 결과적으로는 의미가 있을지도 모릅니다.

고쿠분　질문에서 출발하여 매우 중요한 논점이 나온 것 같습니다. 죽음 충동에까지 생각하게 될 줄은 몰랐습니다. 다만 생존에 정면으로 반대되는 행위를 죽음 충동으로 해석하기보다는 어떤 절단의 몸짓으로 생각하는 것이 좋을지도 모르겠네요.

　그럼, 오늘은 여기까지 할까요. 구마가야 선생님 그리고 여러분, 계속해서 다음에도 아무쪼록 잘 부탁드립니다.

3장

자기감 · 타자 · 사회

アントニオ・ダ
"Looking
Spinoz

こと
:する
によって
思象/行動

予測誤差
トラウマ
しか意識
できない

ドゥルーズ
無人島

原自己

中核自

自伝的自

他者

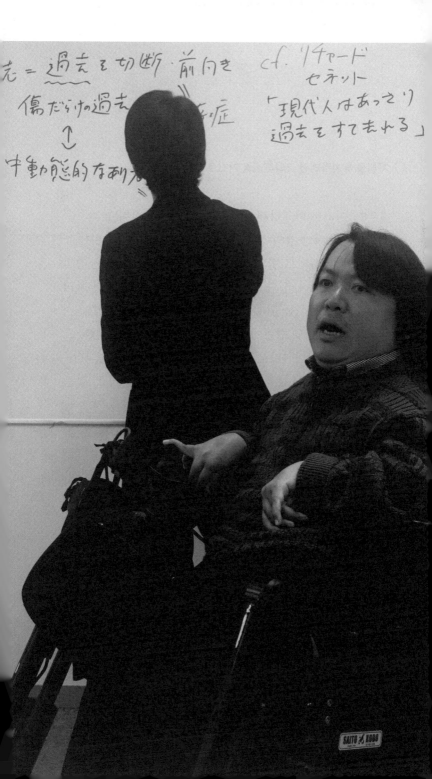

자신을 유지하려면 코나투스를 거스르지 않으면 안된다

고쿠분 여러분 안녕하세요. 오늘도 잘 부탁드립니다.

오늘은 지난 강의에서 마지막 화제로 나왔던 '코나투스'부터 이야기하려고 합니다. 코나투스는 스피노자라는 철학자의 개념입니다. 일단, 현대 의학에서 '항상성 원리'라 불리는, 자신을 일정한 상태로 유지하려는 생물학적인 힘과 매우 흡사한 것으로 그렇게 생각해주시면 될 것 같습니다. 스피노자는 이 힘이야말로 인간의 본질이라고 생각했습니다.

질의응답에서 매우 흥미로운 질문을 받았는데요, 질문하신 내용은 이렇습니다. 예를 들어 심야에 라면을 먹고 싶은 생각이 들어도 먹지 말아야 하는 경우가 있다고요. 질문하신 분은 생활습관병을 언급하셨지만, 라면을 먹고 싶다는 건 어떤 신체적인 필요성에 기반해서 나온 욕망이며 코나투스의 발현입니다. 그렇다면 어떤 의미에서는 자기를 유지한다, 자신을 건강하게 지킨다, 또는 살아남기 위해 코나투스를 거스르지 않으면 안 되는 경우도 있지 않을까, 하는 그런 질문이었습니다.

확실히 그런 것 같습니다. 코나투스를 따르면 좋은 것이냐고 하면, 그게 아닐지도 모르겠습니다. 생활습관병은 자각 증상이 거의 없는 것으로 알려져 있습니다. 먹으면 금방 고통스러워지는가 하면 그런 것도 아닙니다. 아직 가설일 뿐이지만, 이 문제를 저희 나름대로 이야기해보도록 하겠습니다. 핵심은 코나투스와 자신을 나누어 생각할 필요가 있지 않을까 하는 것입니다.

스피노자 철학의 기본 관점에서 보면 코나투스, 즉 인간의 심신을 관통하고 있는 일종의 필연성을 잘 따르는 것이 능동성에 이르는 길이 됩니다. 그리고 능동성의 비율이 수동성의 비율보다 늘어날수록 인간은 자유로워집니다. 자유라는 것은 속박이 없어지는 게 아니라 자신의 힘이나 본질이 충분히 표현되는 것이라고 스피노자는 생각했습니다.

그런데 코나투스를 따르면 자기를 유지하기 어려워지는 경우가 있지 않을까 하는 것이 앞에서 나온 질문이었습니다. 그런 경우라면 코나투스를 따르는 것과 자기를 유지하는 것을 나누어 생각할 필요가 있습니다.

예를 들어 PTSD, 즉 외상후스트레스장애 같은 경우도 그렇다고 생각합니다. 강한 예측 오차를 수반하는 충격적인 사건과 맞닥트렸던 사람은 갑자기 혹은 어떤 계기로 그것이 생각나게 되고 밤에 잠을 잘 수 없게 됩니다. 그리고 그것이 반복되죠. 프로이트는 1차대전 후의 전쟁신경증 치료를 통해 이 문제에 직면하게 되는데요, 프로이트가 내놓은 답은 그와 같은 강렬한 자극을 반복해서 떠올리는 건 마음이 그것에 익숙해지려 하기 때문이라는 것이었습니다. 강렬한 자극으로 심적 장치가 망가지는 경우가 있습니다. 그 자극이 된 장면을 반복한다는 건 거기에 익숙해지려는 작용이며, 그로 인해 심적 장치를 복구하려는 것입니다. 즉 밤에 그 장면이 꿈으로 나타나 식은땀을 흠뻑 흘리며 깨어나게 되는 건 심적 장치를 원상태로 유지하려는 코나투스의 발현 때문입니다.

프로이트의 답은 아마 맞을 겁니다. 다만 문제는 그 경우 코나투스의 발현 자체가 견디기 힘든 고통이 된다는 점입니다. 코나투스가 발현함으로써 역으로 자기를 유지할 수 없게 됩니다.

이 얘기를 하니까 생각나는 게 있습니다. 그것은 다르크 여성 하우스의 가미오카 하루에 씨의 그룹 앞에서 들뢰즈의 어떤 말을 소개했을 때의 일입니다. 들뢰즈는 정신분석의 반복과 억압 그리고 망각의 관계에 관해 이런 말을 합니다.

> 나는, 억압하기 때문에 반복하는 것이 아니다. 나는, 반복하기 때문에 억압하는 것이고, 나는, 반복하기 때문에 망각하는 것이다.[48]

제 이야기를 듣고 있던 참가자가 이런 코멘트를 하셨습니다. "원리로는 그럴지 모르지만, 우리는 몇 번이고 반복하게 되고, 언제까지고 잊히지 않는 거야." 즉 코나투스는 고통스러운 장면을 몇 번씩이나 반복함으로써 그것에 익숙해지고 결국엔 망각하고자 합니다. 그러나 너무 고통스러운 장면이라면 그 망각은 좀처럼 찾아오지 않습니다. 그렇다면

---

48 질 들뢰즈, 김상환 옮김, 『차이와 반복』, 민음사, 2004.

원리로는 확실히 망각을 목표로 하고 있을지 모르지만, 반복을 경험하고 있는 본인으로서는 그저 잊고 싶은 고통스러운 장면이 반복되어서 괴로울 뿐인 겁니다. 여기에 자기를 안정시키고 유지하는 것과 코나투스 사이에 매우 어려운 점이 있다고 생각합니다.

구마가야 선생님, 여기서부터 부탁드려도 될까요?

코나투스와 '지루함 달래기'

구마가야 네, 굉장히 중요한 점이죠.

지난 시간에는 '코나투스'와 '자기'(특히 원-자기)가 겹치는 게 아닌가, 그리고 '나' 그 자체의 근거는 항상성 유지인 게 아닐까, 그런 이야기를 했습니다. 그러나 마지막 질의응답에서 '과연 그럴까?' 하는 의문이 제기되었죠. 오히려 자기를 유지하기 위해 코나투스를 저버리는 일 같은 것도 필요하지 않으냐는 질문이었습니다.

이것은 아마도 고쿠분 선생님의 『한가함과 지루함의 윤리학』이 다루는 '인간은 어째서 지루해하는가'라는 주제에 가까운 이야기라고도 생각합니다. 만약 코나투스만이 원리라면 사람은 의식주만으로 충분하며 그것으로 만족할 것입니다. 코나투스가 시키는 대로 항상성이 유지된다면, 지루함을 느끼고 일부러 밖에 나가 상처투성이가 되거나 하지 않습니다. 그런데도 일부러 코나투스를 흐트려 놓는 행동을 하는 건 왜일까요. 그것이 『한가함과 지루함의 윤리학』의 밑바탕에 있는 물음이지요.

즉 『한가함과 지루함의 윤리학』에서는 '코나투스가 유일한 원리는 아닌 듯하다. 코나투스에 어긋나는 듯한 지루함이라는 감정이 인간에게는 있고, 오히려 그쪽이 더 중요할 수도 있다'는 게 논의된 셈입니다. 그리고 인간은 어째서 얼핏 보면 어리석어 보일 수밖에 없는 '지루함 달래기(심심풀이)'를 하는 걸까 하고요.

고쿠분 구마가야 선생님과 처음 만났을 때 파스칼의 "방에 꼼짝하지 않고 있을 수 없어서 인간은 불행을 초래한다"라는 말에 관해 이야기했었죠.

구마가야 네, 잘 기억하고 있습니다. 어려운 문제지만 이후 고쿠분 선생님과 그에 관해 대화를 거듭해 왔는데, 그 잠정적인 가설이 지난번에도 잠깐 언급했던 '휴먼 네이처'와 '휴먼 페이트'라는 개념입니다.

소비와 낭비 혹은 인풋과 아웃풋

구마가야 '휴먼 네이처'라고 하는 건 확실히 '코나투스'입니다. 항상성을 유지하려는, 태어난 순간부터 가지고 있는 '자연'에 가깝습니다. 그러나 아무래도 '휴먼 네이처'만이 '자기'는 아닌 것 같습니다. 또 하나, 역시 '휴먼 페이트'라는 측면이 사람에게는 있습니다. 이 정리는 저로서는 아주 잘 납득할 수 있습니다.

저는 「고통에서 시작하는 당사자 연구」에서 아주 단순하게 말하자면 지루해지는 이유, 가만히 있지 못하는 이유는 과거의 트라우마 때문이 아닐까라고 썼습니다.

예전에 코나투스가 흐트러졌거나 짓밟혔던 기억이 크면 클수록 사람은 쉽게 그 일을 잊거나 거기에 익숙해질 수 없습니다. 크든 작든 코나투스가 흐트러졌던 기억은 우리 안에 충분히 있습니다. 우리는 이른바 상처투성이인 셈이죠. 그리고 흐트러진 기억이 상처로 남습니다. 그 상처의 아픔을 없애기 위해 사람은 새로운 상처를 찾게 되는 건 아닐까요?

저는 또한 그 논문에서 여러 근거를 들어 과거의 트라우마 같은 기억을 지우기 위해서는 지금 여기에서 새롭게 트라우마가 될 만한 상처를 자기 스스로 받는 것이 가장 좋다고 썼습니다. 예를 들면, 자해라는 형태로 나올 수도 있고 의존증과 같은 중독의 형태로 나올 수도 있습니다. 어느 쪽이든 파스칼식으로 말하자면 흥분시키는, 각성도를 높이는 무언가로 과거의 아픈 기억을 진정시키는 게 합리적일 수 있는 그런 상황이라는 게 있을지도 모른다는 거지요.

그것을 토대로 삼아 사람이 왜 지루해하는가를 생각해보면, 그 잠정적인 이유가 '휴먼 페이트'에 있다는 말은 다시 말해 우리는 단순히 코나투스일 뿐만 아니라 상처투성이의 존재라는 뜻입니다. 고쿠분 선생님도 이전에 다른 기회로 이야기 나눴을 때, 역시 그렇게 말씀하셨습니다.

뭐 감출 필요 있나요. 저도 과식을 합니다. 그렇지만 과식의 경우에도 코나투스가 이끄는 과식과 그렇지 않은 과식이 있는 것 같습니다. 정확하게는 코나투스가 아니라 뭔가 다른 것에 의해 강제된 과식 쪽을 과식이라고 불러야 할지도 모릅니다. 고쿠분 선생님이 이미 『한가함과 지루함의 윤리학』에서 쓰고 있는 '소비'와 '낭비'의 구별이 여기에서도 도움이 됩니다. 단순히 맛있어서 과식하는 건 낭비이지만, 섭식장애로서의 과식은 어쩌면 소비에 가깝습니다.

사실 낭비와 소비의 구별을 읽었을 때, 저는 제일 먼저 저의 과식이 생각났습니다.

고쿠분　과식하고 있을 때 사람은 음식을 음미하는 게 아닙니다. 다시 말해, 물건을 수취하지 못했기 때문에 멈출 수 없는 겁니다. 역설적이지만, 이건 제가 구별하기에는 소비에 상당히 가깝습니다. 낭비라는 건 사치를 부리는 일입니다만, 사치할 때의 사람은 물건을 받아서 맛보고 있는 상태라서 머지않아 포만감이 찾아와서 끝이 나는 것입니다.[49]

구마가야 선생님은 이전에 저의 낭비와 소비의 구별을 '인풋(입력)'과 '아웃풋(출력)'이라는 말로 설명해주었습니다. 낭비하고 있을 때는 먹으면서 맛보고 그 맛을 인풋할 수 있습니다. 그런데 과식의 경우는, 분명히 음식을 삼키고는 있지만 거기서 일어나고 있는 일은 인풋이라기보다 아웃풋이며, 음식물에 무언가를 충돌시키고 있는 겁니다. 게다가 내장에서 일어나고 있는 일도 차단하고 있기에 자신의 상태도 모니터할 수 없게 되어 있습니다.

49　〔옮긴이주〕지금 언급하고 있는 낭비와 소비에 대한 내용은 『인간은 언제부터 지루해했을까?』의 4장 「사치란 무엇인가?」에서 다뤄진다.

구마가야 맞아요. 저는 저의 과식을 떠올리면서 소비와 낭비의 차이가 무엇일지 생각했습니다. 가령 음식이 눈앞에 있고 그것을 제대로 음미하고 있을 때는 잘 먹을 수 있는 거지요. 그런데 과식으로 마구 먹을 때는 음식물로부터 정보를 전혀 받지 못하는 느낌이 듭니다. 오히려 내 에너지와 음식물을 싸움 붙이고 있는 듯한 느낌이 듭니다. 먹는 일이 인풋이 아닌, 스포츠 할 때와 같은 아웃풋 중시의 행위가 되어 있을 때 먹는 걸 멈출 수 없게 되는 게 아닐까요?

눈앞의 카레라이스를 먹는다, 햄버거를 먹는다… 어째서 제가 항상 칼로리가 높은 것을 먹고 싶어 하는지는 불가사의하지만, '칼로리가 높은, 매우 자극적인 것을 먹고 있다'라는 관념을 먹고 있는지도 모릅니다. 그리고 그때 현실의 음식에서는 맛이나 향, 식감 등 일체의 정보를 얻지 못하는 건 아닐까 하는 생각이 듭니다. 아마도 그것이 카레나 햄버거가 아니어도 사실 전혀 상관없을 겁니다. 또한 자신의 항상성─이 경우는 포만감 같은 거지만─도 모니터해야 할 텐데, 그것도 전혀 되지 않습니다. 카레에서 오는 인풋뿐만 아니라 내장에서 오는 인풋도 차단된 그런 상황에서, 말하자면 아웃풋만으로 능동적으로 먹고 있을 때 과식이 멈추지 않습니다. 그런 식으로 저는 생각하고 있습니다.

그리고 이 점이 이미 고쿠분 선생님의 『한가함과 지루함의 윤리학』에서 소비와 낭비라는 말로 정리되어 있는 것처럼 느껴졌습니다. 고쿠분 선생님도 지적하셨듯이 이것은 양자택일이 아니라 정보가 함께 섞여 있는 겁니다. 그 중심을 잡는 문제라고 생각합니다. 결국은 '휴먼 페이트'도 '휴먼 네이처'가 있어서 가능한 '휴먼 페이트'이며, 이 둘은 서로 관계하고 있다고 봐도 될 것 같습니다.

의식과 자기감

고쿠분 구마가야 선생님의 '인풋'과 '아웃풋', 그리고 자신을 모니터한다는 이야기는 매우 흥미롭네요. 무릇 '자신을 모니터한다'라는 것은 어떤 것일까요?

「당사자 연구와 자기감」에서 아야야 씨가 쓰신 것처럼 일종의 '자기감(自己感)'을 잘 생성할 수 없다는 사람이 있습니다. 아야야 씨가 말하는 인상적인 예, 즉 배고픔을 잘 인식할 수 없다는 경우를 다시 한번 짚어보겠습니다.[50] 잘 생각해보면, 배가 고픈 경우에 일어나는 현상에는 여러 가지 패턴이 있지요. 전에 말씀드렸는지 모르겠지만 저는 속이 메스꺼워집니다.

구마가야 저는⋯ 자꾸 배가 고파집니다.(웃음)

고쿠분 공복감이라는 거, 내버려두면 30분 정도면 없어지지 않습니까?

구마가야 그렇습니까⋯? 저는 왠지 점점 슬퍼지네요.

고쿠분 (웃음) 저는 바쁠 때는 정말로 먹을 수가 없어요. 수업이 있는 날은 거의 먹지 못합니다.

---

50 아야야 사츠키, 이시하라 코지 엮음, 「당사자 연구와 자기감(当事者研究と自己感)」, 『당사자 연구의 연구(当事者研究の研究)』, 의학서원, 2013, 179쪽.

구마가야 부럽네요.

고쿠분 저녁 식사 때까지 아무것도 먹지 않는 경우도 자주 있습니다.

구마가야 그것이 두 사람의 체형 차이에 나타나고 있습니다.(웃음)

고쿠분 (웃음) 체형은 차치하고라도, 배고픔과 관계 맺는 방식은 개인차가 매우 크다는 말이군요.

아야야 씨가 쓰신 내용은 뭔가 불쾌감이 있기는 하지만 그것이 '아, 이거 배고픈 거구나'라고 알기까지 시간이 걸린다는 것입니다. 옆구리 언저리가 왠지 모르게 아프다는 사람도 있는가 하면, 저처럼 속이 메스꺼워졌을 때 비로소 자신이 배가 고팠다는 걸 깨닫는 사람도 있지요. 이런 식으로 다양한 신호가 아마 여러 개 동시에 있겠지만, 그것들이 공복이라는 의미를 만들어내기 위해서는 그것들을 통합하는 작용이 필요합니다. 그리고 그렇게 신체의 규칙성을 의식할 수 있을 때 자기감이 생긴다는 것도 아야야 씨의 보고에서 읽어낼 수 있습니다. 그렇다면 자기감을 가지고 원활하게 살아갈 수 있는 데는 의식의 작용이 크게 관련된 것이 아닐까요?

의식이란 무엇일까요? 그리고 의식은 과연 자기감과 어떻게 관련되어 있는 것일까요? 여기에는 대단히 어려운 문제가 있습니다. 애초에 의식의 정의가 아직 충분히 이루어지지 않았습니다만, 여기서도 다시 스피노자를 참고하면서 한 가지 가설을 제시해보고 싶습니다.

스피노자는 정신과 신체의 관계성에 관해 흥미로운 말을 합니다. 스피노자는 한편으로는 "인간 정신을 구성하는 관념의 대상은 신체다"라면서, 동시에 "인간 정신은 인간 신체를 인식하지 않는다"라고도 말합니다.[51] 무슨 뜻일까요?

스피노자의 생각은 이렇습니다. "정신은 신체에 정확히 대응하고 있다." 그것이 첫 번째 명제의 의미입니다. 하지만 그건 정신이 항상 신체를 모니터링할 수 있다는 말은 아닙니다. 정신은 단지 신체에 유발된 차이를 감지함으로써만 신체를 인식한다는 겁니다. 예를 들어 팔이 무언가에 부딪쳐 아프다는 건 신체에 유발된 차이입니다. 이를 통해서 팔의 존재가 의식됩니다. 『에티카』에서는 다음과 같이 말합니다.

인간 정신은 신체가 받는 자극(변용)의 관념에 의해서만 인간 신체 자신을 인식하고, 또 그것이 존재함을 안다.[52]

그렇다면 인간의 의식이라는 건 신체에 일어나는 여러 결과만을 받아들이고 있으며, 그런 의미에서 이차적인 것이라는 얘기가 됩니다. 의식이 먼저 있는 것이 아닙니다. 신체

---

51 〔옮긴이주〕"인간 정신을 구성하는 관념의 대상은 신체다"는 『에티카』, 제2부 정리13이며, "인간 정신은 인간 신체를 인식하지 않는다"는 바로 이어지는 인용문(제2부 정리19)의 결론이다.

52 스피노자, 『에티카』, 제2부 정리19. 〔옮긴이주〕본문의 내용은 원서의 인용을 따랐다. 변용은 곧 변화인데, 정신은 신체의 변화를 통해서만 신체를 인식할 수 있으므로 '차이'를 통해 신체를 인지한다는 뜻이다. 곧 신체에 변화나 차이가 없다면 정신은 신체 그 자체를 인식할 수 없다는 의미다.

에 생기는 차이가 의식을 만들어내는 겁니다. 그럼 스피노자는 의식 자체를 어떻게 정의하고 있는가 하면 '관념의 관념', 라틴어로 'idea ideae'라고 말합니다.

예를 들어, 요리를 하고 있을 때 우리 머릿속에는 요리의 이미지가 있습니다. 그건 정신 속에 있는 단순한 관념일 뿐입니다. 반면에 '아, 나는 지금 요리하고 있구나'라는 자각, 이것이 관념에 대한 관념, '관념의 관념'이자 의식입니다. 의식이라는 건, 정신 속에 있는 관념에 대한 관념이 만들어졌을 때 발생합니다. 그런 의미에서 이차적인 것, 파생적인 것입니다. 이 의식과 자기와의 관계가 매우 중요한 문제라고 생각합니다.

원-자기, 핵심 자기, 트라우마

구마가야 앞서 말한 「고통에서 시작하는 당사자 연구」에도 조금 썼는데, 안토니오 다마지오라는 뇌과학자가 있습니다. 대중서로 나온 『느끼는 뇌』라는 책이 있는데[53] 그 부제가 '정동과 감정의 뇌과학, 부활하는 스피노자'입니다.

고쿠분 원제가 『LOOKING FOR SPINOZA(스피노자를 찾아서)』이지요.

---

53 안토니오 R. 다마지오, 임지원 옮김, 『스피노자의 뇌』, 사이언스북스, 2007.

구마가야 맞습니다. 다마지오는 스피노자의 영향을 받은 뇌과학자죠. 지난 질의응답 때 잠깐 언급했습니다만, 그는 '자기'라는 개념을 세 개로 나눕니다. 첫 번째는 원-자기 (protoself). 제가 이해하기로는 거의 '원-자기=코나투스'인 것 같습니다. 두 번째가 핵심 자기(core consciousness, 의식). '핵심 자기'는 원-자기의 항상성이 흐트러졌을 때 왜곡된 원-자기와 왜곡시킨 상황, 그 둘 모두를 굽어보며 관측하는 것입니다. '아, 바로 지금 원-자기가 일그러졌구나' 또는 '일그러지게 한 원인은 무엇일까' '아, 바깥에 있던 이거였구나' 라고 핵심 자기는 관찰합니다. 그리고 코나투스에는 되돌아가려고 하는 힘이 있기 때문에 왜곡된 후 되돌아갈 때까지의 자초지종을 핵심 자기는 관찰하고 기록합니다.

조금 전에 고쿠분 선생님은 스피노자를 인용하며 "정신은 신체 자체에 접근할 수 없고 의식에 떠오르지 않는다"라고 하셨습니다. 스피노자에 따르면 원-자기 자체는 의식에 떠오르지 않는다는 거지요. 원-자기가 흐트러졌을 때, 핵심 자기 수준에서 처음으로 의식이 발생하는 거라고요. 다마지오와 스피노자는 같은 내용을 말하고 있는 듯합니다.

고쿠분 게다가 핵심 자기는 기록도 하는 거군요.

구마가야 네, 기록하는 하드 디스크 자체는 다른 곳에 있을지 모르지만 일단 핵심 자기는 기억이나 기록을 하고 있는 게 아닐까 여겨집니다. 그리고 다마지오에 의하면 핵심 자기부터가 의식입니다. 핵심 자기에서 의식이 발생합니다. 즉 상처를 입었을 때만 사람은 의식을 할 수 있습니다. 사람은 트라우마밖에 의식하지 못합니다.

고쿠분 '트라우마만 의식할 수 있다'….

구마가야 네, 다마지오의 이론으로 말하자면 그렇게 됩니다. 물론 그렇게나 큰 트라우마만은 아닌 것 같아요. 일상적인, 아주 사소한 일에도 우리는 규칙성이 예상치 못한 모습으로 흐트러지며 상처를 입습니다. 아까 자기라는 건 규칙성이라는 설명이 있었습니다만, 바로 그런 것이지요. 원-자기는 항상성을 유지한다는 규칙성을 가지고 있습니다. 그런 의미에서는 (원-자기는) 규칙성의 근본입니다. 규칙성에서 일탈하는 것, 지금까지 예측 오차라고 말했던 것, 혹은 트라우마도 괜찮을지 모르겠지만 그러한 것밖에 인간은 의식할 수 없습니다. 다마지오의 정리로는 그렇습니다.

이 핵심 자기라는 건, 조금 전의 휴먼 페이트를 관측·기록하고 있습니다. 그래서 휴먼 네이처가 원-자기이고, 핵심 자기는 휴먼 페이트의 부분을 맡고 있습니다. 아니, 오히려 휴먼 페이트의 부분이야말로 의식에 올라오는 수준의 자기가 되는 것입니다.

'자서전적 자기'에는 타자가 필요하다

구마가야 그럼, 다마지오가 말하는 세 번째 자기, '자서전적 자기(autographical self)'는 어떤 것인가. 우리는 상처투성이, 트라우마투성이입니다. 의식 속은 트라우마로 가득 차 있어요. 그러한 휴먼 페이트의 우리는 상처투성이인 채로는 너무 고통스러워서 살 수가 없습니다. 그래서 상처나 트라우마를 어떤 형태로든 이야기화하거나 의미를 부여하면서 살아가고 있습니다. 트라우마에 의미를 부여하는 관념이나 패턴 혹은 이야기를 통해 자신의 트라우마에 일관된 의미를 부여하고, 이야기로 트라우마를 매듭지음으로써 그럭저럭 고통을 견디며 살고 있습니다. 다마지오는 그러한 이야기화된 자기를 자서전적 자기라는 식으로 정리합니다.

고쿠분 그렇군요. 그런데 핵심 자기라는 것은 반드시 발생하는 것이겠지요?

구마가야 어떨까요…?

고쿠분 예를 들면, 걷다가 어딘가에 부딪혀 "앗, 아야!"라는 건 누구에게나 자주 있는 일이죠. 그러니 원-자기의 '왜곡'은 살아 있다면 당연한 거겠죠. 말을 바꿔 질문하자면, 의식이라는 것은 반드시 발생하는 것일까요, 아닐까요.

구마가야 확실히 조금 전 아야야 씨의 당사자 연구가 관련된 지점이라고 생각합니다. 물론 일일이 핵심 자기가 발생할 리는 없지요. 대부분의 트라우마는 우리의 의식에 남지 않습니다. 우리는 날마다 어느 정도 규칙적인 생활을 하고 있지만 그래도 거의 매일 규칙은 어긋나고 있습니다. 그러나 그것이 매번 의식에 떠오르지는 않습니다. 그래서 원-자기가 어느 정도 흐트러진 경우에야 비로소 핵심 자기가 작동하는 문턱값 같은 것이 있으리라고 생각합니다.

그리고 그 문턱값에는 개인차가 있습니다. 아야야 씨의 가설에 따르면, 자폐스펙트럼장애라고 불리는 사람들의 적잖은 수가 이 문턱이 낮다는 것입니다. 즉 원-자기가 조금이라도 왜곡되면 핵심 자기가 작동하는 사람이 있다는 말이지요. 의식의 범위가 넓다는 건 그런 의미입니다. 또는 예측 오차에 민감하다고 말해도 좋습니다. 조금이라도 예측에서 빗나가면 의식에 떠오르게 됩니다.

고쿠분 조금이라도 예측이 빗나가면 '의식에 떠오른다'니… 쉽게 의식이 작동해버릴 수 있다는 말씀입니까?

구마가야 그렇지요. 표현은 다양하다고 생각합니다만, 예측 오차에 민감하다거나 의식의 범위가 넓다는 등의 표현은, 원-자기의 작은 왜곡으로도 핵심 자기가 쉽게 작동한다고 바꿔 말할 수 있습니다. 방금 전 아야야 씨의 말대로 의식의 범위가 넓다고 한다면 왠지 배려할 줄 아는 좋은 사람 같은 느낌이 듭니다만, 실은 살아가는 일이 매우 곤란해집니다.

고쿠분 선생님, 자서전적 자기란 이른바 '자기인 것'이라고 생각해도 됩니까? 아이덴티티 같은….

고쿠분 그렇지요. 그것은 휴먼 네이처와 휴먼 페이트의 상호작용으로 완성되는 것이라고 해도 좋습니다. 혹은 옛날 그런 일을 했던 나도, 지금 이런 걸 하고 있는 나도, 동일한 나이며 일직선으로 이어져 있다는 '자서전'을 가지고 있다는 의미의 '자기'죠.

구마가야 네.

고쿠분 아야야 씨의 「당사자 연구와 자기감」의 문장이 생각났습니다. 자신이 자폐스펙트럼장애 진단을 받고 나서 집으로 돌아오는 지하철 안에서 그때까지 뿔뿔이 흩어져 있던, 내팽개쳐진 것 같은 기억이 일직선으로, 차례로 지나갔다는 경험에 관한 이야기입니다.[54] 이것은 시간의 생성이라고도 불러야 할 사건이지요. 정형발달의 경우도 시간의 발생이 있었겠지만, 그것은 너무 어린 시절에 이루어졌기 때문에 거의 기억되지 않습니다. 그러나 아야야 씨의 경우, 우연히도 여러 가지 조건이 겹쳐서 시간이 시간으로 직선적인 것으로 생성되는 순간을 서른 살 정도가 되고 나서 맞이한 것이지요. 자기의 존재는 이 일직선으로 뻗은 시간의 생성과 밀접하게 관련되어 있다고 생각합니다. 그것이 바로 자서전의 기초가 되는 것이기 때문입니다.

구마가야 과연 그렇군요. 그리고 또 하나, 아야야 씨의 연구에서 흥미로운 것이 자서전적 자기가 되는 계기로서 타자가 필요하다는 점입니다. 저도 아직 완전히 파악하지 못한 부분인데 이것이 또 매우 흥미로웠습니다.

고쿠분 나중에 말씀드리겠지만, 몹시 들뢰즈적인 문제네요.

구마가야 그렇군요. 저도 아직 확신은 없지만 아무래도 원-자기, 핵심 자기까지는 혼자서도 가능한 느낌이 듭니다. 하지만 자서전적 자기가 될 때 아무래도 다른 사람이 필요해지는 것 같습니다.

무인도에서는 자기가 존재할 수 없다

고쿠분 구마가야 선생님의 이야기를 듣고 두 가지 정도가 생각났습니다.

54 아야야 사츠키, 앞의 책, 204쪽

먼저 첫 번째는 '자서전적 자기'라는 건 칸트가 말했다는 '통각(統覺)'[55]과 거의 같다는 겁니다. 'Ich denke' 즉 'I think' 이지요. '내가 생각한다', 즉 '내가 이것들을 생각하고 있다', '이것들을 생각하고 있는 것은 나다'라는 표상이 없으면 인식은 성립되지 않습니다.

마쓰모토 다쿠야 씨가 이것에 관해 알기 쉽게 설명하고 있는데요. 'Ich denke'가 있어야만 하는 이유는 이것이 없으면 머릿속의 갖가지 상념이 모두 자신의 것이라고 여겨지지 않게 되기 때문이라고 합니다.[56] 즉 '내가 생각하고 있다'가 없으면, 내가 생각하거나 느끼고 있는데도 그것이 내 것이 아니게 됩니다. 누군가가 자기 안에서 말하고 있다, 이렇게 생각하게 되지요. 그것들은 환청으로 경험됩니다. 조현병의 경우가 그렇습니다. 조현병의 경우 '내가 생각한다'가 제대로 기능하지 않기 때문에 자기 머릿속에서 다른 사람이 생각하는 것처럼 느끼게 됩니다. 그래서 칸트라면 자서전적 자기의 근원적인 부분에는 '내가 생각한다'가 있다고 말하지 않을까 싶습니다.

또 하나는, 타자에 대한 것이지요. 방금 자서전적 자기의 발생에는 타자가 필요하지 않냐는 지적을 구마가야 선생님이 해주셨는데, 역시 타자는 여기에서도 중요합니다.

구마가야 이제야 타자가 중요하다에 겨우 당도했습니다.(웃음)

---

55 〔옮긴이주〕 영어로는 apperception. 칸트 철학에서 사유를 종합해서 통일성을 부여하는 역할을 한다.
56 마쓰모토 다쿠야, 임창석·이정민 옮김, 『향락사회론』, 에디투스, 2024.

고쿠분 네, 가까스로 왔네요.(웃음)

한번 설명해보겠습니다. 들뢰즈는 매우 흥미롭게도 '무인도론'을 썼었지요.[57] 철학자가 무인도 이야기를 한다는 게 신기하게 느껴지지만, 왜 그 이야기를 하냐면 무인도가 타자가 없는 세계이기 때문입니다. 즉 들뢰즈는 무인도라는 형상을 통해 타자에 관해 생각하려는 것입니다.

들뢰즈의 문제 설정은 이렇습니다. '무인도에 가서 타자라는 존재가 없어지면, 나는 어떻게 될까?' 들뢰즈는 지금 있는 것 같은 지각이 유지되지 않는다고 말합니다. 무슨 말이냐면, 지각의 영역은 눈에 보이는 것과 보이지 않는 것으로 구성되어 있습니다. 건물을 보면 벽이 보입니다. 동시에 우리는 그 안쪽에 공간이 있음을 상상합니다. 깊이의 감각이 있는 것입니다. 그런데 신기하지요. 왜 실제로는 보이지 않음에도 불구하고 우리는 공간의 감각을 얻을 수 있는 것일까요? 실제로 자신은 그것을 보고 있지 않더라도 다른 사람이 자기 대신 그것을 보고 경험해주고 있다는 감각이 있기 때문이라고 들뢰즈는 생각합니다. 자기 대신에 자기와 비슷한 타자가 보이지 않는 것을 경험해주고 있다. 이에 따라 보이지 않는 것이 존재한다는 걸 상상할 수 있게 된다. 이 구조를 확장함으로써 세계가 존재한다는 감각을 얻을 수 있게 됩니다. 지구 반대편의 것들은 전혀 보이지 않습니다. 그

---

57 질 들뢰즈, 마에다 히데키 옮김, 『무인도 1953-1968(無人島1953-1968)』, 가와데쇼보신사, 2003.

런데도 그것들이 존재하고 있고, 나아가 세계가 존재한다고 믿을 수 있는 건 이처럼 타자의 존재 덕분이라는 말입니다.

그렇다면 그 타자가 없어져버리면 어떻게 되는 걸까요? 이것이 무인도에서 일어나는 일입니다. 보이지 않는 부분에 대한 지각을 맡길 수 있는 타자가 없어집니다. 그러면 단적으로 말해 보이지 않는 것은 존재하지 않는 게 됩니다. 세계는 자신이 보는 것으로 축소됩니다. 보이는 것만이 세계이고, 세계는 보이는 것만으로 이뤄지게 됩니다.

사실 저는 들뢰즈의 이 논의를 접했을 때 제 어린 시절의 체험을 떠올렸습니다. 그 무렵 제게는 1년에 한두 번 정도밖에 만나지 않는 친구가 있었는데, 그 아이와 헤어진 후 항상 느꼈던 것은 '쟤 정말, 어딘가에 있기는 한 걸까?'라는 것이었습니다. 있기 마련이겠지요. 제게는 보이지 않는 어딘가에 있으면서 생활하고 있을 겁니다. 그렇지만 그게 잘 믿기지도, 상상이 되지도 않았어요. 굉장히 기묘한 느낌이었습니다. 이것은 들뢰즈가 논하고 있는 타자가 아직 충분히 제 안에 내면화되어 있지 않았기 때문이라고 여겨집니다. 제가 지각을 맡길 수 있는 다른 사람이 아주 적었거나 아니면 그 사람이 커버해주는 범위가 너무 좁았던 셈이지요. 이런 일을 기억하고 있었기에 들뢰즈의 이 논의가 저에게는 굉장히 친근한 것으로 실감 나게 느껴졌지요.

그리고 또 하나 자주 생각나는 에피소드가 있습니다. 예전에 프랑스 스트라스부르에서 유학할 때 프랑스어를 잘하지 못해서 홈스테이를 했어요. 거기에 일본인 한 분이 있었는데, 그분이 아주 재미있는 이야기를 들려주었습니다. 그는 어떤 사정으로 프랑스어를 거의 못하는데도 불구하고 프랑스에 오게 되었습니다. 그리고 그 집에서 홈스테이를 하면서 매일 어학원에 다녔습니다. 그런데 프랑스어를 못하니까 정말 아무런 정보도 안 들어오는 겁니다. 인터넷도 그다지 발달하지 않았던 때입니다. 텔레비전도, 신문도, 가족 소식도 모릅니다. 그는 이를테면 무인도에 있는 상태였지요. 그럼 어떻게 될까요? 그는 "세계가 말이죠, 집과 버스정류장, 어학원뿐이에요. 그 외에는 아무것도 존재하지 않게 되어버렸어요"라고 말했습니다. 매우 흥미로운 이야기라고 생각했습니다.

즉 제 어린 시절의 이야기는 지각을 맡길 수 있는 타자가 아직 적은 상태이며, 스트라스부르의 그가 체험한 것은 한 번 생겨난 지각 구조도 그것을 유지하기 위한 타자라는 자원이 없어지면 붕괴하기 시작한다는 것입니다.

게다가 자기에게 보이지 않는 것의 존재를 믿을 수 있으려면 타자가 필요하다는 논의를 전개할 때 들뢰즈가 생각하고 있던 것은 외부 세계의 지각만이 아닙니다. 자기 역시 이 타자 구조에 의해서 성립한다는 거지요. 왜냐하면 1초 전의 자기, 1시간 전의 자기, 1주일 전의 자기, 1개월 전의 자기, 1년 전의 자기…, 그러한 자기는 이미 여기에 없습니다. 자신에게는 보이지 않습니다. 하지만 그 존재하지 않는 자기가 지금의 자신과 동일하다고 여기지 않으면, 그로부터 자기라는 것이 성립되지 않습니다. 즉 자기가 성립하기 위해서는 지금 여기에 보이지 않는 것을 존재하고 있는 것으로 대하는 상상력의 힘이 필요하며, 그 상상력의 생성을 위해서는 타자가 필요하다는 것입니다. 바꿔 말하면, 타자라는 자원을 잃는 무인도 상황에서는 자기 자체도 무너지게 됩니다.

여기서 생각해보면, 아까 소개했던 'Ich denke' 즉 '내가 생각한다'도 타자의 매개가 있어야 비로소 성립한다고 할 수 있지 않을까요? 갖가지 상념, 여러 표상을 자기 것으로 다루기 위해서는 '생각하고 있는 건 나다'라는 통각이 필요하지만, 이 통각은 다른 사람에 의해 야기되는 건 아닐까요? 칸트는 통각의 생성에 관한 이야기는 전혀 하지 않지만, 들뢰즈의 논의를 빌려 칸트 철학을 전개하면 그렇게 생각할 수 있습니다.

덧붙여 말하자면 칸트는 애초에 발생에 관해 묻는 경우가 적다고 합니다. 통각이 필요하고 실제로 우리 안에는 통각이 있다는 식으로 항상 논의를 진행합니다. 포스트 칸트파 철학자 살로몬 마이몬(Salomon Maimon)이라든가 피히테(Johann Gottlieb Fichte) 등은 그 부분을 문제 삼아 발생의 문제를 캐묻고자 했던 것인데, 들뢰즈의 노선은 이와 궤를 같이한다고 할 수 있습니다. 최근 포스트 칸트파 철학자와 들뢰즈를 연결하는 연구가 나오고 있는데, 그것은 바로 이와 같다고 말할 수 있습니다. 다만 들뢰즈가 단순히 발생만 생각하고 있는 게 아니라 그 발생을 타자 혹은 다른 것과의 관계에서 논하고 있음은 잊지 말아야 합니다.

타자와 잘 맞는 조건

고쿠분   그런데 사회학자 오사와 마사치 씨가 지금 「사회성의 기원」이라는 매우 도발적인 논고를 연재하고 있습니다. 거기에서 영장류 연구를 광범위하게 참조하는데, 그 중에 이런 연구가 소개되어 있습니다.[58] 우리는 거울을 보면 '아, 이건 나다'라는 걸 알 수 있지요. 자기를 자기로서 인식할 수 있는 겁니다. 그 같은 일이 영장류에서도 가능하냐는 연구를 통해 침팬지는 가능하다는 것이 알려져 있는데요. 매우 흥미롭게도 오직 혼자 길러진 침팬지는 거울을 통한 자기 인식을 할 수 없다고 합니다. 타자의 존재가 어쩌면 자기 인식과 관련되어 있을지도 모른다는 것을 시사하는 연구 결과입니다.

게다가 이야기는 여기서 그치지 않습니다. 유리 너머로 다른 침팬지들이 보이는 환경에서 침팬지를 고립시켜 키우는 실험을 한 적이 있다고 합니다. 이 경우, 이 침팬지는 다른 개체에 대해 알고는 있습니다. 그러나 실제로 몸을 맞대지 않고 자라게 되는데, 이 침팬지는 거울을 통한 자기 인식을 할 수 없었다고 합니다. 매우 흥미로운 연구 결과입니다.

타자라고 해도, 어쩌면 그것은 신체적인 접촉 등이 있을 때 비로소 타자로서 기능하는 것인지도 모릅니다. 단순히 다른 사람을 보고 있는 것만으로는 안 되는 것 같습니다. 타

---

58   오사와 마사치, 「사회성의 기원/제50회 거울상이라는 타자(社会性の起源／第五〇回·鏡像という他者)」, 『책(本)』, 고단샤, 2018.

자가 타자로 나타나기 위해서는 상당히 복잡한 조건이 필요할 수도 있음을 시사하는 연구입니다. 들뢰즈가 말하는 타자는 꽤 추상적이지만, 이것을 구체적인 부분에서 생각해야만 하지 않을까요?

구마가야 「당사자 연구와 자기감」에서 아야야 씨는 핵심 자기가 기록한 상처로부터 자서전적 자기에 이르는 프로세스를 '타자의 출현에 대해(①~⑤)'라는 다섯 단계로 나누어 생각하고 있습니다.[59] 각각의 단계에서 타자의 등장 방식이나 그 기능이 다릅니다. 예를 들면, '타자의 출현 ②단계'에서 등장하는 건 진단서를 발행했던 의사입니다. 그 타자에 의해 진단서를 받고 돌아가는 길에 그때까지 제각각이었던 트라우마 같은 에피소드가 일직선상에 늘어섰다고 말합니다. 하지만 그런다고 모든 게 잘되는 건 아니며 그 후에 어떻게 되는가가 중요하지요.

아야야 씨의 연구에 따르면 아야야 씨는 의식의 범위가 넓고 많은 상처의 데이터를 쌓아 왔습니다. 그러나 차례차례 나타나는 타자들은 그 정도까지는 아닙니다. 당연히 거기에는 적잖은 차이가 생기는 것입니다. 하지만 그녀는 당사자 연구를 통해 또 다른 타자와 만남으로써 의식의 범위가 비슷한 동료를 만났다고 합니다. 완전히 똑같지는 않더라도 같은 정도의 의식 범위, 오차에 민감한 타자와 동료가 된 것입니다. 이들과 "그럴 때가 있죠"라고 말할 수 있는 상호 확인 작업, "확실히 세상이 그런 식이죠" "당신도 그렇군

59 아야야 사츠키, 같은 책, 202쪽.

요" "저도 그렇지요"라는 커뮤니케이션을 통해 다시금 자서
전적 기억이 정리되고 안정됐다고 쓰고 있습니다.

아마 타자라는 걸 유일한 혹은 일반화된 '타자'처럼 생각
하지 않는 편이 좋겠지요. 특정한 상황에서 등장하는 다양한
타자를 변수로 분석해야 한다고 생각합니다. 타자나 사회를
상수처럼 대하는 타자론은 타자나 사회의 변화 가능성을 빼
앗아 의료적 모델로 이끕니다. 이것은 본래 당사자 연구에서
가장 중요한 주제 중 하나라고 생각합니다. 당사자 연구는 상
처로부터 자서전적 자기를 생성하기 위한 타자와의 만남, 그
조건을 탐구해야 한다고 저는 생각하고 있습니다.

고쿠분 타자와 잘 맞는 조건은 매우 흥미롭네요. 아야야 씨
는 의식의 범위와 지각의 해상도가 비슷한 경우이고요.

구마가야 네, 그렇다고 생각합니다. 지금까지의 자폐증 연구
에서는 자폐장애인은 타자 일반과 커뮤니케이션을 공유할
수 없다고 정리가 끝난 사람이었던 거지요. 자폐장애인은
모든 타자와 접촉할 수 없다는 그러한 전제에서 출발하고
있었습니다. 하지만 그건 타자를 너무 균질적으로 파악한
것입니다. '타자'라고 한 단어로 말해도 여러 파라미터, 변수
가 있습니다. 거기를 정리하지 않으면 자폐증에 대한 부당
한 관점이 만연하게 될 것입니다.

다수자가 다수자인 이유

고쿠분 말씀하신 대로 '타자'라는 말이 대충 뭉뚱그린 것임에 주의하지 않으면 안 되다고 생각합니다.

지금까지 '자기' 혹은 '나'에 관해 이야기해보았습니다. 알게 된 것은 핵심 자기로부터 자서전적 자기가 나오는 게 아닌가 하는 것, 그리고 자서전적 자기가 발생하고 이른바 '자기감'을 갖고 살아갈 수 있으려면 타자와의 관계나 상관성이라는 사회성의 문제가 관련되어 있다는 것입니다. 그리고 사회성의 생성에는 매우 민감한 조건이 있고, 그 조건이 충족되기 쉬운 사람과 충족되기 어려운 사람이 있는 것 같습니다.

구마가야 네. 단적으로 말하면 다수자는 충족되기 쉽습니다. 의식의 범위가 일치하는 사람끼리. 이것이 다수자가 다수자인 이유입니다. 그러니 자서전적 자기를 만들기 쉬운 사람이 곧 '다수'라는 말이 됩니다.

고쿠분 그렇다면 역시 사회 쪽에서 타자와 잘 맞는 조건을 어느 정도 정해 놓을 가능성이 있겠지요. 시대와 함께 그것은 변하는 것이라고 생각합니다만, 현대에는 현대에서만 가능한 조건의 강요가 있습니다.

여기서부터 조금, 사회 이야기로 들어가고 싶습니다. 오늘은 의식의 범위와 지각의 해상도를 하나의 큰 키워드로 삼고 있습니다. 사회는 그것의 일정한 정도를 전제로 하고 있고, 거기에서 어긋나버리는 사람을 배제하는 경향이 있습니다.

예를 들면, 꽤 오래전에 구마가야 선생님이 알려주신, OECD(경제협력개발기구)에서 발간한 「앞으로의 교육에 요구되는 핵심 역량」이라는 것이 있지요. 이걸 다시 한번 참조해 볼까요?

구마가야 OECD의 '핵심 역량(key competency)'이란 '단순한 지식이나 능력뿐 아니라 기능이나 태도도 포함한 다양한 심리적·사회적인 자원을 활용하고, 특정한 문맥 속에서 복잡한 요구(과제)에 대응할 수 있는 힘'으로 정의됩니다.

2016년 OECD의 국제학업성취도 평가(PISA) 등으로 일본 학생들의 학력 저하가 명백히 드러났으므로, PISA 조사 구조의 기본 개념인 '핵심 역량'이 일본중앙교육심의회에서도 활발하게 논의되고 있습니다. 핵심으로 언급되는 능력 중 첫 번째는 사회·문화적, 기술적 도구를 상호작용하에 활용하는 능력입니다. 두 번째는 다양한 사회 그룹에서 인간관계를 형성하는 능력, 세 번째는 자율적으로 행동하는 능력입니다. 요점은 변화, 복잡성, 상호의존으로 특징지어지는 세계에 대한 대응력이 필요해진다는 것입니다.

고쿠분 이제부터 교육을 통해 그러한 것들을 만들어낼 수 있는, 혹은 그것들을 잘 다룰 수 있는 사람으로 만들어 달라는 것이군요. '인생의 의미를 잃어버리기 쉬운, 계속 변화하는 환경 속에서 자신의 인생에 일정한 스토리를 만드는 것과 동시에 의미나 목적을 부여하는 힘'이라든가, '감정을 효과적으로 컨트롤하는 힘'이라든가 하는. 십여 년 전에 일본에서 반향을 일으켰던 '살아가는 힘'과도 비슷하군요.

구마가야 네. 더욱이 '핵심 역량'의 중심에 놓여 있는 것은 '사려 깊음'이라고도 할 수 있지요. 요컨대 중요한 것은 상대의 입장에 서서 자신이 소속된 사회나 문화를 상대화하고 자주적인 판단을 내리는 능력입니다. 이것은 새삼스레 강조할 필요도 없이 개인이 갖추어야 할 자질로서 경제적 합리성 아래에서 계속 공인되고 있습니다.

고쿠분 그것만 들으면 뭔가 좋은 말을 하는 것처럼 들리네요. 그런데 이 모든 게 달성된 인간이란 어떤 인간일까요? 어떤 일에도 유연하게 대응할 수 있다는 거지요? 그건 도대체 어떤 사람일까요. 여러분, 상상이 됩니까? 구마가야 선생님, 어떠세요?

구마가야 과거를 척척 잘라버릴 수 있는 사람이려나요.(웃음)

'핵심 역량'의 네거티브로서의 자폐증

고쿠분 지난 시간의 '의지'에 관한 이야기가 떠오르네요. 과거에 구애되지 않고 아픔도 조절할 수 있고 슬퍼지거나 쓸쓸해지더라도 자기 혼자서 어떻게든 해결할 수 있다, 힘들었던 과거는 전부 절단할 수 있다, 그러면서도 '자신의 인생은 이런 식으로 설계'하고 항상 적극적이고 미래지향적인 서사화를 행한다… 결국 이런 인물을 만들려고 하는 겁니다. 이런 거, 저는 좀 무섭네요.

　이전에 구마가야 선생님과 이야기할 때, 만약 그런 사람이 있다면 그는 어떤 사람일까 하는 주제로 이어져서 저는

"람보 아닐까요?"라고 말했었죠. 제가 '람보'라고 하니 혹시 시인 랭보[60]인가 생각하실지도 모르지만, 그 랭보가 아니고 실베스터 스탤론이 연기한 베트남전쟁 귀환병인 람보가 맞습니다.

영화 〈람보 1〉에 이런 장면이 있습니다. 극 중 람보의 스승인 트라우트만 대령이 영화 중반에 등장해 폭주하는 람보를 두고 현지 경찰에게 이렇게 설명합니다. "그는 아픔도 날씨도 개의치 않도록 훈련받았소. 완전히 혼자여도 살아갈 수 있어요. 녀석은 염소가 구역질할 만한 것도 먹습니다." 강렬한 대사입니다.

람보는 어떤 예측 오차나 충격에도 견딜 수 있도록 훈련되어 있습니다. 염소조차도 고개를 돌리는 것을 먹으라는 '명령'을 받으면 먹을 수 있습니다. 그렇게 무엇이든 견뎌낼 수 있게 된 인간이 베트남전쟁에서 미국으로 돌아옵니다. 그러나 그런 극한의 훈련을 받은 인간이 일상생활로 되돌아올 수 있을 리 없지요. 그러니 사회복귀가 불가능한 것입니다. 그 비극을 그려낸 게 이 영화입니다.

어떠한 변화에도 유연하게 대응하고, 어떠한 감정도 조절하고, 과거를 절단하면서 미래지향으로 살아가는 노동자…. 저는 그게 람보 같은 존재가 아닌가 싶습니다. 람보 같은 노동자를 지금, 사회는 만들려고 하는 게 아닙니까. 그리고 람보가 사회로 복귀하지 못했듯이 그런 환경과 조건을

60 〔옮긴이주〕 아르투르 랭보. 프랑스 시인. 일본어로는 '람보'와 '랭보'의 발음이 같다.

부여받은 노동자들은 이미 강도 높게 고통받고 있지 않을까요? 우울증의 만연, 미국에서 문제가 되고 있는 오피오이드 의존[61] 등 그 예를 얼마든지 들 수 있습니다.

이야기를 되돌려서 왜 '핵심 역량' 이야기를 했는가 하면, 이전에 구마가야 선생님이 '핵심 역량'은 정확히 ASD, 자폐스펙트럼장애의 네거티브(음화)가 되고 있다고 지적하셨기 때문입니다. '핵심 역량'을 뒤집어 말하면 자폐증 조건이 됩니다. 자신의 감정을 간단히 조절할 수 있다, 새로운 상황의 변화에 즉각 대응할 수 있다… 이러한 '핵심 역량'을 교육상 떠받드는 사회에서는 그에 대응할 수 없는 사람들이 배제되는 건 아닐까요. 구마가야 선생님, 수치로 따지면 최근 30년 사이에 자폐증이 얼마나 증가한 것입니까?

구마가야 데이터에 따라 다르지만, ASD 진단이 30배 증가하고 있습니다.

고쿠분 30배. 처음 듣는 사람은 놀라겠지요. 화학물질이 원인이라든가, 여러 가지 의견을 말하는 사람이 있습니다만 사실 포인트는 진단 수효입니다. 즉 '우리 아이는 뭔가 조금 이상한 게 아닐까'라고 생각해서 부모가 아이를 진찰하러 병원에 데려갑니다. 옛날이라면 '조금 별나긴 하네요' 하던 정도를 곧장 진단해버립니다. 그래서 진단 수효가 증가하고 있다는 거지요.

---

61 미국에서 강력한 진통제 오피오이드(Opioid)의 과다 복용으로 인한 약물 중독 및 사망 사례가 잇따르면서 사회문제로 대두되었다.

구마가야   그렇군요. 2012년 히토쓰바시 대학의 사노서원(佐野書院)에서 고쿠분 선생님과 연이어서 논의[62]했을 때도 포스트 포디즘(Post Fordism)과 관련해서 이런 이야기를 나눴습니다.

열정적으로 차례차례 잇따라 욕망을 가지면서 과거를 깨끗이 버릴 수 있는 주체야말로 포스트 포디즘 아래에서 건강하게 살아날 수 있습니다. 그러나 유감스럽게도 인간의 진화는 그러한 시대를 충분히 따라가지 못하고, 포스트 포디즘에 적응할 수 있는 사람의 수는 많지 않습니다. 특히 선명한 과거를 계속 살아가고 있는, 즉 기억이 강력한 존재감을 계속 발하고 있는 나날을 보내고 있거나 과거의 습관을 버리고 새로운 것에 적응하는 데 서툴기 쉬운 자폐스펙트럼 장애인이라는 일군의 사람들은, 과거의 포디즘 체제하에서는 이상적인 노동자였겠지만 포스트 포디즘 사회에서는 차례로 장애인이라는 라벨이 붙여지는 건 아닐까라는 이야기였죠.

고쿠분   네, 잘 기억하고 있습니다.

구마가야   인간이 향후 어떤 속도로 진화해 갈지 제가 예측할 수는 없지만, 그러나 이러한 사회의 변화에 누군가는 숨 가빠하고 있겠지요. 요구되는 진화의 속도를 따라가기 힘들어한다는 인상을 받습니다. 그리고 지금 진단 수가 30배로 늘어난 것도 증거가 아닐까요. 동시에 전수 조사에 가까운 방

---

62   2012년 4월부터 11월까지 6회에 걸쳐 게스트를 초청해 열린 '구마가이 신이치로 연속 강연+토의' 중 제3회, 제6회 토의(7월 1일, 11월 11일. 주최 이스트 프레스).

법으로 동일한 진단 기준을 적용하면 증가하지 않았다는 연구도 있습니다. 이를 보면, 실제 비율이 증가하고 있는 게 아니라 진찰받는 사람이 증가했다거나 신경 쓰는 사람이 증가했다는 의미가 된다고 생각합니다.

고쿠분 그래서 구마가야 선생님에게 다시금 타자의 조건과 사회적 배제에 관해 여쭙고 싶습니다. '핵심 역량'이 문제점을 안고 있다는 것은 두말할 나위도 없습니다. 다만 이를 간단히 부정할 수는 없습니다. 왜냐하면 '핵심 역량'으로 상징되는 현대사회라는 건, 온정주의(장애인에 대한 동정과 보호의 관점)를 부정하는 것에서 생겨났다고 말할 수도 있기 때문입니다. 사회나 권위가 뭐든 제멋대로 결정하는 시대가 있고, 그에 대한 반성이 지나치게 개인화된 이 사회를 낳았다고 말할 수도 있지 않을까요.

강요받는 반(反)중동태적 생활방식

구마가야 확실히 람보란 어떤 존재인가의 문제 같습니다. 그는 과거를 차단하는 데 매우 능숙하고, 상처투성이의 과거를 의식으로 올라오지 못하도록 차단하고, 핵심 자기를 잠재우고, 적극적으로 미래를 전망하며 계속 움직일 수 있는 인간입니다. 어지러울 정도로 빠르게 변하는 환경 아래서 점차 과거에 얽매이지 않고 그때그때 유연하게 적응해 나갑니다. 그런 람보와 같은 특징을 요구하는 것이 '핵심 역량'인지도 모릅니다.

『중동태의 세계』에는 바로 그 점이 다른 방식으로 서술돼 있었습니다. 의지라 부르는 것은 상처투성이 과거를 차단하는 것입니다. 특히 의존증의 맥락에서 아렌트의 이론을 인용해서 과거를 차단하고 적극적으로 미래만 찾는 그런 상태가 '의지'라는 말의 기원이라고요.

그런 의미에서는 '핵심 역량'이 하나의 규범이 되는 현대사회, 조금 전의 이야기로 말하자면 포스트 포디즘 사회는 중동태의 반대 세계입니다. 의지를 갖고 적극적으로 과거의 일은 금방 잊어버리고, 어쨌든 뒤돌아보지 않고 앞만 보고 살아갑니다. 그러한 이른바 반(反)중동태적인 개인이 더욱더 요구되고 있음을 '핵심 역량' 목록에서 알아챌 수 있다고 생각합니다.

사회학자 리처드 세넷(Richard Sennett)도 자신의 책 『불안한 경제/표류하는 개인』에서 이렇게 말합니다.

자신의 인생 이야기를 즉흥적으로 엮어내거나, 아니면 일관된 자기 감각이 없는 상태에 만족해야만 한다.[63]

고쿠분 선생님이 『중동태의 세계』에서 쓰셨던 의지 이론과 깊이 공명한다고 생각합니다. 조금 전에 의식의 범위가 넓은 사람은 어떻게 되는지 이야기했지요. 의식의 범위가 좁은 사람이 있다면 넓은 사람도 있듯 세상에는 개인차가 있습니다. 의식의 범위가 넓다는 건 과거의 상처를 흘려

---

63 리처드 세넷, 유병선 옮김, 『뉴캐피털리즘』, 위즈덤하우스, 2009, 7쪽.

보내는 일에 서툴다고도 할 수 있습니다. 과거의 상처가 의식에 올라오기 쉽거나 아니면 의식이 작용하기 쉽습니다. 그것은 매우 중동태적이라고 할 수 있습니다.

그러나 의존증에서 회복된 사람은 차치하고 의존증의 한가운데에 있는 사람은 반중동태적인 삶을 사는 것은 아닐까, 의존증 상태에서 중동태적인 세계로 이행하는 일이 의존증으로부터의 회복이 아닐까 하는 등의 이야기도 해 왔습니다.

그에 반해, 자폐스펙트럼장애는 오히려 매일, 말 그대로 중동태를 살고 있는 존재라고 할 수 있습니다. '중동태를 산다는 건 절대 즐겁지 않다'라는 아야야 씨의 말을 여러 번 소개했는데, 그것이 여기로 연결됩니다.

특히 현대사회에서는 의식의 범위가 넓어 과거를 잠재화하는 데 서툰 개인은 살기 어렵습니다. 언제까지나 과거를 잊을 수 없다면 과거에 크게 구속받는 것이며, 급격하게 바뀌는 환경에 적응하지 못하면 커뮤니케이션이 어렵다고 합니다. 그러한 사람은 '핵심 역량'이 군림하는 현대사회에서는 아무리 생각해도 배제의 대상이 되는 게 아닌가요. 이는 『중동태의 세계』의 논의와 직접 관련되어 있습니다.

당사자 연구와 당사자 운동

구마가야 다만 고쿠분 선생님도 아까 말씀하셨듯이 이 '핵심 역량'은 부정할 수 없는 것입니다. 왜냐하면 '핵심 역량' 이

전에는 어떤 세상이었냐면, 고쿠분 선생님이 말씀하신 대로 가부장적 온정주의의 시대였다고 생각합니다. 권위 있는 높은 사람이 있고 그 사람이 우리의 인생을 결정합니다. 그렇지 않은 사람은 높은 사람이 하라는 대로 할 수밖에 없어요. 간단히 말해 그런 세계입니다. 이미 말씀드린 대로 특히 저처럼 장애가 있으면 높은 사람이 하라는 대로 해야만 하는 시대가 예전에 있었습니다.

대략 70년대까지는 그랬다고 할 수 있지 않을까요? 하지만 그 후로 조금씩 바뀌어 왔습니다. 특히 80년대에 과거의 굴레나 온정주의에서 해방시키는 사회운동이 일어났습니다. 그제야 우리는 자유를 얻었습니다. 바로 능동적으로 살 수 있게 되었습니다. 그때까지는 계속 시설이나 혹은 병원 안에 유폐되어 있었던 거지요. 그런 어제까지의 방식을 버리고 세상에서 여러 가지가 가능하다는 걸 느꼈습니다. '나에게는 다양한 잠재력이 있고 가능성이 있다, 마침내 해방된 것이다.' 그렇게 여겨지는 변화가 장애인 운동에 국한되지 않고 당사자 주권이라는 호소 아래 일어난 것입니다.

과거에 그러한 흐름이 있었기 때문에 비로소 저라는 개인 역시 구제받을 수 있었던 것입니다. 그 변화라는 게 정말 고마웠습니다. 나에게 주권이 있다는 능동적인 시대의 분위기 없이는 해방될 수도 없었습니다. 저뿐만 아니라 많은 사람이 그렇게 느꼈을 겁니다. 그건 사실입니다. 다만 뇌성마비라는 장애에 한해서는 당사자에 의한 격렬한 운동을 포함해 사회에 크게 '클로즈업'된 시대는 70년대가 정점이었습니다. 지금은 굳이 따지자면 붐이 지났다고 할 수 있습니다.

그것과 교대하듯 주목받고 진단 수가 급증하기 시작한 것이 ASD, 자폐스펙트럼장애였던 거지요.

어떤 시대에 주목받는 장애에는 그 시대 규범의 음화 같은 면이 있는 것 같습니다. 저와 아야야 씨의 공동 연구는 제가 한 일이긴 하지만 그 점에서도 흥미롭다고 생각합니다. 저는 '핵심 역량'으로 해방된 바가 있습니다. 그녀는 핵심 역량에 의해 배제되기 시작한 시대를 살고 있습니다. 그런 차이점이 있지요. 간단하게 어느 쪽이 좋다, 나쁘다 할 수는 없지만요.

고쿠분 선생님의 조금 전 질문에 엄밀하게 대답할 수는 없지만, 지금 일어나고 있는 구체적인 배제 그 자체를 간단하게는 부정할 수 없다는 말입니다. 이른바 '반중동태적 규범'의 시대에 우리는 살고 있다고 할 수 있겠지요.

고쿠분 당사자 주권이라는 말이 나왔는데, 구마가야 선생님에게 다시 여쭙고 싶은 점이 있습니다.

카를 마르크스의 "철학자는 세계를 해석해 왔을 뿐이다. 중요한 것은 세계를 바꾸는 것이다"라는 유명한 말이 있습니다만, 구마가야 선생님은 『임상심리학』 잡지에 연재한 「당사자 연구로의 초대」에서 "의료가 '나를 바꾸기' 위한 실천이고, 운동이 '세계를 바꾸기' 위한 실천이었다면, 연구란 '나와 세계를 알기' 위한 실천이라고도 할 수 있다"라고 표현하셨지요.[64] 구마가야 선생님 안에서 '당사자 연구'와 '당사자 운동'은 이를테면 두 축으로 있는 것일까요?

---

64 구마가야 신이치로, 「당사자 연구로의 초대/제1회 살아남기 위한 연구

구마가야　당초 저는, 그 둘은 보완적인 관계에 있어서 '안다는 것'과 '바꾼다는 것'은 두 축으로 순환되지 않으면 안 된다고 갈무리해 두었습니다. 이제는 말할 수 있지만, 그 당시엔 당사자 연구만으로는 사회를 향한 과잉 적응과 한없는 자기반성에 빠져버리지 않을까 하는, 저 자신이 가진 당사자 연구에 대한 과소평가가 영향을 미친 것 같습니다.

　　이런 인식에 변화가 생긴 건 자신의 인식에서 '당사자 연구'에 '당사자 운동'의 요소가 포함된 것을 최근에야 깨달았기 때문입니다. 당사자 연구의 루트를 더듬으면 더듬을수록, 즉 '베델의 집' 무카이야치 이쿠요시 씨나 다르크 여성 하우스의 가미오카 하루에 씨의 궤적을 헤아려볼수록, 당사자 연구에는 당사자 운동이나 페미니즘을 비롯한 '사회운동'의 유전자가 면면히 흐르고 있음을 알 수 있었습니다.

인지행동치료와 당사자 연구

고쿠분　'당사자 연구와 당사자 운동이 두 축으로 있다고 생각하면 둘은 별개의 것이 되어버린다. 하지만 그렇지 않다. 전자에 후자가 포함되어 있다.' 구마가야 선생님만의 매우 설득력 있는 지적이네요.

(当事者研究への招待／第一回·生き延びるための研究)」,『임상심리학(臨床心理学)』제15권 제4호, 콘고출판, 2015. 7.

구마가야 결정적인 의식 변혁의 계기가 된 것이 히라이 히데유키(平井秀幸) 씨의 『교도소 처우의 사회학』이라는 책이었습니다.[65] 히라이 씨는 여기서 신자유주의적 질서 및 통치 기술로서 CBT(Cognitive Behavior Therapy), 즉 인지행동치료가 전 세계에 유포되고 있는 현상을 비판적으로 논하고 있습니다. 또한 그 책의 각주에서 제가 생각하고 있는 점을 언급해주셨습니다. 교도소의 약물의존증 프로그램의 현장을 연구하면서 '인지행동치료'와 '당사자 연구'의 차이를 다뤄주셨던 것이지요. 그 글에서 당사자 연구 속에 있는 당사자 운동의 요소를 재인식한 것입니다.

고쿠분 인지행동치료는 정확히 능동/수동의 도식 안에 있고 말하는 사람만 바뀝니다. 그런데 당사자 연구에서 바뀌는 건 확실히 그리고 압도적으로 듣는 쪽이죠.

구마가야 맞습니다. 그룹으로 하는 인지 치료와 그다지 다르지 않다고 오해받는 경우도 있지만 그렇지 않습니다. 예를 들어 베델의 집 경우도 당사자 연구에서 자신을 발표할 때 발표자는 뭔가 엄청난 발견이 아니라 어찌 보면 단순히 자기소개를 했을 뿐이고, 듣는 사람이 해주는 피드백에서 약간의 발견이 있는 정도지요. 사실 그런 일이 적지 않습니다. 오히려 연구를 발표하면서 변하는 건 고쿠분 선생님이 방금 말씀하신 것처럼 듣는 쪽의 인식입니다. 예를 들면, "그랬던 거구나… 너는 그렇게 생각해서 집에 불을 질렀던 거였네"처

---

65 히라이 히데유키, 『교도소 처우의 사회학(刑務所処遇の社会学)』, 세오리 쇼보, 2015.

럼. 그리고 모두 차례로 이야기함으로써 환경 쪽이 차차 변화하고 이전에 모두가 공유하고 있던 가치관이나 지식, 즉 집단지성이 업데이트되어 갑니다.

고쿠분 중동태의 과정이 발생하고 있는 거군요. 중동태적으로 저절로 변화가 생겨나네요.

구마가야 당사자가 직면하는 장벽은, 예를 들면 도로의 단차 같은 물리적인 장벽만이 아닙니다. 세상 사람들이 공유하고 있는 집단적인 가치관이나 지식이 가로막는 경우도 있습니다. 집단적인 가치나 지식, 언어가 업데이트되어 가는 것이 당사자 연구의 현장이지만, 그로부터도 사회를 변혁하는 힘이 당사자 연구에 없는 게 아님을 알 수 있으며, 오히려 그것은 실로 '당사자 주권'적 운동이기도 한 것입니다. 요점은 당사자 연구에 의한 언어나 가치의 업데이트가 곧 사회변혁 그 자체라는 게 지금의 제 이해입니다.

고쿠분 운동과 연구를 두 축으로 생각하는 종래의 사고방식을 내치는 이러한 사고방식은 매우 흥미롭고 설득력이 있습니다. 저 자신이 철학적으로는 일원론의 입장을 취하고 있는 것도 관계가 있을지도 모릅니다. 애초에 '운동도 중요하지만 연구도 중요', '연구도 중요하지만 운동도 중요'라는 이원론은 꽤 잘못된 것 같습니다.

구마가야 어느 쪽이든 경시하고 있다고 할까요….

고쿠분 이원론은 뭔가를 은폐하고 있지요. 그런 의미에서 구마가야 선생님이 '연구'를 철저하게 함에 따라 '운동'의 요소가 현현한다는 인식으로 바뀌어 왔다는 이야기는 매우 흥미롭습니다. 이런 이야기를 듣게 되어서 매우 좋았습니다.

신자유주의적 신중주의[66]

고쿠분 구마가야 선생님의 인식을 확실히 바꿔준 히라이 히데유키 씨의 『교도소 처우의 사회학』으로 이야기를 돌려볼까요? 저도 구마가야 선생님이 알려주셔서 읽었는데 정말 재밌었습니다. 저는 전혀 몰랐는데 이런 식으로 말해도 좋다면, 범죄자를 어떻게 다룰 것인가에 관해서 20세기 후반에 큰 패러다임의 전환이 있었다는 거지요.

구마가야 네, 교도소에 넣어 처벌하는 것에서 인지행동치료를 통한 자기 조절 방식으로 바뀌었다는 겁니다.

고쿠분 방금 구마가야 선생님이 말씀하신 사회 변화와도 평행하군요. 이 변화는 쉽게 부정할 수 없습니다. 히라이 씨는 이렇게 쓰고 있습니다. "소년원이나 교도소 같은 격리시설에 수용시켜 윤리관이나 인격을 교정하려는 방식의 개입에는 사실 재범 예방 효과가 없다는 게 증거로 증명되고 있으니, 이 방식에 돈을 써도 소용없다는 우파적 주장과 그들에게는 그들의 인생이 있으므로 반사회적 행위에 손을 댄 것이라는 좌파적 주장이 결합해서 교도소에 인지행동치료를 적용하는 일이 시작되었다." 우파와 좌파가 합치한 것이 포인트죠.

구마가야 그리고 그것이야말로 신자유주의적인 것이라는 겁니다.

---

66 〔옮긴이주〕본문에서 바로 설명되지만 히라이 히데유키가 만든 용어다. 사회의 질서에 순응하기를 과도하게 요구하는 경향을 나타낸다. 원어는 신려주의(慎慮主義)인데, '신려'를 '신중'으로 번역했다.

고쿠분 바로 그렇습니다. 거듭 말씀드리지만 돈을 들이지 않고 효과가 높아진다는 건 그렇게 간단히 나쁘게 볼 일이 아닙니다. 그렇다고는 해도 결국 거기서 요구되는 인물상이나 규범은 역시 조금 전의 '핵심 역량'과 결부되어 있습니다.

구마가야 네. 인지행동치료가 요구하는 인물상은 '핵심 역량'과 마찬가지로 매우 얌전하게 늘 자신을 계속해서 반성하는 것입니다. 그리고 또 하나, 테크닉이라는 거지요. 마치 일상의 꿀팁 같은 건 아니지만 삶을 위한 기술을 계속 갱신할 수 있는 사람입니다.

인지행동치료는 정신분석에 비해 과거를 깊이 파고들지 않습니다. 트라우마에 초점을 맞춘 인지행동치료도 있지만 중점적으로는 취급하지 않아요. 기본적으로는 현재와 미래를 바라보며 인간을 새로 바꾸려는 치료술이라고 할 수 있지요.

고쿠분 사려 깊은 인간, 일종의 스토아학파 같은 느낌이네요. 스토아학파 같은 인간을 만들려고 하는 걸까요?

구마가야 히라이 씨는 '신중주의'라는 용어를 사용합니다.

고쿠분 히라이 씨는 신중주의의 문제점이 무엇이라고 말씀하시나요?

구마가야 "사회적인 것의 자기 통제화"라고 표현되어 있습니다.

다양한 범죄가 있겠지만, 범죄를 저지른 사람은 교도소에 들어갑니다. 그러면 현대의 교도소에서는 무조건 처벌하는 게 아니라 신중주의를 체화시켜 커뮤니티 안에서 살게 됩니다. 그러나 범죄에는 빈곤이나 차별과 같이 대부분 자신이 통제할 수 없는 사회적인 배제가 영향을 주는 것이 적지 않습니다. 그럼에도 불구하고 그것을 개인이 극복하도록 하고 있습니다. 여기에 애초부터 무리가 있다는 것이 히라이 씨의 주장입니다.

사회의 변화라는 건 비용이 들기 때문에 자기 조절로 어떻게든 하려고 한다는 겁니다. 이것은 이른바 '신자유주의'적인 사고방식이지요. 히라이 씨는 '향상된 자유주의(advanced liberalism)'라고 표현합니다만, 국가의 지출을 가능한 한 억제해 '역시 자기 결정이 중요하지'라고 개인의 주체성을 칭송하면서도 '하지만 자기 책임이야'라며 사회의 모순을 개인에게 전가하고 있습니다. 아주 간단히 말하면 그런 문제점에 관한 지적입니다.

고쿠분 신중주의는 분명 의식의 특정 범위와 지각의 특정 해상도를 당연한 이상(理想)으로 삼고 있는 것 같네요.

구마가야 적어도 '둔감'하고 '무심코'가 아니면 이런 이상을 따르는 건 어렵습니다.

고쿠분 인간의 감각을 어떤 문턱값 안으로 구겨 넣으려고 하고 있다고 말해도 좋겠습니다.

구마가야 그렇네요. 신중주의라고 하면 굉장히 섬세하고 민감한 이미지이지만 여기서 말하는 신자유주의적인, 혹은 '핵심 역량'적인 신중주의에는 원래의 '신중'이라는 말과는 조금 이질적인, 뉘앙스로서는 무언가 반중동태적인 가벼움이 느껴집니다.

고쿠분 확실히 가벼운 느낌은 있습니다. 그런데 저는 아직 제대로 표현하지 못하겠네요. 아까는 스토아학파라고 했지만 역시 다릅니다. 스토아학파가 말했던 건 더 민감해지라는 것이라고 생각하는데, 그런데 말로는 '핵심 역량' 또한 민감해지라고 같은 말을 하고 있는 셈이지요. 뭐가 다를까요?

구마가야 뭔가 다른 것 같습니다. 휴먼 페이트를 바라보는 시선이 다르다고나 할까요.

상처에 대한 부인과 소비 행동

고쿠분 다만, 거듭 말씀드리자면 사려 깊다거나 신중주의적이라는 게 반드시 나쁜 것만은 아닙니다. '이건 신중주의적이다'라는 식으로 비판해야 되는 대상도 분명히 존재하겠지만, 이것은 매우 섬세하게 다루어야 할 문제입니다. 온정주의 비판의 문제점도 이와 비슷할 수 있습니다. 권위가 모든 것을 결정한다는 건 잘못입니다. 하지만 그렇다고 모든 걸 개인에게 결정하도록 하면 된다는 말이 아닙니다. 사람에게 선택을 맡기면 그것으로 해결된다는 건, 바로 이전에 이야기한 '의사결정 지원'이 안고 있는 커다란 문제입니다.

　이 이야기를 생각하는 데 직접적인 도움이 될지 모르겠지만, 지금의 사회는 다양하지 않으면 안 되며 인간이 민감하지도 않다는 점을 지적할 수 있다고 생각합니다. 아즈마 히로키[67] 식으로 말하면, 그야말로 '동물화'되고 있다고 할

67　〔옮긴이주〕 아즈마 히로키(東浩紀). 일본 사상가이자 소설가. 현재는 다양한 사업에 종사하고 있다. 대표작 『존재론적, 우편적』(도서출판b, 2015) 등을 비롯해 다수의 글이 국내에 번역되어 있다.

수 있겠지요. 21세기 인간은 아마존 사이트에서 무언가를 사면 하루도 되지 않아 도착하는, 말하자면 욕망이 순간적으로 충족되는 공간에 살고 있습니다. 거기서는 욕망이 자신의 마음속에서 쌓여갈 자리도, 발효될 시간도 없습니다. 모든 것이 다 누락되어 있습니다. 그런 여유조차 허용되지 못하는 사회가 있는 한편, 반대로 뭔가 '신중함'을 요구하고 있기도 합니다. 거기에 상정된 '신중'이란 어떤 것일까요.

이런 얘기를 하다 보면 한 가지 실험이 떠오릅니다. 하이데거가 『형이상학의 근본개념들』에서 소개하는, 배에 칼자국을 낸 꿀벌 실험입니다. 꿀을 가득 채운 유리잔 앞에 꿀벌을 놓으면 꿀벌은 꿀을 먹기 시작하지요. 그때 꿀벌의 배를 가르면 배에서 꿀이 쏟아져 나오는데도 꿀벌은 그대로 끝없이 계속 꿀을 먹는다는 겁니다. 배에서 꿀이 계속 새어나오므로 영원히 포만감을 느끼지 못합니다. 잔인한 실험이지만, 하이데거는 이렇게 말합니다.

> 꿀벌은 이 사실을 확인하지도 않고, 더욱이―그 정도는 해도 될 것 같은데―배에 열상을 입었다는 사실을 확인조차 하지 않는다. 그런 건 전혀 문제가 안 된다.
> 정확히, 꿀이 바로 눈앞에 있음을 확인하지 않기 때문에 오히려 꿀벌은 요컨대 먹이에 의해 붙잡혀(hingenommen, 얼빠져) 있는 것이다.[68]

68 마르틴 하이데거, 이기상·강태성 옮김, 『형이상학의 근본 개념들』, 까치, 2001, 395~6쪽.

저는 21세기의 인간에 대해서 이 실험대에 놓인 꿀벌과 같은 이미지를 갖고 있습니다. 상처를 부인함(배가 잘렸음을 모른다), 과거에 대한 참조를 포기함(얼마나 먹었는지 알 수 없게 된다), 그리고 끝나지 않는 노동(언제까지나 꿀을 계속 먹고 있다) 과 같은 이미지입니다.

구마가야 확실히 휴먼 페이트라고 해야 할까요. 정신분석이 지금까지 해 온, 상처에 대한 통찰을 포기하는 경향이 있다고 생각합니다. 거기에는 본래 상처는 사람을 이렇게까지 만들어버린다든가, 반대로 상처에 의해 사람이라는 건 이렇게 되어버린다 하는 등의 나름대로 풍부한 이해도 포함되어 있다고 생각합니다.

상처를 부인하는 병이라는 것이 정확히 그렇습니다. 의존증도 부인하는 병이라고 합니다만 능동태에도, 의지에도, 상처를 부인하는 것을 수반한 신중주의 같은 것이 있지 않습니까. 그래서 난폭하게 되어버리는 사람, 말이 길어지는 사람, 갑자기 플래시백이 일어나서 주위에서 이해할 수 없는 행동 패턴을 취하는 사람, 그런 사람에 대한 허용치가 많이 낮아져 있습니다. 그러는 한편 자꾸만 다양성, 포용성이라고 말할 따름입니다.

고쿠분 지금처럼 다양성에 대한 관용이 없어진 시대는 없다고 생각합니다만.

구마가야 신중주의는 타자를 존중하라, 다양성을 존중하라고 하지만, 히라이 씨에 의하면 그런 말과 함께 "다양성을 인정한다―다만, 난폭한 사람은 예외"라는 '향상된 자유주의'가 만연하고 있습니다. 그런 편협함이 지금 이 시대의 신중주의 기조에 있습니다.

　　조금 전 고쿠분 선생님이 말씀하신 '아마존에서 구매한다'는 행위와도 관련이 있을까요? 관점 중 하나로 『한가함과 지루함의 윤리학』의 소비와 낭비의 차이가 있는데요, 이건 소비라는 문제와 관련된 듯한 느낌이 드는데 어떠신지요? 아니면, 이 강의와 관련된 말로 한다면 '중독으로 구매한다'이겠지요. 코나투스를 충족시키기 위해 구매하는 게 아니라는 그런 뜻일 수도 있겠네요. 그렇게 생각하면, 상처를 부인하는 것과 방금 고쿠분 선생님이 말씀하신 '동물화'라고 기술할 수 있는 소비 행동이라는 건 짝이 잘 맞는 것일지도 모릅니다.

고쿠분　그렇군요. 무엇을 동물화라고 부르든 간에 소비와 상처를 부인하는 것 사이에 짝이 맞다는 말, 구마가야 선생님의 말씀대로 확실히 그런 느낌입니다. 슬슬 끝낼 시간인가요? 그럼 평소와 같이 뭔가 질문 등이 있으면 모쪼록 기탄없이 말씀해주십시오.

질의응답

질문1
인지행동치료 과정은 중동태적이지 않습니까?

고쿠분 지난번에도 질문해주셨던 의료 관계자분이 손을 들고 계시네요. 질문, 부탁드립니다.

—— 감사합니다. 질문은 두 가지입니다. 첫째는, 마지막에 나온 '인지행동치료'에 관한 이야기입니다. 저는 의료인의 입장이라 옹호하지 않을 수 없는데, 교도소의 인지행동치료라는 건 아마도 상당히 특수한 예라고 생각합니다. 정신과적으로는 본인이 좀 더 살아가기 쉽도록 만들어주는 긍정적인 맥락에서 사용되고 있는 게 아닌가요?

　　인지행동치료는 비(非)중동태적이라든가, 중동태적인 방식을 배제한다는 이야기를 하셨지만, 사실 그 과정에서 이루어지고 있는 것은 매우 중동태적이라고 생각합니다. 아야야 씨 식으로 말하면 '내적인 어포던스'와 '외적인 어포던스'가 서로 얽혀 형성된 '무심코'의 행동 패턴을 다시 한번 중동태의 세계로 옮겨 놓고, 이를테면 풀어서 다시 묶는다는 것이 인지행동치료로, 즉 치료 과정에서는 확실히 중동태의 세계로 유도하고 있는 게 아닌가라고 저는 생각합니다. 결과적으로 생성된 패턴은 중동태적이지 않지만 패턴을 생성하는 과정 자체는 중동태적이지 않나? 하는 것이 첫 번째 질문입니다.

또 다른 질문은, 의식의 범위와 해상도 문제입니다. 최근의 기술로는 자기 신체의 항상성을 모니터링할 수 있습니다. 혈당치가 오르내리는 것을 실시간으로 정확히 모니터링할 수 있는 장비가 나오고 있습니다. 신체에 대한 이러한 지각의 방식을 어떻게 생각하시는지 말씀을 부탁드려도 되겠습니까?

덧붙여서, 이 테크놀로지를 실제로 사용하여 자기 신체를 모니터링했던 당뇨병 환자가 어떤 반응을 하느냐면 크게 세 가지가 있습니다. 첫째는 전혀 신경 쓰지 않는 사람, 둘째는 혈당치가 올라가니까 밥이 넘어가지 않게 된다는 사람, 이것은 의식의 범위가 넓어져 먹을 수 없게 된 예라고 생각합니다. 셋째는 의식의 범위가 넓어짐에 따라 반대로 자신이 무엇을 먹으면 혈당치가 오르는지 이해할 수 있게 되어 의사의 조언이 불필요하게 되는 사람입니다. 즉 의식의 범위가 넓어지면 자기를 인식하기 위해 다른 사람을 필요로 하지 않게 된다는 의미라고 생각합니다. 이러한 차이점을 어떤 식으로 생각하면 좋을지 의견을 듣고 싶습니다.

구마가야 어렵네요.

고쿠분 반복되는 거지만, 저는 인지행동치료를 전부 부정할 생각은 전혀 없습니다. 다만, 거기에는 매우 섬세하게 다뤄야만 하는 어려운 문제가 얽혀 있다고 생각합니다.

구마가야 비중동태가 차단되는 행위의 원인을 통시적인 것과 공시적인 것으로 나눌 필요는 있을 것 같습니다. CBT, 즉 인지행동치료에 의해 지금 여기에서 발생하는 공시적인 행위의 원인은 그 차단이 해제될 수 있겠지요. 지적하신 대로 행위 원인 중 공시적인 요소의 차단 해제는 인지행동치료로 '커버'되고 있는 것 같습니다. 그에 반해 시간을 넘어 작동하는 통시적인 행위 원인, 가령 상처의 기억, 달리 말해 페이트 (fate)라는 부분 또한 중요합니다. 이쪽의 차단 해제는 인지행동치료로 어느 정도 성공하고 있는 걸까요?

차단에는 공시와 통시 양쪽이 있다고 생각합니다. 아야야 씨가 연구하고 있는 건 둘 다라는 말이지요. 즉 차단할 수 없다고 했을 때 공시적인 어포던스도 차단할 수 없고, 통시적인 과거의 트라우마도 차단하기 어려운 것입니다.

아마 오늘의 마지막 논의는 페이트 부분, 과거의 상처 같은 것이 현재의 행동이나 인지에 영향을 주는 부분을 인지행동치료가 커버할 수 있었는지 여부가 하나의 주제였다고 생각하고 있습니다.

고쿠분 구마가야 선생님은 당사자 연구에 대해 꽤 근본적인 생각을 하고 있을 겁니다. 예를 들어 당사자 연구에서는 이야기를 하는 사람보다 이야기를 듣는 사람 쪽이 달라진다고 말씀하시죠. 베델의 집 예를 들어서 말씀드렸지만, 자기 문제를 해결하기 위해서 하고 있는 연구인가 했더니 오히려 연구를 듣고 있는 쪽이 달라집니다. 어쩌면 사회 전체가 당사자 연구에서 배워야 한다는 게 구마가야 선생님의 생각이지 않을까요?

구마가야 그렇습니다.

고쿠분　사회 그 자체가 당사자 연구를 실시하지 않으면 안 된다고 하는, 꽤 중요한 말씀을 하고 계십니다. 그런 것까지 생각하게 할 가능성이 당사자 연구에 있는 것입니다.

　한편, 인지행동치료의 경우는 주체-객체 모델이라는 게 뿌리 깊게 남아 있습니다. 듣고 있는 사람은 의사 선생님으로서 듣고 있고, 환자는 환자로서 이야기하고 있습니다. 치료하는 사람/치료받는 사람이라는 도식 자체는 그대로 유지되고 있는 셈이죠. 물론 그건 그것대로 괜찮습니다. 그렇지만 우리가 시야에 넣고 있는 당사자 연구라고 하는 것은, 말하자면 그러한 사회 그 자체를 변혁하는 그런 의미도 품고 있는 것이지요.

구마가야　사실 히라이 히데유키 씨는『교도소 처우의 사회학』의 주석에 그에 관한 언급을 실었습니다. 인지행동치료를 비판한 후 그럼 당사자 연구는 어떠냐는 질문을 제기합니다. 거기에는 명확한 답을 내고 있지는 않습니다. 왜냐하면, 현장에서는 당사자 연구라는 건 일견 인지행동치료를 하는 듯 보이기 때문입니다. 그러나 만약 당사자 연구가 사회적인 것의 자기 통제화가 아니라 사회의 문제는 사회로 되돌린다는 계기가 된다면, 거기서 발생하는 것은 인지행동치료와는 다른 게 아닐까 하고 히라이 씨는 지적하고 있습니다.

여기서 중요한 것은 '베델의 집'의 인지행동치료가 본인의
('바뀔 수 있는' 부분이 아닌) '바뀔 수 없는 부분'을 파악하
려는 전환점과 (본인이 아닌) 주위가 '바뀔 수 있는' 부분
이 어딘지를 파악하려는 전환점 모두를 가지고 있다는 점
이다.[69]

오해를 두려워하지 않고 말하면, 리스크가 개개인의 다른
'사회적' 맥락 안에 삽입된 것인 이상, 리스크 평가는 철저
히 개인화하되, 리스크 회피를 위한 인지행동 변용은 철저
히 사회화될 필요가 있는 것이다.[70]

이 부분을 읽고 저도 '아, 그렇구나' 하고 생각을 정리할
수 있었습니다.

고쿠분 말씀하시는 대로 사회의 문제를 사회에 돌려주는 건
매우 중요하다고 생각합니다. 지금 이대로라면 무엇이든 자
기 책임으로 마무리될 수 있기 때문입니다. 그리고 두 번째
질문 가운데 '신체의 모니터링'이라는 건 상당히 어렵네요.
다만, 테크놀로지를 사용한 신체 모니터링을 의식의 범위가
넓어진 것과 동일하게 생각하기는 조금 어려울 것 같습니다
만, 어떨까요?

69   히라이 히데유키, 같은 책, 366쪽
70   히라이 히데유키, 같은 책, 368쪽

—— 지금 단계에서는 그렇다고 생각합니다. 단, 옛날에는 검사 때마다 매번 채혈하고 결과를 기다려야 했지만 지금은 기다리지 않아도 되는 것입니다. 그러한 기술의 확대는 앞으로 더욱 진행되어 갈 것으로 생각합니다. 미래에 우리의 지각, 신체에 접근하는 방법이 점점 무의식화되어 가지 않을까요? 아마도 향후 몇 십 년 사이에 자기 신체의 감각이 바뀌어 가는 것에 관해 생각해야만 하지 않을까요?

고쿠분 그것은 그렇군요. 다만 그것을 어떻게 파악할지는 어렵네요.

구마가야 방금 말씀하신 것처럼 지각되는 것이 바뀌는 것은 아닐까 하셨는데, 신체 변용의 한 예로 어느 정도는 정리할 수 있을지도 모릅니다. 다만 측정기구를 몸에 붙인 새로운 신체도 익숙해질 것이라는 느낌이네요. 신체 도식은 변하기 때문입니다. 즉 새로운 신체에 익숙해지면 또 의식의 범위가 좁아지게 됩니다. 신체 변용에 의해서 일시적으로 의식의 범위가 넓어져 자각, 즉 '알아챔'의 의식이 높아질지도 모르지만, 확장된 새로운 신체에 익숙해지면 또 의식의 범위는 좁아지는 게 아닐까, 이렇게 생각되네요. 오늘날 개인차로서의 의식 범위에 관한 이야기와 테크놀로지에 의한 신체 감각의 확장과 신체 변용에 따른 일회성 의식 범위의 확대라는 이야기는 조금 다르지 않나, 라고 느꼈습니다.

—— 과연, 그렇군요. 매우 감사합니다.

질문2

성, 상처, 중동태는 어떻게 관련됩니까?

—— 말씀 감사합니다. 성인용 비디오를 제작하고 있는 후타무라 히토시입니다. 두 분께 여쭙고 싶은 게 있습니다.

성범죄, 예를 들어 성추행을 하게 되는 인간은 완전히 인지가 왜곡되어 있으니 인지행동치료로 바로잡자는 말에 저는 찬성합니다. 하지만 성추행을 저지른 사람들, 앞으로 저지를지도 모르는 잠재적 사람들이 느끼는 마음의 상처에 대해선 정말 이대로 괜찮은가 하는 생각도 있습니다.

고쿠분 선생님이 말씀하신 욕망이 쌓일 '자리'가 없다는 문제는, 유감스럽게도 포르노가 제작되는 과정에서도 발생하는 일입니다. 쉽게 성인 영상물 여배우가 되어버리고, 인터넷으로 모집한 출연자의 신체에 위해를 가하는 포르노를 손쉽게 만들어서 직접 인터넷에 배포할 수 있습니다. 그런 세상에서 포르노나 성 노동을 박멸해야 한다는 움직임이 있습니다. 그건 역시 '상처'의 문제이기도 하다고 저는 생각합니다. 포르노가 존재함으로써 상처받는 사람이 많이 있어요. 저는 포르노를 만들고 있어서 너무 잘 압니다. 그렇지만 아무래도 포르노는 그 영역이 제한되는 한에서 세상에 필요할 것이라고도 생각하고 있습니다.

다만 한편에서, 남자의 능동성이 내포한 죄책감에 대해서도 무척 궁금합니다. 루벤 외스틀룬드(Ruben Östlund) 감독의 영화 〈포스 마쥬어: 화이트 베케이션〉(2015)에서는 남자라는 것에 대한 깊은 죄책감이 묘사되어 있었습니다. 성 문제, 마음의 상처, 중동태는 어쩌면

서로 관련된 것이 아닌가 생각하고 있습니다. 두 분은 어떻게 생각하십니까?

고쿠분 꽤나 거대한 이야기네요. 방금 성추행에 관한 말씀은 아마 성추행뿐만 아니라 다른 성범죄도 관련되겠네요.

—— 예. 모든 성폭력도 거의 그럴 거라고 생각합니다.

고쿠분 조금 전의, 범죄자를 어떻게 처우할 것인가 하는 문제와도 연결되어 있다고 생각합니다. 예전에는 벌을 주면서 "자, 반성해. 다른 사람이 되어라"라고 했지만, 그렇게는 바뀌지 않는다는 것을 알게 되었습니다. 그리고 명백히 성범죄자는 재범률이 높습니다. 최근에는 그저 GPS를 부착시켜 담당 기관에 항상 거처를 알리도록 해 놓거나, 프랑스 등에서는 주사를 놓아 성욕을 억제하는 것도 이미 시행하고 있습니다. 이젠 고치지 않습니다.

—— 그게 신자유주의적이라는 겁니까?

고쿠분 네, 그쪽이 더 쉽고 돈이 안 든다는 거지요, GPS나 주사로 괜찮다는 거니까요. 하지만 과연 정말 그것만으로 괜찮은 건가, 저는 명확하게 태도를 정할 수 없습니다. 고치지 않는다는 건 다시 말해 인간에게 기대하지 않는다는 것이지요. 그것으로 괜찮을지 모릅니다. 왜냐하면 GPS나 주사 등의 대책을 취하면 타인에게 위해를 가하기 어려워지기 때문입니다. 그렇지만 정말 그래도 되는가 싶기도 해요. 그 지점에서 오늘 말씀드렸다시피 저도 태도를 결정하지 못하겠습니다. 역시 이것은 '핵심 역량'을 고려하는 경우와 마찬가지로 최전선의 문제라고 생각합니다.

　성추행과 성범죄 문제, 이건 절대 용서할 수 없는 겁니다. 당연히 가증스러운 범죄이고 혐오감을 가지고 비난해야 할 것입니다. 성범죄의 경우 인지행동치료법을 받아들이기 쉬운 것은 이 때문이 아닐까요? 바로 그렇기에 우리의 인지행동치료에 대한 태도 결정이 어려운 것입니다.

—— 그러한 방법이 채택이 되어버리는 건 어떤 의미에서는 사회가 상처받고 있기 때문일까요?

고쿠분　물론 성범죄는 사회에 큰 상처를 준다고 생각합니다. 『중동태의 세계』에서도 초반에 다루었습니다. 학자는 곧잘 의지나 책임이라는 것을 대충 이해하고 안이하게 비판해서 '그런 것은 존재하지 않는 것이다'라고 간단하게 말해버리는 경우가 있습니다. 하지만 실제로 자신 또는 자신의 소중한 사람이 성범죄 피해를 당한다면 같은 말을 할 수 있느냐는 거지요. 그렇지 않은 의지나 책임에 대한 이론은 의미가 없습니다. 반드시 여기를 거치지 않으면 안 됩니다.

　GPS를 붙이고 주사를 놓을 뿐이라는 건 책임을 지지 않는다는 겁니다. 그래도 되는 걸까요? 다시 말하지만, 좋은 것 같기도 합니다. 피해가 생기기 어려워지니까요. 그러나 역시 그것만으로 괜찮은 것일까, 그 지점은 정말로 저는 모르겠습니다. 저뿐만 아니라 세상 누구도 답을 내주지 못하는 점이라고 생각합니다.

구마가야 흔한 말로 들릴지도 모르지만, 상처는 피해자로서 먼저 입는 것인데, 그 상처에서 어떻게든 나아보고자 가해자가 되는 경우도 간간이 일어날 수 있습니다. 학대 혹은 성추행도 그럴지 모르지만, 범죄라고 불리는 것의 상당수는 자신이 피해자이며 또한 가해자인 상황에서 발생합니다.[71]

중동태 논의를 끌어들인다면 아마 책임에 관한 이야기가 되겠지요. 피해자이자 가해자인 '나'라는 존재가 책임을 진다는 것은 어떤 것인가.

또한 의존증 환자들을 위한 회복 지침인 '익명의 알코올중독자들의 12단계'라는 프로그램(111쪽)에서는 균형을 중시합니다. 당신은 100퍼센트 피해자도 아니고 100퍼센트 가해자도 아닌, 피해와 가해 양쪽 모두의 요소를 지닌 존재라고 말이죠. 그 위에서 책임을 지고 갑니다. 자신이 가해한

---

71 〔옮긴이주〕 어떤 범죄를 저지르는 가해자가 되는 것도 과거의 일로 인해 어떤 식으로든 이미 피해자가 되어 있기 때문이라는 의미다. 인간은 그 필연적 운명(페이트)으로 인해 상처받지 않을 수 없으며, 그래서 모든 인간은 이미 어느 정도 피해자다. 그런데 이 삶의 상처에서 억지로 무리해서 벗어나고자 할 때 가해자가 될 수 있다. 그러니 가해자 쪽에서 '억울하다' '고의가 아니다' 등의 말을 할 때도 곱씹어볼 가치가 있는 것이다. 저자들은 계속해서 능동/수동의 구도를 넘어서려고 하는데, 이것이 일상에서는 가해자/피해자의 구도이기도 하다. 이 구도를 넘어서 중동태의 틀로 보면, 가해자도 이미 피해자이며 우리 삶에서 일어나는 일을 가해자/피해자의 구도로만 이해하기에 어려운 경우도 있다.

사람의 리스트를 조목조목 씁니다. 실제로 일본에서 저지른 죄를 갚기 위해 거주하던 미국에서 굳이 일본으로 돌아와 12단계 모임에 참가하는 사례도 있습니다. 말할 필요도 없이 "피해자이기도 하니까 어쩔 수 없다"라는 식의 뻔뻔함은 없습니다. 피해자이자 가해자인 자신이 죄를 지고 갚으려고 하는 것을 중요하게 여깁니다.

이것은 그 과정 자체가 회복의 중요한 구성요소가 되는, 아마도 의지라는 것에서 분리된 '책임지는 방법'의 한 가지 예라고 생각합니다. 저도 아직 완전히 파악하지 못한 것이지만 거기에 힌트가 있다는 확신이 있는 거지요. 이에 관해 생각하며 나아가는 일은 터무니없이 긴 작업이 될 거로 생각합니다만, 만약 일종의 '신자유주의'적인 미래에 '노'라고 말하겠다면 어떻게든 거기를 탐구하지 않으면 안 된다, 저는 이렇게 생각합니다.

— 고맙습니다.

질문3
'상처'와 '타자'에 관해

—— 원-자기, 핵심 자기, 자서전적 자기 등 여러 가지 자기가 나왔습니다. 그런데, 먼저 '상처'에 관해서 여쭙고 싶습니다. 애초에 상처란 어떤 것인가요? 예를 들어 람보, 그는 베트남에 가서 살인을 해야만

했다든가 하는데요, 요점은 과거에 큰 상처를 입었다는 이야기였습니다. 그 경우, 상처라는 것이 사회에 익숙해지지 않는 사람의 상처라고 한다면, 핵심 자기에서도 역시 타자는 전제된 것이 아닐까요? 그것이 상처라는 말은 다른 사람이 전제로 되어 있다는 거라고 생각합니다. 타자 일반으로서 온정주의적인, 혹은 신중주의적인 타자가 전제된 다음, 그것이 상처이고 그것이 고통스럽다고 여기게 된다면, 핵심 자기에 대해서도 타자가 전제되고 있는 것이 아닌가 합니다. 어떨까요?

고쿠분 전제라고 할까, 상처나 왜곡이 있을 때 그것을 알아채는 식으로 핵심 자기는 작동하는 것이 아닐까 싶네요.
구마가야 그렇지요. 동시에 지금의 질문이 날카로운 것은 핵심 자기는 언제까지나 태어난 그대로의 원-자기로부터의 일탈만을 모니터하고 있을 리 없다는 점이겠네요. 사람은 다양한 경험을 함에 따라 사회적인 요소 등을 통해 자신의 규칙성을 팽창시켜 가지요. 자기는 이렇게 되어 있다든가, 세계는 이렇게 되어 있다고 하는 지식이 증가하면 증가할수록 애초에는 원-자기 외에는 자기에 관한 것이 없었지만, 점점 규칙성의 다발로서 자기라는 것이 부풀어 오르게 됩니다. 그 확장된 자기를 다마지오는 별로 표현하지 않습니다. 어쩌면 자서전적 자기의 일부라고 생각하고 있을지도 모르지만, 그렇게 부풀어 오른 규칙성의 다발로서의 자기 같은 것으로부터의 일탈도 핵심 자기는 모니터하고 있다고 생각합니다.

—— 어떻게 생각하면 좋은가요…?

구마가야 기준 안에 모니터하는 핵심 자기가 있는 것이 아니라, 모니터되는 쪽의 기준 속에 사회적인 것이 후천적으로 포함되어 있지 않을까라는 의미지요.

—— 게다가 그것은 '타자 일반'의 기준으로 되는 게 아닙니까. 지난번에 몰적이거나 분자적이라는 이야기가 있었습니다만, 분자적인 타자라면 그것은 상처로 인식되지 않고 그대로 받아들일 수 있다고 생각하는데, 몰적인 타자라면 상처로 받아들여져 핵심 자기가 작용하게 되는 게 아닐까요. 그것은 타자 일반과 같은 사회가 강요하는 신중주의적인 타자와 어디가 다릅니까?

고쿠분 '상처'라는 말로 우리가 생각하고 있던 것은 확실히 예측 오차라고 바꿔 말해도 좋습니다. 태어나는 것도, 태어났던 것도 상처이고, 배고픈데도 아무것도 먹지 못하는 것도 상처라고 말이죠. 계속해서 매초 상처가 있다는 그런 의미로 사용하고 있는 것입니다.

—— 예를 들어, 우유를 마시고 싶지만 마실 수 없다는 것은 단순한 서모스탯(thermostat, 자동 온도 조절 장치)적인 인상밖에 없는 것 같습니다. 하지만 나의 상처라고 할 때는, 역시 타자와의 관련이 필요해지는 것은 아닐까요?

고쿠분 그건 '몰적'으로 자기를 생각하기 때문이 아닐까요? 분자적으로 생각했을 때는 자극이 모두 자기 속에 반복되고 있습니다. 이것은 들뢰즈가 생각한 모델인데, 그는 어떤 자극도 자기 안에서 반복되고 있으며 그것을 대충 정리해냈을 때 충동이라고 부를 수 있다고 합니다. 저는 그게 맞다고 생각합니다. 서모스탯처럼 오르락내리락하고 흔적이 남지 않았다기보다 온갖 흥분은 반복되고 전부 다 남아 있는 거잖아요. 그것이 집적되어 일종의 자기라든가 자아라든가, 혹은 간단하게 말하면 성격 같은 것이 만들어지는 게 아닐까요.

그런 의미에서 우리가 말하는 상처라는 것은 프로이트가 말한 것과 거의 같습니다. 프로이트는 인간의 성격이란 어떤 욕망을 단념했거나 그 집적을 통해 성격이 결정된다고 했는데, 그것을 좀 더 세밀하게 생각해봤다는 느낌이지요.

── 그 욕망에는 타자가 필요하지 않을까요? 관념으로서의 욕망이라는 경우, 역시 관념에는 타자가 필요하다는 느낌이 듭니다만.

고쿠분 욕망도 자극에 의해 생겨나잖아요. 가령 혈당 수치가 내려간다고 하는 그것도 자극입니다. 그러한 자극은 어쩌면 자신에게 있어서는 타자일지도 모릅니다. 우리는 '타자'라는 말을 곧장 인간으로서의 타인처럼 써버립니다. 그러나 그렇지 않고 자기가 아닌 것의 의미에서 자기 이외의 모든 것을 가리켜 사용하는 경우도 있는 거지요.

그렇다면, 원래 자기와 자기가 아닌 것이 어떻게 나뉘는 가 하는 문제가 나옵니다. 그것에 관해 계속 서로 이야기해 오고 있는 것인데, 이는 좀처럼 답이 나오지 않는군요.

── 다시 한번 잘 생각해보겠습니다. 대단히 감사합니다.

4장

중동태와 책임

abuse (

消費　　　　- 誤用
output
能を動態　　- 虐待

⇕

浪費
input

use, ス

中動態

使用を通じて
使用者として
自己を構成

金客称
主客称

Χρῆσθαι
クレースタイ

使用する

X 対格
O 与格
O 属格

容式
図式

고쿠분　여러분 안녕하세요.

오늘로 구마가야 선생님과의 이 연속강의도 마지막 회가 됩니다. 그래서 먼저 잠깐 정리하고자 저부터 이야기를 시작하겠습니다. 오늘 처음으로 이 연속강의에 와주신 분도 계실 텐데요, 우선은 간단하게 지금까지의 복습 같은 걸 하고 그 후에 구마가야 선생님과 함께 '자기'와 '타자'의 문제를 또 다른 각도에서 다시 생각해보고 싶습니다.

그럼 우선은 저부터 이야기를 시작하겠습니다. 구마가야 선생님, 여러분, 잘 부탁드립니다.

'의지'와 당사자 연구

고쿠분　우리는 지금, 능동태와 수동태 즉 '하다'와 '되다'의 대립으로 뭐든지 설명할 수 있다고 생각하지만, 잘 생각하면 이 대립은 지극히 사용하기 불편해서 실은 여러 가지를 설명할 수 없는 것이라는 이야기를, 이번 연속강의의 첫머리(제1장)에서 했습니다. 왜 그런가 살펴보면, 이 대립은 언어의 역사에서 보면 아주 새롭게 생겨난 것임을 알 수 있습니다. 왜냐하면 인도유럽어의 역사를 거슬러 올라가면, 원래 대립하고 있던 건 능동태와 중동태이며 수동은 중동태가 맡고 있던 의미 중 하나에 불과했기 때문입니다.

그럼 중동태는 어떤 것인가? 『중동태의 세계』에서는 에밀 뱅베니스트의 정의를 소개했었습니다. 이에 따르면, 중동태란 주어가 동사가 지시하는 동작의 장소가 될 때 사용되는 태였습니다. 이에 반해, 중동태에 대립하는 경우의 능동태는 동작이 주어 밖에서 완결될 때 사용됩니다. 예를 들어 무언가를 '구부리다'라든가, 무엇인가를 '주다'라는 건 능동태입니다. 왜냐하면 작용이 주어 밖에서 완결되기 때문입니다. 반면, '누구에게 반하다', '욕망하다' 등은 중동태입니다. 이 경우 '나'라는 주어는 동사에 의해서 지시되는 과정의 장소가 되고 있습니다.

이러한 능동태와 중동태의 대립에서 능동태와 수동태의 대립으로 바뀐 변화는, 대체 무엇을 의미하는 것일까요? 여기서 제대로 답하기는 곤란하지만 지금까지 이야기한 것은 '이 변화가 의지 개념의 대두와 나란히 일어난 게 아닌가'였습니다. 능동과 수동의 대립은 의지의 존재를 '클로즈업' 한다고 느껴집니다. 사실, 의지라는 개념 또한 고대 그리스에는 존재하지 않은 비교적 새로운 개념이었습니다.

이전 강의까지는 이 도식과 당사자 연구의 접점을 찾아가면서 구마가야 선생님과 다양한 각도에서 이야기를 나눴습니다.

'사용하다'라는 철학

고쿠분 오늘은 또 다른 관점에서 이 중동태의 정의, '중동태
는 주어 자체가 그 동작의 장소가 된다'에 접근해보려고 합
니다.

포인트가 되는 것은 주어입니다. 중동태의 정의는 주어
가 중심에 있습니다. 그러므로 원래라면 주어에 대해서도
생각해야 할 터인데『중동태의 세계』에서는 도저히 그럴 수
가 없었습니다. 그래서 오늘은 이 주어에 관한 논의를 조금
보충해보고 싶습니다.

그럴 때 참고하고 싶은 것이, 이전에도 언급했던 조르조
아감벤의『신체의 사용』입니다. 이 책은 제가『중동태의 세
계』를 쓸 때 많은 참고가 되었는데, 여기서 아감벤은 뱅베니
스트의 중동태 정의에 이런 코멘트를 덧붙였습니다.

주체는 동작을 지배하는 것이 아니라, 스스로 동작이 일어
나는 장소다.[72]

중동태의 경우, 동사는 주어가 그 자리가 되는 그 과정
을 나타내는 거지요. 그러니까 주체 즉 주어가 있고 뭔가 동
작을 지배하고 있는 것은 아닙니다. 주체는 단지 거기서 일
이 일어나는 장소가 되고 있습니다. 그렇다면, 중동태에서

72 조르조 아감벤, 앞의 책, 59쪽

의 주체는 우리가 상상하는 주체와는 다릅니다. 뭔가를 지배하는 주체가 아니지요.

주체와 객체의 도식에 대한 비판은 철학의 역사 내내 지속되어 왔습니다. 20세기에는 특히 하이데거가 강하게 이를 비판했습니다. 중동태는 이 주/객 도식에 대한 비판을 더욱 밀고 나가는 것으로 이해할 수 있습니다. 확고하게 존재하는 주체가 객체를 지배하는 것과는 다른 계기가 중동태에서 발견되기 때문입니다. 다시 말씀드리지만, 중동태의 경우 주어는 그저 자리이기 때문입니다.

제가 매우 흥미롭게 생각하는 것은 아감벤이 이 주/객 도식의 문제를, 이 절의 제목, 즉 '사용하다'라는 말에 착안해서 생각하고 있다는 점입니다. '사용하다'라는 지극히 일상적이고 아무런 특별할 것도 없어 보이는 말에 아감벤은 주목했습니다.

'사용'은 어떻게 주/객 도식의 비판과 관련되어 있을까요? 아감벤은 언제나처럼 종횡무진 고대부터 현대까지의 다양한 이론과 개념을 언급하고 에피소드를 쌓아 가면서 논의를 이어갑니다. 어느 것이든 매우 도발적인데 그런 서술 방식 때문에 조금은 핵심을 알기 어렵게 되었다는 느낌도 있습니다. 그래서 여기에서는 약간 대담하게 아감벤 논의의 핵심부를 꺼냄으로써 그것을 한층 더 제 나름대로 전개해보고 싶습니다.

주/객 도식은 지금까지도 비판받고 있습니다. 하지만 이를 대체할 관계가 어떤 것이냐고 되물으면 대답이 분명치 않았습니다. '사용'이라는 단어 또는 개념은, 이 오랜 질문에 상당히 명확한 답을 주는 것입니다.

우선 오늘의 결론이라고 할 수 있는, 아감벤의 말을 소개해드리겠습니다.

> 어떤 것과의 사용 관계에 들어가기 위해서 나는 그것(사용한다는 동작)의 영향을 받아야 하며, 나 자신을 그것을 사용하는 사람으로 구성해야 한다.[73]

예를 들면 이런 거죠. 제가 이 펜을 사용해서 글을 쓸 때 저는 이 펜을 지배하고 있는 듯 보입니다. 하지만 실제로는 저 자신도 이 펜을 사용하기 위해 펜에 맞춰 어떤 변화를 겪지 않으면 안 됩니다. '이 펜을 사용하는 자'로서 스스로를 구성해야 합니다. 펜 정도면 물건도 작으니 그 변화를 이해하기 어렵지만, 가령 자전거라면 어떨까요. 자전거를 탈 때 내가 자전거를 지배하고 있다고는 도저히 말할 수 없지요. 자전거와 일체가 되어 자전거를 사용하는 사람으로 자신을 구성하지 않으면 도저히 자전거를 탈 수 없습니다. 즉 도구를 사용할 때는 도구를 사용한다기보다 도구에 의해 사용되고 있는 측면 혹은 도구와 내가 함께 사용을 실현하고 있다는 측면이 있습니다. 그럼 도구가 아니라 자신의 신체 기관 또는 그 연장선에 있는 것을 생각해보면 어떨까요.

---

73 조르조 아감벤, 앞의 책, 61쪽

예를 들어 구마가야 선생님은 전동 휠체어를 사용하는 사람으로 스스로를 구성함으로써 이 전동 휠체어를 타고 이동하는 것으로 생각합니다. 그러면 원래 어디까지가 자신의 몸인지, 자기 신체의 윤곽은 어디인지라는 문제가 생겨납니다. 즉 어디까지가 나이고 어디서부터는 내가 아니라고 말할 수 있는 그 근거는 무엇일까요? 구마가야 선생님은 재현성이 가장 높은 것이 자신의 신체로 느껴진다는 점을 반복해서 말씀하셨습니다. 예를 들어 아기는 자기 손을 잘 사용하지 못합니다. 그런 의미로 이 시점에서 보면 그 손은 아기의 몸이 된 게 아닙니다. 몇 번이나 시도하면서 '이렇게 움직이려고 하면 이렇게 움직이는 것'이라는 재현성을 체감할 수 있을 때 자기 손을 자기 손으로 느낄 수 있게 됩니다. 이렇게 생각하면, 도구를 '사용한다'는 것과 자신의 신체 기관을 '사용한다'는 것에는 차이가 없습니다. '사용하다'를 통해서 사람들은 자신을 인식합니다. 그래서 아감벤은 "자기란 자기를 사용함에 다름 아니다"라고 말하게 됩니다.

플라톤의 『알키비아데스』를 읽다

고쿠분　사용과 신체, 그리고 '자기'라는 것의 문제를 생각하기 위해 갑작스럽지만 플라톤의 대화편 중『알키비아데스』를 읽어보고 싶습니다. 매우 흥미롭게도 이 대화편에서는 사용과 신체가 문제가 되고 있습니다.

플라톤은 우리가 상상하는 서양 철학의 근원을 만든 사람인데, 그는 자신의 스승인 소크라테스를 주인공으로 삼은 대화편을 많이 남겼습니다. 대화편이라는 건 희곡과 같은 거지요. 많은 경우 소크라테스의 대화 상대가 그 대화편의 제목으로 되어 있는데, 『알키비아데스』도 그렇습니다. 실제로 이런 대화를 했는지는 알 수 없지만 플라톤은, 미소년으로 알려져 있으면서 아테네의 중우정치를 대표하는 선동정치인이었던 알키비아데스를 소크라테스와 대화시켰습니다. 서론은 이쯤하고 실제로 읽어보지요. 말투를 조금 현대식으로 바꿔서 인용해보겠습니다.[74]

소크라테스 자, 그러면 어떤 방법으로 정확히 그 '자신'이라는 것이 발견되는 것인가? 그것은, 이것이 발견되면 우리 자신이란 도대체 무엇인가 하는 것도 혹시 발견될지도 모르지만, 그러나 여전히 그것을 아직 모르는 우리에게는 그것이 발견될 수 없는 것이라고 생각하네.

알키비아데스 말씀대로입니다.

소크라테스 자, 그래서 제발 제우스 신을 걸고 한 가지 주의해주었으면 하는데, 자네는 지금 누구와 문답하고 있는 거지? 나와 같이 하고 있겠지? 그렇지?

알키비아데스 맞아요.

---

74 〔옮긴이주〕 인용한 부분(129b~130c)은 한국어판, 김주일·정준영 옮김, 아카넷, 2020, 98~103쪽을 보라.

소크라테스　따라서 나 또한 자네와 문답을 주고받고 있는 것이 아닌가?

알키비아데스　맞습니다.

소크라테스　그렇다면 문답을 거는 건 소크라테스이겠네.

알키비아데스　네, 정말 그렇습니다.

소크라테스　이에 반해 문답을 받는 건 알키비아데스지?

알키비아데스　그렇습니다.

소크라테스　그래서 소크라테스는 말의 논리를 통해 문답을 나누는 것이겠지?

알키비아데스　물론 틀림없습니다.

소크라테스　그런데 문답한다는 것도, 말의 논리를 쓴다(사용한다)는 것도, 자네는 같은 의미로 말하는 것 같은데.

알키비아데스　네. 정말 그렇습니다.

소크라테스　그런데 사용하는 사람과 사용되는 물건은 서로 다르지 않은가?

알키비아데스　그건 무슨 뜻이지요?

소크라테스　예를 들어 신발 만드는 장인은 각종 칼, 기타 도구를 가지고 자른다고 생각하는데.

알키비아데스　그렇지요.

소크라테스　그러면, 그 경우 그것을 사용하여 자르는 사람은 그 절단에 사용된 물건과는 다른 게 아닌가?

알키비아데스　틀림없이 그렇습니다.

소크라테스　그러면 그런 식으로는 키타라 연주자가 키타라를 연주하는 데 사용하는 것과 키타라를 연주하는 자신은 별개의 것이라는 말이 되겠네.

알키비아데스 그렇죠.

소크라테스 그렇다면 내가 지금 조금 전에 질문하려는 게 이것이었다네. 즉 사용하는 사람과 사용되는 물건은 어떠한 경우에도 다른 것으로 여겨지느냐, 아니냐는 것 말일세.

알키비아데스 그것은 다른 것이라고 생각합니다.

소크라테스 그렇다면, 우리는 신발 장인에 대해 뭐라고 말했었나? 그는 단지 도구만으로 절단하는 것일까, 아니면 손으로도 하는 것인가?

알키비아데스 손으로도 합니다.

소크라테스 따라서, 또한 손도 사용하는 것이겠군.

알키비아데스 네.

소크라테스 애초에 또한 신발 만드는 절단에는 눈도 사용하는 것인가?

알키비아데스 네.

소크라테스 그런데, 사용하는 사람과 사용되는 물건은 다르다는 게 우리가 논리로 일치한 점이었네.

알키비아데스 맞습니다.

소크라테스 그러니 신발 장인도, 키타라 연주자도, 손이나 눈처럼 그들이 작업하는 물건과는 다르다는 말이 되는가?

알키비아데스 분명 그렇습니다.

소크라테스 그런데 인간은 또한 몸 전체를 사용하는 것이 아닌가?

알키비아데스 네, 정말 그렇습니다.

소크라테스 그런데 사용하는 사람과 사용되는 물건은 다른 것이었지.

알키비아데스 맞아요.

소크라테스 따라서 인간은 자기 신체와는 별개의 것이라는 말이 되는가?

알키비아데스 그럴지도 모르겠네요.

소크라테스 그럼 인간이란 도대체 무엇인가?

알키비아데스 대답할 수 없는데요.

소크라테스 그러나 어쨌든 신체를 사용하는 자라는 것만은 말할 수 있지 않은가?

알키비아데스 네.

소크라테스 그런데 애초에 신체를 사용하는 자는 영혼 외에 무엇이 있을까?

알키비아데스 없습니다.

소크라테스 그리고 그것은 신체를 지배함으로써 하는 게 아닌가?

알키비아데스 네, 그렇습니다.

소크라테스 그런데, 그렇다면, 또 하나 여기에 아무도 이의가 없을 것으로 생각하는 것인데….

알키비아데스 무엇입니까?

소크라테스 인간은 세 가지 중 어쨌든 하나라는 거지.

알키비아데스 세 가지가 어떤 세 가지이지요?

소크라테스 영혼이냐 몸이냐, 아니면 둘을 합친 그 전체냐는 거네.

알키비아데스 마지막이 틀림없습니다.

소크라테스 그런데 바로 신체를 지배하는 것이 인간이라는 것을, 우리는 일치해서 인정했었네.

알키비아데스   네, 인정했습니다.

소크라테스   그렇다면, 과연 신체는 스스로 자신을 지배하는 것인가?

알키비아데스   절대 아닙니다.

소크라테스   왜냐하면 그것은 지배받는 것이라고 우리가 말했기 때문이지.

알키비아데스   맞습니다.

소크라테스   그렇다면, 이는 우리가 찾는 것이 아니라는 얘기가 될 것이네.

알키비아데스   네, 그렇게 될 것 같습니다.

소크라테스   하지만 그렇다면 양쪽이 합쳐진 것이 신체를 지배하는 것일까. 그리고 따라서 그것이 인간이라는 것이 되는 것일까.

알키비아데스   아마, 분명 그럴 것 같습니다.

소크라테스   아니, 오히려 그 견해야말로 가장 가망이 없네. 왜냐하면 함께 있는 다른 한쪽, 즉 영혼이 지배하지 않는다면 둘이 합쳐진다 해도 영혼이 지배할 수 있는 방법은 전혀 없다고 생각하니까.

알키비아데스   그건 당연하지요.

소크라테스   그런데 몸과 영혼 그 둘 다 합쳐진 것도 인간이 아니라면, 생각에 남아 있는 바는 그러한 것은 아무것도 없거나 혹은 만약 무엇인가가 있다면, 인간은 영혼과 다름없다는 귀결뿐일 것이네.

알키비아데스   정확히 그렇습니다.

소크라테스   그러면 영혼이 인간이라는 점은, 좀 더 뭔가 명확한 증명이 필요한 것인가?

알키비아데스   아니요. 제우스께 맹세코 그럴 필요는 없습니다. 이것으로 충분하다고 저는 생각합니다.

고쿠분   여기까지 할까요?

플라톤주의의 탄생

고쿠분   여러분, 어떠셨습니까? 플라톤은 소크라테스로 하여금 사용하는 자와 사용되는 물건이 별개임을 말하게 합니다. 그것은 도구 이야기를 하는 시점에서는 특별히 주의할 사항이 아닙니다. 신발 장인과 그가 사용하는 날붙이는 다른 것이죠. 하지만 플라톤은 사실 흥미롭게도, 이 논의를 신발 장인이 손과 눈을 사용하는 데까지 확장합니다. 즉 사용하는 사람과 사용되는 물건이 별개라면, 손이나 눈을 쓰는 신발 장인과 손이나 눈이 다르다는 말이냐고 하는 거죠.

플라톤은 여기서 우리가 알고 있는 서양철학의 기원으로서의 플라톤철학(플라톤주의)과 그와 다른 철학 사이의 분기점에 서 있다고 여겨집니다. 왜냐하면 플라톤이 여기에서 사용을 통해서 자기가 생겨나는 것이며, 자기는 자기의 사용일 뿐이라는 생각에 이르렀을지도 모르기 때문입니다. 그러나 플라톤은 영혼이 신체를 사용하는 것이며 인간이란 이 사용하는 자로서의 영혼이라는 생각을 보여줌으로써 이 난제를 넘어가버립니다. 이렇게 신체에 대한 영혼의 우위라는 플라톤 철학의 기본적인 사고가 확립되는 것이죠.

저는 『중동태의 세계』에서 철학자 자크 데리다의 "아마도 철학은 이와 같은 중동태, 즉 일종의 비(非)타동사성을 우선 능동태와 수동태로 가르고, 그것을 억압함으로써 스스로를 구성했다"는 말을 소개했습니다. 그에 맞서 "이런 데리다의 음모론에 동조할 필요는 없을 것"이라고 말한 사람이 있었습니다. 그러나 지금 읽은 부분은 데리다가 말한 대로 플라톤은 "중동태를 억압하고, 그것을 능동과 수동으로 가르"고 있다고 저는 생각합니다. 사용을 분석함으로써 중동태의 문제가 나타나는데 플라톤은 굳이 주/객으로 나누고 있습니다. 그 배분을 성립시키기 위해서 '영혼'을 꺼내는 것이죠.

이는 아감벤이 『신체의 사용』에서 지적하고 있는 논점인데, 그리스어로 '사용하다'를 의미하는 'χρῆσθαι(크레스타이)'라는 동사에는 중동태밖에 없습니다. 크레스타이는 현대의 상식으로 보면 매우 이해하기 어려운 단어입니다. 확실히 '사용하다'로 번역할 수 있지만 그 이상으로 여러 의미가 있습니다.

'사용하다'라는 건 제가 사용할 경우, 이를테면 'I use it'입니다. 이 경우, it은 직접목적어입니다. 그리스어는 직접목적어를 표현하기 위해서 명사를 대격(對格)이라는 형태로 격을 변화시키는데, 크레스타이는 대격을 취하지 않습니다. 대격이 아닌 여격(與格)이나 속격(屬格)을 취합니다.

'격'이라는 것은 명사의 역할을 나타내는 것입니다. 그리스어나 라틴어에서는 명사가 종횡무진으로 격변화합니다.

외우는 것은 무척 힘들지만, 격을 보면 문장에서 명사의 역할을 알 수 있으니 어떤 의미에서는 편리합니다. 격은 원래는 적어도 7개였지만 그리스어·라틴어에서는 5개까지 줄었습니다. 영어에서는 격변화가 거의 없어져버렸습니다. 독일어에는 남아 있지요. 독일어를 배운 사람은 1격에서 4격까지의 격변화를 배웠을 겁니다.

방금 크레스타이는 여격과 속격을 목적어로 취한다고 했습니다. 여격이라는 것은 가령 영어로 말하면 'I give you my money'에서 you가 거기에 해당합니다. 일반적으로 '…에게'의 의미를 나타냅니다. 속격이란 'of'의 의미로, 사실 영어에는 이 속격만이 남아 있습니다. 'Koichiro's restaurant'라고 하면 '고이치로의 레스토랑'을 의미하는데, Koichiro's라는 것은 'Koichiro'라는 명사가 속격으로 격변화한 것입니다.

덧붙여서, 격변화는 점점 없어지고 있다고 했는데 전치사라는 게 그에 따라 나타난 새로운 품사입니다. 이젠 명사 자체를 봐도 그 역할을 알 수가 없으므로 명사 앞에 그 역할을 나타내는 말을 놓기로 한 겁니다. 예를 들어 to라는 전치사가 명사 앞에 놓여 있으면, 그 뒤의 명사는 '…에게'의 뜻이구나 하는 거지요.

조금 이야기가 벗어났습니다만, 크레스타이가 목적어를 대격으로 취하지 않는다는 것은 '사용하다'라는 단어가 단지 '…을 사용하다'를 의미하는 것이 아님을 뜻합니다. 나라는 주어, 즉 주체가 있고 물건이라는 목적어, 즉 객체가 있고, 전자가 후자를 사용한다고 하는 것과는 다른 의미가 '사용하다'라는 개념에 내재되어 있음을 이 크레스타이라는 동사가 시사하는 것입니다.

아감벤은 『신체의 사용』에서 '크레스타이'라는 동사를 다룬 언어학자 조르주 르다르(Georges Redard)의 학위 논문을 참조하면서 이에 대해 논하는데, 결론적으로 다음과 같이 말합니다.

누군가가 무언가를 사용한다는 근대적 사고방식 속에 이 토록 뚜렷이 각인되어 있는 주체(주어)와 객체(목적어)의 관계는 이 그리스어 동사의 의미를 포착하기에 부적절한 것이다.[75]

우리는 '사용'을 '지배'의 의미로 생각하고 있는 것 같습니다. 펜을 사용할 때 펜을 지배하며 자기 마음대로 그것을 사용하고 있다고. 하지만 자전거나 휠체어의 예에서 알 수 있듯이 오히려 사용하기 위해서는 사용하는 주체가 되어야만 합니다. 크레스타이를 통해서 주체가 생겨난다고 할까, 크레스타이를 통해서 주체와 객체가 하나로 엮인 무언가, 곧 자기와 같은 것이 구성된다고 생각해야 하지 않을까요. 그리고 크레스타이가 중동태로만 활용된다면 그것은 바로 주어가 자기가 생성되는 장소임을 나타내는 것이 아닐까요.

75   조르주 아감벤, 앞의 책, 57쪽

abuse와 use

구마가야   고쿠분 선생님, 감사합니다. 정말 놀라운 이야기였습니다. '사용'으로 말하자면, 저도 'abuse'라는 말이 전부터 계속 신경 쓰였습니다. ab/use입니다. 전자는 abnormal 같은 단어에 들어 있는 접두사 'ab-', use는 '사용하다'잖아요. 일본어로 번역하면 '오용', 물질이나 대상을 본래의 사용법이 아닌 잘못된 방식으로 사용하는 것이지요. 예를 들면, 'substance abuse(약물 남용)' 혹은 'sexual abuse(성적 학대)' 등 의존이나 중독의 맥락에서 사용되기도 하고 학대의 맥락에서 사용되는 경우도 있습니다. 또 자기 자신의 신체를 'abuse한다'는 표현도 있는 것 같습니다.

지금 떠오른 것인데 어쩌면 플라톤적으로 무엇인가에 관련되는, 예를 들면 자기 신체나 타자, 사물과 관련되기 시작하면 그것은 이미 abuse의 영역으로 들어가는 건 아닐까요? 그에 대해서 abuse가 아닌 use라는 것이 크레스타이가 아닐까, 말씀을 들으면서 이런 생각을 하고 있었습니다.

즉 현대를 사는 대부분의 사람도 본래 'use'라는 것은 크레스타이적인 의미라는 걸 어렴풋이 알고 있는 것 같습니다. 왜냐하면 이는 폭력의 문제를 비롯해 오늘날의 다양한 문제와 관련되어 있다고 생각하기 때문입니다.

저 자신도 그렇습니다. 지금 생각하면 『재활의 밤』에서 저는 줄곧 '사용'의 이야기를 썼다는 느낌이 듭니다. 저는 뇌성마비라는 장애가 있습니다. 그러나 제 몸을 플라톤적으로 사용하려고 하면 몸이 움직이지 않게 됩니다. 이것은 저뿐만이 아니라 일반적인 뇌성마비에 인정되는 특징 중 하나라고 할 수 있지요. 자신의 신체를 지배하려고 하면 할수록 몸이 굳고 생각대로 움직여지지 않게 됩니다.

그러나 이는 뇌성마비 장애인에게만 일어나는 일이 아니라 크든 작든 누구에게나 짚이는 바가 있는 일이지 않을까요. 그리고 그것이 극단적으로 드러난 신체가 뇌성마비의 신체로, 크레스타이가 그런지는 모르겠지만 뭐랄까… 몸을 맡긴다고 할까요, 아래에서 솟아오르는 '보텀 업(bottom up)'의 움직임에 따라가는 감각이 없으면 몸이라는 건 움직이기 어려운 것이 아닐까 싶습니다. 신체는 지배하려고 하면 마음대로 움직이지 않습니다. 그렇게 말하면 '마음대로'라는 것도 이상한 현상이지만, 그러나 적어도 '마음대로' 움직인다는 것이 지배라는 의미는 아닙니다. 오히려 몸을 맡겼을 때만 솟아오르는 '마음대로'가 있습니다. 이런 것에 대해서 그저 '이건 대체 뭐야'라고 생각하면서 쓴 게 『재활의 밤』이었습니다.

그리고 마침 그 책을 다 썼을 무렵에 고쿠분 선생님의 『한가함과 지루함의 윤리학』을 읽었습니다. 지난 강의에서 과식에 관해 이야기했을 때도 같은 말을 했지만, 저에게는 특히 낭비와 소비의 대목이 인상적이었습니다. 그래서 이것은 use와 abuse의 차이에 대응하는 것이 아닐까 하는 예감이 있었습니다. 그리고 그 후 '소비'와 '낭비', 이 두 가지 개념에 대해서 저는 어떤 연구를 이어 나가서 다음과 같이 다시 해석하고 있습니다.

물을 맛보다, 몸을 맛보다

구마가야 『다음증·물 중독(多飮症·水中毒)』[76]이라는 책이 있습니다. '다음증'이라는 것은 주로 물을 대량으로 마시게 되는 증상입니다. 몇 분 안에 10리터를 마신다든가, 상당한 기세로 물을 들이키는데 이를 멈출 수가 없습니다. 그리고 '물 중독'은 다음증에 빠진 결과, 물이 신체로 한꺼번에 흘러들어와 뇌가 붓고 호흡이 멈추거나 경련이 일어나는 증상입니다. 사실 다음증과 물 중독은 장기 입원 중인 정신과 병동의 환자에서는 흔한 현상입니다.

옛날부터 정신과 영역에서는 이 물 중독이라는 것을 도대체 어떻게 다루면 좋을까 하는 문제를 안고 있었습니다. 환자가 물을 마시면 격리한다는 등의 방법이 취해지고 있었지만, 그러면 격리실 화장실의 물을 마시니 그것을 막기 위해 화장실에 급수를 끊습니다. 구금하면 물론 그동안은 물을 마실 수 없지만, 구금을 해제하면 바로 그날 밤에 10리터의 물을 마셔버립니다. 그런 악순환이 있습니다.

그런데 야마나시현립북부병원에서는 매우 참신한 대응 방법을 고안했습니다. 바로 '물마시기 신고 제도'입니다. 요컨대, 사전에 '지금부터 물을 마십니다'라고 신고하도록 한 것입니다. 대전환이지요. 그리고 시원하고 맛있는 물을 당당하게 마시게 했습니다. "맛있네요"라고 말하며 직원실에서 모두 함

---

76 가와카미 히로토·마쓰우라 요시노리 편저, 『다음증·물 중독』, 의학서원, 2010.

께 시원한 물을 마십니다. 그 결과 물 중독 증상의 빈도가 점점 줄어들었다는 겁니다. 이걸 어떻게 해석할까요? 저는 고쿠분 선생님의 낭비와 소비라는 개념을 활용해 생각해봤습니다.

다음증에 빠져 있을 때 진정 그 사람은 '물을 마시고 있는' 것인가. 물리적으로는 마시고 있지만 물을 '맛보고' 있느냐면, 아마 그건 아니지 않을까요. 10리터라는 양, 게다가 화장실의 물까지 마셔버리는 것이니, 물을 맛보고 있다고는 도저히 여겨지지 않습니다.

『다음증·물 중독』에는 "왜 물을 마십니까?"라는 물음에 가령 '독을 씻어내기 위해서'나 '기분이 들떠서' 등 물 자체를 맛보는 것과는 다른 다양한 판타지라든가, 어떤 의미에서 관념적인 답변이 실려 있습니다.

『한가함과 지루함의 윤리학』에서 소비란 관념적인 기호를 소비하는 것이라고 합니다. 확실히 10리터나 되는 화장실 물을 마시는 것과 같은 다음증의 경우는 물 자체를 맛본다기보다는 물을 마신다는 행위가 관념적으로 강제되고 있는지도 모릅니다. 반면 '물마시기 신고 제도'에 따라 시원하고 맛있는 물을 당당히 마시는 행위는 낭비에 가깝지 않을까요?

또한 고쿠분 선생님은 "낭비는 받아들이는 행위"라고 쓰셨습니다. 물에서 무언가를 받아들이는 게 낭비라면, 소비라는 건 상대방, 이 경우엔 물이지만, 그로부터 아무것도 받지 않습니다. 오히려 내 관념이 명하는 대로 자신의 행위를 상대에게 밀어붙이는 거죠. '나에게서 출발해 물에게로'라는 지극히 능동태적인, 일종의 플라톤적인 섭취 방식을 행하고 있는 겁니다. 그게 물 중독 상태이지 않을까요? 그에 반해, 직원실에서 당당히 '맛있네' 하면서 마시는 경우는 크레스타이적인 상태가 아닌가 싶습니다.

앞의 아감벤 이야기에 견주어보면 자신이 물을 마시는 사람으로 변화하지 않으면 안 된다는, 즉 자기 자신도 무언가를 받아들임으로써 변화한다는 것입니다. 주어진 '나'는 변화하지 않고 물 쪽에서만 변해 가는 그러한 일방통행의 관계가 아니라, 물도 변화하지만 마시고 있는 '나'의 쪽도 변하며 물을 맛보는 사람으로서의 자신이 정립됩니다. 이게 그 직원실에서 일어난 일이 아닐까요?

소비하는 것은 플라톤적인 '사용하다'에 해당하는 abuse 라고 할 수 있는 반면, 낭비하는 것은 크레스타이 혹은 일반적인 use로 분류될 수 있지 않을까 생각했습니다. 그리고 나아가 저는 저의 신체에 대해 생각해보았습니다.

제가 뇌성마비인 신체를 사용하는 일은 저 자신의 신체를 '맛보지 않으'면 어렵습니다. "움직여, 이놈아" 하고 주인공 쇼타로 군이 리모컨으로 '철인 28호'를 조종하듯 몸을 움직이려 해도 움직이지 않습니다. 지배하려고 하거나 컨트롤하려고 하면 잘 안되는 거죠. 오히려 몸이 지금 어떠한 상태인가에 귀를 기울일 수 있는, 말하자면 솟아오르는 움직임을 건져 올리는 감각이 있어야 합니다. 마찬가지로 물뿐만 아니라 자기 몸에 관해서도 abuse는 일어납니다. 뇌성마비인 몸에 abuse한다면 곧바로 움직여주지 않게 되는 것이지요. 이것이 철이 들었을 무렵부터 느꼈던 저에 대한 이미지라고나 할까, 신체의 원초적인 이미지였습니다. 한마디로 제 신체와의 관계에 있어서 저는 '플라톤'이 아니라 '크레스타이'적이어야만 했다는 것이죠.

지배와 자유

구마가야 자기 신체뿐만이 아닙니다. 이렇게 말하면 어폐가 있을지도 모르지만 저는 날마다 항상 활동지원사를 바로 정확히 크레스타이적인 의미에서 '사용하며' 살고 있습니다. 목욕할 때, 옷을 갈아입을 때, 밥을 먹을 때, 24시간 365일, 저 혼자서는 여러 가지를 할 수 없기에 늘 활동지원사라는 존재가 곁에 있으며 그 사람과 함께해야만 합니다.

저와 같은 장애인에게 활동지원사와 어떤 관계를 맺어야 하는가의 문제는 항상 따라오기 마련입니다. 여기엔 역사가 있습니다. 이미 말씀드렸듯이 과거 70년대까지만 해도 간략하게 말하면 활동지원사 쪽의 지위가 더 높았습니다. 바꿔 말하면, 지원사가 장애인을 지배하고 있었던 것입니다. 예를 들어 장애인이 목이 말라서 물을 마시고 싶어 합니다. 하지만 지원사가 지금 바쁜 것 같으니 '조금만 더 참고 있을까' 하고, 지원사가 하는 일의 순서에 맞춰 장애인 쪽에서 자신의 생리적 욕구를 일일이 참아야만 했던 시대, 지원사의 눈치를 보면서 살아야 했던 시절이 있었습니다.

그리고 그 반성으로 80년대 이후, 이번에는 180도 방향을 바꿔서 장애인이 활동지원사를 '지배'하려는 시대가 되었습니다. 이른바 '지원사 수족론'입니다. 그런데 일상생활

속에서 지원사를 '지배한다'는 건 한없이 abuse에 가까워지기 마련입니다. 그렇다고 70년대처럼 다시 지원사의 지배를 받을 수 있는 것도 아닙니다. 능동/수동, 지배/피지배로 생각해버리면 이 문제는 풀리지 않는 셈이지요. 그 결과, 장애인과 지원사 사이에 '균형이 중요하지'라며 적당히 얼버무릴 수밖에 없는 관계가 반복됐습니다. 그래서 제가 『재활의 밤』에서 쓰려고 했던 건 '아니, 그것도 잘못된 거 아닌가' 하는 것이었습니다.

'지원사 수족론', 이건 아까 플라톤 이야기와 아주 비슷한 것 같습니다. "사용자는 누구이지요?" "장애인입니다." "그러면 사용되는 사람은 누구이지요?" "지원사입니다"라고. 그래서 활동지원사는 장애인의 손발이다, 그것을 사용하는 '영혼'은 장애인이다, 장애인은 자신의 신체가 기능을 하지 못하므로 영혼만을 꺼내서 손발인 지원사를 '지배'한다는 모델이 지원사 수족론의 기본 사고방식입니다.

저도 지금까지 다양한 활동지원사를 만나 왔지만, 지원사 수족론을 진정으로 수용하는 지원사가 있더라도 정말 '사용에 편리함'이 있느냐면 절대 그렇지 않습니다. 왜 그런가 하면, 뭐든지 물어보고 스스로는 움직이지 않습니다. 엄밀한 지원사 수족론에 선다면, 제가 모든 일에 일일이 지시를 내리지 않는 한 지원사를 움직일 수 없는 것입니다.

극단적인 예이지만, 매우 성실해 보이는 그리고 장애인운동의 역사도 잘 공부하고 있는 활동지원사 자원자가 있기에 좋다고 생각해서 도움을 청했는데, 그건 그거대로 참 힘들었어요.

어쨌든 철저한 지시 대기의 태도를 취했습니다. "자, 슬슬 목욕할까요"라고 제가 말하면, 욕실로 옮겨줍니다. 하지만 그 이후엔 꼼짝도 하지 않습니다. 저는 좋아하는 드라마를 본 후에 목욕하고 싶다는 것 정도는 제가 결정하고 싶었지만, 그 이상의 세세한 것까지 결정하고 싶지는 않았습니다. 그런데 그는 움직이지 않아요. "왜 아무것도 안 하세요?" 물었더니, 그가 "어디서부터 옷을 벗기면 좋을까요?"라고 묻길래 제가 지시를 내립니다. 그러고는 또 가만히 있어서 물어보면, 이번에는 "어디부터 씻기면 될까요?"(웃음) "머리부터 씻을까요, 아니면 등에서부터, 아니 배부터, 그렇지 않으면 왼손부터 씻을까요?" "그럼 왼손부터 부탁드립니다"라고 말하면, "왼손 어디서부터요? 겨드랑이, 팔꿈치 아니면 손가락부터요?"(웃음) 이렇게 모든 행위를 세분화할 수 있는 거죠. 손가락부터 씻는다고 해도 어느 손가락부터인지, 그리고 그 손가락 관절부터 씻는 것인지 손끝부터 씻는 것인지. 영원히 끝나지 않는 겁니다.

잘 생각해보면, '정상인'이라 불리는 사람들도 아마 '좋아, 오늘은 왼손 엄지손가락 뿌리부터 씻는다'라고 결의하고 씻을 리 없잖아요. 대개 어제와 똑같이 씻고 있을 뿐이지요. 그리고 어제 어떻게 씻었는지 그때의 기억 같은 건 남아 있지 않으니 '영혼'의 지시를 기다리지 않고 반쯤은 몸이 마음대로 움직이며 씻습니다. 그런데도 어째서 오직 나만 엄지손가락 뿌리부터인지 끝부터인지를 결정해야 하는 건가. 남몰래 분개하면서 그런 현실적인 문제에 직면하기 마련이지요.

방금 플라톤의 이야기를 끝까지 파고들면 일상생활 따위를 누릴 수 없다는 말입니다. '영혼'이 완전히 '신체'를 지배하려고 한다면, 지금 말씀드린 그런 일이 일어납니다. 실제로 자폐스펙트럼장애인 아야야 사츠키 씨는 지금의 이야기를 할 때 "아, 그 지원사, 딱 내 몸 같아"라고 말했습니다. 일일이 지시를 내리지 않으면 움직여주지 않는 그러한 몸을, 자폐스펙트럼장애로 여겨지는 사람 중 적어도 일부는 살고 있을지도 모릅니다.

내가 자유를 느끼며 일상생활을 영위하기 위해서는 자신의 신체와의 관계에서도, 그리고 활동지원사라는 타자와의 관계에서도, 사물과의 관계에서도 '지배'하려고 하지 않는 게 조건이지요. 지배하려는 바로 그 순간, 잘 안되어버립니다.

예를 들어, 컵을 드는 경우조차 '자, 이제부터 컵을 들자'라고 생각하면 들기 어려워지는 거 아닐까요. 오히려 어딘지 모르게 조금 마음을 내려놓고 있는 편이 '자연스러워지는' 게 아닐까 생각합니다.

고쿠분 '영혼'이 하나하나 지시를 하고 있으면 신체가 움직이지 않는다는 것은 구마가야 선생님이 『재활의 밤』 첫 부분에 썼지요. 사실 이것은 과학적으로도 증명되고 있습니다. 뼈와 근육과 관절로 복잡하게 구성된 인간의 신체에 뇌가 일일이 전부 지시할 수는 없습니다. 그래서 실제로는 협응 구조라고 해서, 알아서 신체 쪽에서 여러 가지 일을 해주는 것입니다. 그럼에도 영혼이 신체를 지배한다는 사고방식은 대단히 뿌리 깊습니다. 이 사고방식이 능동태와 수동태의 대립에 합치하기 때문이라고 생각합니다.

장소 안에서 움직임이나 동작이 생성한다는 크레스타이적인 '사용'의 관계가 있는 한편, 영혼이 밖에 있는 것을 지배하려고 한다는 플라톤적인 지배의 도식이 있고, 이것이 능동태와 관계하고 있음은 거의 틀림없습니다. 그보다는 오히려 능동태라는 게 '지배'가 아닐까 하는… 구마가야 선생님의 이야기를 듣고 있으면 그런 느낌마저 들었고, 또한 '사용'이 이렇게 재미있는 의미가 있다니 하면서 새삼 놀랐습니다. 지금까지 저로서도 확실히 알아채지 못한 점이 있었습니다.

다만 이야기를 신중하게 밀고 가야 한다고 생각하는 건, 아감벤의『신체의 사용』은 곤란하게도 노예제 이야기에서 시작하고 있다는 점입니다. 원래 '신체의 사용'이라는 말이 아리스토텔레스의『정치학』첫머리에 있는 노예의 본성에 대한 정의에서 가져온 것입니다. 그것은 역시 '영혼'이 주인이고, '신체'가 노예라는 것이지요. '사용'에는 매우 조심해서 이야기를 해야 하는 측면이 분명히 있습니다. 구마가야 선생님은 활동지원사의 이야기를 통해 그 사실을 설명해주신 것이라고 생각합니다.

활동지원사 운동과 당사자 주권

구마가야　최근 '장애인 운동'의 의의를 충분히 계승하면서도 그 일부를 비판하는 것으로서 '활동지원사 운동(介助者運動)'이 있습니다. 그건 고쿠분 선생님이 말씀하신 노예제의 얘기는 아니지만, 요즘 확실히 '우리는 abuse(남용, 학대)되고 있지 않은가'라는 지원사의 문제의식이 높아졌습니다. 하지만 잘못된 방향으로 나아가면, 다시 지난 시대를 반복하지 않을까 하는 염려도 당연히 있습니다. 반복해서 말씀드리지만 바로 그래서 '균형이 중요하지'라는, 얼버무리는 식이 아닌 방법으로 정리해야 한다고 생각합니다. 아주 민감한 문제입니다.

고쿠분 매우 중요한 이야기이네요. 거기에 덧붙여서 말하면, 이전에도 조금 말씀드렸던 '주권'이라는 문제도 있고요.

구마가야 그렇지요.

고쿠분 '당사자 주권'이라고 하는 말, 즉 당사자야말로 사안을 정하는 최종적인 결정권을 갖고 있다는 사고방식입니다. 당사자 주권이 있다는 것은 당연히 매우 중요한 일입니다.

이를 인정한 한에서, 하지만 저는 '주권'이라는 관점 자체에 신경 쓰이는 바가 있어 다시 한번 설명해보겠습니다. 주권은 정치에서 사용되는 개념이니 정치의 비유로 생각해보지요.

주권이라는 개념이 매우 중요한 장면이 있습니다. 예를 들어, 영국은 국민투표에 따라 EU 탈퇴를 결정했지요. 이른바 브렉시트입니다. 일본에서는 당초, 마치 탈퇴파가 배외(排外)주의자인 듯 보도되었습니다만, 그것은 실제와 다릅니다. 노동당을 지지하는, 인종차별과는 무관한 노동자들도 탈퇴에 투표했습니다. 그들은 '스스로 자기 일을 결정하는 것이 민주주의 아닌가?' '브뤼셀에 있는 EU 관료가 마음대로 우리 일을 결정하는 게 이상하다'라고 호소했습니다. 그런 내용을 잘 모르는 내셔널리스트가, 마치 어리석은 선택을 한 듯한 이미지로 결론 내리는 것은 잘못입니다. 그들의 주권은 절대적으로 존중되어야 합니다.

이를 인정하는 한에서, 하지만 '스스로 자기 일을 결정한다'는 건 도대체 어떤 것입니까? 자신으로서 자기를 지배할 수 있는 것인가? 그런 의미에서의 '주권'이 가능한 것인가? 이를 반드시 물어야 합니다.

구마가야 말씀하신 대로입니다.

고쿠분 게다가 이야기는 거기서 끝나지 않습니다. 주권에 이어서 이번에는 '내정간섭' 문제가 있습니다. 무슨 말이냐면 '당사자니까 내가 결정할 권리가 있다'라고 선언해버리면, 다른 사람은 아무 말도 할 수 없게 되어버릴 가능성이 있습니다. 물론 당사자의 권리 주장은 당연히 인정되어야 합니다. 그건 의심할 바 없어요. 하지만 거기에는 일찍이 다문화주의가 빠졌던 것과 같은 어려움이 있습니다. 이건 단지 저의 느낌만은 아닌 것 같습니다. 당사자에 대해 무언가를 말하는 사람을 '내정간섭'이라고 간주하는 압력이 있지 않을까요? 애초에 이러한 지적조차 하기 어려운 상황입니다.

구마가야 당사자 연구가 당사자 주권적인 운동의 계보뿐 아니라 의존증 자조 그룹의 영향도 받았다는 것이 이 점에서 중요한 의미를 가질 수 있습니다. 당사자 주권을 글자 그대로 받아들이면 약물의존증에 대해서 '약물을 하고 싶다'는 의지도 당연히, 무조건 인정되어야 합니다. 한편, 의존증 자조 그룹의 회복에 대해서는 지난번에도 이야기한 '12단계'처럼 본인의 의지를 과신하지 않는 것으로부터 시작됩니다. 대부분의 중독자는 안심하고 몸을 맡길 만큼 신뢰할 수 있는 타자를 만나지 못하고, 바로 그런 이유로 보통 이상이라고 해도 좋을 만큼 자기통치를 지키고자 살아가고 있으며, 그 탓에 의존증의 정도가 깊어지는 경우가 있다고 들었습니다. 12단계의 맨 처음에 과잉된 자기통치를 느슨하게 하는 단계가 있는 건 그러한 사정 때문입니다.

고쿠분 선생님이 말씀하신 것처럼 '당사자 주권'은 지금껏 장애인이 겪어 온 수난의 역사로 볼 때 양보할 수 없습니다. 그러나 그것만으로는 잘되지 않는 사태가 현장에서 분출하고 있는 것도 사실이지요.

고쿠분 단순한 주어와 목적어의 관계로는 안 된다는 것이죠. 조금 예전의 현대 사상처럼 되어버리지만, 역시 주객 도식을 넘어서지 않으면 안 된다고 생각합니다.

책임과 응답

고쿠분 마지막으로, 역시 어떻게든 다시 한번 생각해야 하는 주제로서 '책임'의 문제가 있다고 생각합니다. 저희는 의지 개념을 비판적으로 검토해 왔습니다. 오늘은 사용 개념을 통해 주체에 대해서도 그것이 미리 존재하는 것이 아니라는 걸 주장했습니다. 그럼 그런 논의를 근거로 했을 때, 책임은 어떻게 되는 것일까요.

『중동태의 세계』에서 저는 의지라는 개념을 통해 책임을 억지로 떠맡기는 도식에 대한 비판밖에 하지 못했습니다. 하지만 책임은 저희 둘에게 절대 피해 갈 수 없는 주제입니다. 그래서 마지막으로 다시금 이에 관해 생각해보고 싶습니다.

바로 얼마 전 『복음과 세계』라는 기독교계 잡지에 「책임, 그리고 '이웃이 된다'는 것」이라는 글을 기고했습니다. 저로서는 드문 일인데, 루가 복음에 나오는 '착한 사마리아인의 비유'를 해석하면서 책임에 관해 논했지요.

앞에서도 말씀드렸지만, 책임은 'responsibility'이며, 응답(response)과 분리할 수 없습니다. 그러나 이 또한 이미 말했듯이 의지의 유무를 확인해서 사람에게 짊어지게 하는 책임이라는 것은 아무리 생각해도 응답이 아닙니다. 그러한 책임 개념을 '타락한 책임 개념'이라고도 말씀드렸습니다.

그렇다면 책임을 어디서부터 생각해야 하는가. 저는, 신앙은 없지만, 계속 '사마리아인의 비유'가 마음에 걸렸습니다. 책임을 사유할 때 이 이야기야말로 중요하리라 생각했습니다. 기회가 된다면 성경에서 해당 페이지를 읽어보시면 감사하겠습니다만, 지금 여기서는 대강만 설명해보지요.

몸에 지닌 것이 몽땅 벗겨지고 빈사 상태로 바닥에 쓰러져 있는 나그네가 있습니다. 그 옆으로 사제가 지나가지만, 아무것도 하지 않습니다. 레위인도 지나가지만, 아무것도 하지 않습니다. 세 번째로 그곳을 지나가던 사마리아인은 나그네를 가엾게 여겨 돌보았을 뿐만 아니라 여관에 데려가 쉬게 하고, 심지어는 여관비까지 지불한 다음 "이 돈으로 회복할 때까지 여기에서 묵게 해주세요"라고 여관 주인에게 부탁합니다. 그런 이야기인데요. 마음을 크게 울리는 이야기로, 이 에피소드를 주제로 한 종교화도 많이 있습니다.

이 사마리아인은 다친 나그네를 보고 응답, response하지 않으면 안 된다는 마음을 품었다고 생각합니다. '지금, 뭐라도 해야만 한다'라고 말이죠. 그리고 여기에 책임의 원초적인 형태 같은 것이 있지 않을까, 저는 생각하고 있습니다.

이 에피소드에서 또 하나 중요한 것은 이 이야기를 예수가 어떤 장면에서냐 전하느냐 하는 점입니다. 성경에서 예수는 율법학자들로부터 심술궂은 질문을 많이 받지요. 예수는 그것을 전부 멋지게 되받아치는데, 이 장면에서는 이웃에 관한 질문을 받습니다. 율법학자는 "그럼 내 이웃은 누구입니까?"라고 묻습니다. 그리고 그것에 대해 예수가 어떻게 대답하든 언제나처럼 말꼬리를 잡으려고 기다리고 있는 것입니다. 그래서 예수는 착한 사마리아인의 비유를 이야기하고 마지막에 이렇게 질문하는 거지요. "이 세 명 중 누가 강도에게 습격당한 사람의 이웃이 되었다고 생각하십니까?"

예수의 이 대답에서 어디가 대단하냐면, 율법학자는 "이웃이 누구인가"라고 물었습니다. 이에 대해 예수는 "누가 이웃이 되었는가"라고 답한 것입니다. 즉 예수는 '사람은 누구의 이웃인 게 아니다. 사람은 누군가의 이웃이 되는 것이다'라고 말한 것입니다. 정말 훌륭한 답변이라고 생각합니다.

'이다'가 아니라 '되다'이지요. 바로 여기에 일종의 책임을 둘러싼 사상이 있는 게 아닐까요? '되다'라는 것은, 물론 들뢰즈로 말하면 'becoming(되기, 생성변화)'입니다. 들뢰즈는 '~이다'가 아니라 '~가 되다'를 중요하게 생각했습니다. 저는 예수가 들뢰즈주의자가 아닐까 싶어요.(웃음)

구마가야 『중동태의 세계』 다음은 반드시 '책임'의 이야기가 될 것이라고 느껴집니다. 즉 중동태와 모순되지 않는 책임이라는 것은 어떤 것인가라는 물음이겠지요. 그리고 바로 고쿠분 선생님이 『중동태의 세계』 첫머리에 도입한 의존증의 현장 속에 한 가지 힌트가 있지 않은가요? 방금 becoming, 책임 있는 존재로 된다는 고쿠분 선생님의 말씀을 들으면서 제가 생각한 것을 풀어봐도 되겠습니까?

고쿠분 물론입니다.

근거 없는 '믿음'

구마가야 반복해서 말씀드리자면, 우선 의존증(중독)이라는 상태는 능동/수동 도식에 남들보다 훨씬 더 사로잡혀 있는 상태라고 합니다. 즉 '할 것인가/당할 것인가'라고 생각하고, 바로 그 때문에 자기가 자신의 신체를 컨트롤 혹은 지배, 또는 제어한다는 'abuse' 상태에 빠져 있습니다. 이는 어느 정도 널리 공유되고 있는 사실인 것 같습니다.

저는 앞서 의존증 당사자들이 오랫동안 이어받아 온 회복 프로그램 '12가지 단계'(111쪽)를 이야기했습니다. 1단계부터 시작해서 12단계까지, 정확히 'becoming(되기)'의 계열입니다.

1단계가 끝나면 2단계로 가라는 명령을 받기보다 1단계가 끝날 무렵 2단계를 앞에 두는 존재로 생성-변화(becoming)하게 됩니다. 1단계는 스스로 자신의 행동을 제어할 수 없게 되어버렸음을 인정합니다. 제어할 힘이 나에게는 없다, 무력하다고 인정합니다. 이것은 곧 능동/수동 도식 안에 사로잡혀 있는 사람들이 중동태적인 세계로 이행하는 프로그램이라고 말씀드렸습니다.

오늘 '책임'이라는 관점에서 소개하고 싶은 것은 그 이후입니다. 지금까지는 1단계를 소개하고 끝났지요. 여태껏 이 12단계, 혹은 12전통이라고 불리는 것에 대해서 몇 번이나 독해해보려 해 왔습니다만, 아직도 충분하지 않은 것 같습니다. 그렇지만 오늘은 그 후의 2, 3단계 그리고 특히 4단계에서 무슨 일이 일어나는지 설명해보겠습니다.

우선 3단계에는 신(higher power, 더 높은 힘)과 같은 종교적인 표현이 있고, 종교적인 인상 탓에 참여하기엔 높은 장벽이 있다고 느끼는 이도 있습니다. 이것을 어떻게 생각하면 좋을까요.

아야야 사츠키 씨와의 공저 『연결의 작법(つながりの作法)』에서는 자조 그룹 내에서 특정 멤버가 그룹을 지배하는 일이 없도록 몇 가지 장치를 두었고, 그중 하나로 '세계는 대략 이렇게 되어 있을 것이다'라는 전망을 줄 수 있는, 개인화되지 않는 구성적 체제를 위한 '근거 없는 신앙'이라는 용어가 있다고 합니다. 이것을 2단계와 3단계에서 '자신을 넘어서는 큰 힘' '신'이라는 표현으로 나타내는 게 아닐까 생각했습니다. 그러나 타자를 신뢰할 수 있거나 상식적인 가치관이나 지식을 신뢰할 수 있는 풍족한 환경에서 살아온 이들 중에는 굳이 '신앙' 혹은 '신' 등으로 강조하는 것이 어째서 중요한가라고 여기는 분도 있을 것 같습니다.

일전에 사회학자 오사와 마사치 씨와 대담했을 때 '지식'과 '믿음'에 관해 논의했던 적이 있습니다. 2011년 동일본 대지진의 원전 사고를 계기로 누구나 인터넷이나 TV를 통해 막대한 과학적 근거를 쏟아지듯 받게 되어서, 어떤 근거를 믿어야 할지 모르는 상황에 놓였습니다. 오늘날 누구나 손쉽게 근거와 지식을 얻을 수 있지만, 그중 어느 것을 믿어야 하는가 물으면 갑자기 장벽이 높아져서 여간해서는 일상에 편입될 수 있는 지식이 되지 않습니다. 하물며 행동으로 이어지는 지식이 되는 건 더욱 어렵겠지요. 당사자 연구도 단순한 지식이 되지 않도록 몸으로 배우는 것을 중시하고 경험을 통해서 믿을 수 있는 앎을 획득하는 것이 중요합니다. 당사자 연구에서도 통계적 근거를 요청하는 최근의 상황에 저항하기 힘든 측면이 있지만, 한편 당사자 연구의 장은 스피노자적 과학의 실험실이기도 합니다. 지금 정확히 당사자 연구는 이 두 가지로 찢어지고 있는 상황일 수 있습니다.

고쿠분 어떻게 근거와 관계할지는 매우 어려운 점입니다. 물론 근거가 필요 없을 리는 없고, 문제는 근거주의로밖에 생각할 수 없게 되었다는 겁니다. 생각하기 위한 다수의 경로가 필요한 것이겠지요.

구마가야 그렇지요. 의학 영역에서도, 일상생활이나 신체 속에 자리 잡지 못한 데이터 절대주의는 이미 막다른 길에 다다랐으며, 구현과학(implementation science)이라는 표제하에 스피노자적 과학의 측면이 재검토되고 있다고 볼 수도 있습니다. 기존의 방식으로 근거를 증명하려고 해도, 그 결과가 사람들과 사회에 침투되지 않기 때문에 비용 대비 효과가 매우 나쁘다는 문제의식도 있습니다.

고쿠분 계량화에 불과한 통계적 근거가 아니라 보다 광의(廣義)의 시야에서 근거를 생각할 필요가 있는 거군요.

구마가야 그렇지요.

'12단계'에서의 변화 프로그램

구마가야 그리고 '12단계'는 오랜 경험의 축적으로 이미 '믿음'이라는 표현을 획득했습니다.

그럼, 이야기를 되돌리겠습니다. 다음 단계인 '4단계'란 무엇인가? 이것은 '재고조사'라고 부르는, 자신의 과거를 철저하게 되돌아보는 프로세스입니다. 예를 들어 매우 고지식한 멤버인 경우에는 자신의 주위 사람들을 취재하면서 한 살 때부터 자기 인생에 어떤 일이 일어났는지를, 해마다 몇몇 부분으로 나누어 스프링노트에 써 나가는 작업을 하기도 합니다. 다르크 스태프에게 들은 바로는 대부분의 참가자가 이 단계에서 몸 상태가 조금 나빠진다고 합니다.

고쿠분 선생님의 『중동태의 세계』에서 아렌트의 "의지란 과거의 절단이다"라는 사유가 인용되어 있었지만, 학대를 경험해 온 분은 당연히 '주권'의식이 강해서 '내정간섭'을 싫어한다 해도 무리가 아닙니다. 게다가 그분들 중에는 과거를 절단하기 위해서 의존 행동에 몸을 던지거나 혹은 의지에 몸을 맡기는 식으로 생존법을 구사해 온 분도 있습니다. '과거로부터 절단된 절대적 출발점'으로 매일을 살아온 사람, 약물로 스스로를 지속적으로 '리셋'하면서 '미래'나 '의지'로 가득 찬 상황에 자신을 몰아넣어야만 하는 '과거'를 짊어지고 있는 사람에게는, '희망'이나 '미래'를 강조하는 일이 겉으로 보기에는 그럴듯해도 한편으로는 문제를 방치할 가능성이 있다는 게 분명합니다.

의지에 대한 아렌트의 정의는 그들이 처한 상황도 설명해줄 것 같습니다. 만약 의지가 과거의 절단이라면, 반(反)의지란 과거를 '재고조사' 하는 것이라고 말할 수 있겠지요. 4단계에서 과거를 조사해보는 것은 중동태의 세계에서 생각해봐도 이해할 수 있습니다. 5~7단계에서는 일회성 사건의 재고조사에서 한 걸음 더 나아가 반복되거나 지속되고 있는 '변화해야 할 자기의 패턴'을 인정하고 그 패턴이 바뀌도록 염원하는 단계입니다. 여기도 스스로 바꾸는 것이 아니라 바뀌도록 바라고 기원하는 것입니다. 그래야만 비로소 책임의 영역으로 들어서게 됩니다.

과거의 자신을 충분히 글로 써버리면 두 개의 자신이 떠오릅니다. 바로 피해자로서의 자신과 가해자로서의 자신입니다. 그럼으로써 자연스럽게 솟아오르는 것이 8단계, '우리가 상처 입힌 모든 사람의 목록을 만들고 그들 모두에게 나아가 벌충해야겠다는 마음이 되었다'입니다. '벌충해라', '마음이 되어라'라는 명령형이 아니라, '마음이 되었다'라는, 사건을 기술하는 문장이 되는 건 12단계 전체에서 강조되어야 할 포인트 중 하나겠지요.

재고조사를 하면 응답하고 싶은 마음가짐이 솟아나게 됩니다. 말 그대로 책임을 지고 싶다고 'becoming' 됩니다. 그 단계에서 단계가 하나씩 진전됩니다. 이를테면, '재고조사' 다음에 있는 '책임'입니다. 재고조사를 하다 보면 자연히 (생성) 변화되고, 그런 연후에 책임을 지려고 하는 자신이 프로그램 안에서 나타납니다. 9단계에서는 이 벌충을 실행하는 것으로 (생성) 변화됩니다. 그리고 재고조사가 몇 번이고 되감겨서 반복적으로 행해지는 10단계, 환경의 어포던스에 붙잡히기 쉬운 자신의 의지가 아니라 자신이 이해한 신의 의지를 알고 그것만을 행할 힘을 기도와 묵상으로 구한다는, 스피노자의 자유를 상기시키는 11단계입니다. 그리고 동료에게 자신의 이야기를 전하는 12단계로 이어집니다. 그런 의미에서는 12개의 단계는 중동태를 철저히 실행함과 동시에 책임을 지닌 주체로 (생성) 변화되는 프로그램이 되는 게 아닐까요. 여기까지가 현시점에서 저의 독해입니다.

'책임'은 오직 중동태의 끝자락에 있다

고쿠분　훌륭한 독법이라고 생각합니다. 마음을 울리는군요.
구마가야　하지만 이렇게 생각해보면 의지와 책임은 반대말이 아닐까라는 생각마저 들지요. 도대체 과거를 차단하고 뒤돌아보지 않을 책임이란 게 있긴 할까요. 역사 수정주의는 아니지만, 개인사와 역사를 포함해 과거를 차단한 상태에서 사람이 책임을 질 수 있는 걸까요. 만약 의지가 과거의 차단이라면 의지와 책임은 대립한다고 보이는 거지요.

12단계는 과거 차단의 해제가 책임의 전제 조건이 된다는 사실을 밝히고 있습니다. 그런 프로그램으로도 읽을 수 있다고 저는 생각합니다. 그래서 중동태가 책임 회피용으로 사용될 수 있다는 건 완전히 오독이라고 느껴집니다. 아무리 생각해도 책임은 오직 중동태의 끝자락에 있다, 이것이 저의 지금 생각입니다.

고쿠분　그렇군요. 책임은 오직 중동태의 끝자락에 있다는 건 구마가야 선생님의 말씀대로라고 생각합니다. 신기하네요. 중동태라고 하면 뭔가 무책임한 인상을 받을 수밖에 없는데, 책임에 대해서 생각해보면 오히려 중동태적인 것이 없이는 책임을 받아들이는 데까지 이르기 어렵다는 것을 알게 됩니다. 즉 사죄하는 마음이 자신을 장소로 삼아 과거를 되돌아봄으로써 과거와의 연속성으로부터 벗어났을 때, 책임이라는 것을 처음으로 말할 수 있는 것이 아닌가. 즉 과거를 '앞에 두고' 그것에 응답하고자 할 때 비로소 책임의 마음이 생겨납니다.

오히려 지금 사람들이 말하고 있는 '책임'이라는 것은 도대체 무엇일까 하는 생각마저 듭니다.

구마가야　정말 그렇지요.

고쿠분　도대체 세상에서 '책임'이라고 불리는 '그것'은 무엇일까요?

구마가야　무엇일까요?

고쿠분　책임과는 다른 느낌이 드는데요.

구마가야　책임과는 다른 무언가를 그렇게 부르고 있는 거죠.

고쿠분　이를테면 범죄자에게 '책임을 져라'고 약속이나 한 듯 말하지만, 중동태적 과정을 통해 비로소 책임을 받아들일 수 있는 거라면 그건 오히려 책임질 수 없는 방향으로 사람을 향하게 하는 게 아닙니까. 굉장히 불가사의한 느낌이 드는데요.

구마가야　지난 시간, 강연장에서 질문에 답하면서 중동태의 이미지로 공시적인 이미지와 통시적인 이미지가 있다고 하는 이야기를 했습니다만, 신체의 바깥쪽이든 안쪽이든 지금 여기에 있는 여러 원인과 다양한 자극이 우리에게 쏟아지고 있습니다. 그리고 그런 것들에 영향을 받아 행위가 생성되고 있다고 한다면, 반드시 '내 의지로 행위하고 있다'는 건 아니라고 말할 수 있습니다.

　확실히 여러 가지에 촉발되어 행위하고 있다는 건 중동태의 세계관인데, 매우 공시적입니다. 그러나 동시에, 실제로는 지금 여기뿐만이 아니라 과거의 역사, 즉 10년 전, 20년 전 자신의 경험에 의해서도 우리는 움직여지고 지금의 행위가 영향을 받는 겁니다. 아마 공시적인 부분만 강조하면서 중동태를 독해하면 책임을 회피하는 이미지가 생겨나지 않을까요.

　12단계 이야기를 한 것은 그것이 지극히 통시적인 것이기 때문입니다. 그렇게 생각하면, 아렌트의 인용은 역시 통시적으로 읽을 수 있습니다. 하이데거의 '의지는 과거를 미워한다'는 말도 있었습니다. 그렇지만 중동태 안에는 통시적인 부분도 포함되어 있을 겁니다. 공시와 통시를 모두 포착하지 않으면 중동태의 연장선에 있는 책임은 보이지 않는 게 아닐까, 그런 것을 느꼈습니다.

고쿠분 저는 거기까지 생각해서 '의지와 책임의 고고학'이라는 부제를 붙인 건 아닙니다. 그렇지만 지금 구마가야 선생님의 이야기를 들으며 그 키워드가 매우 중요했었구나, 다시 한 번 생각했습니다.

『한가함과 지루함의 윤리학』에서는 지루함과 한가함을 명확하게 구별함과 동시에 지루함을 부정적으로 평가하고 한가함을 긍정적으로 평가했습니다.『중동태의 세계』에서는 의지와 책임을 명확히 구별함과 더불어 의지를 비판적으로 논하고 책임을 중요시했습니다. 역시 구마가야 선생님의 말씀대로 의지와 책임은 오히려 대립하는 개념이라고 생각하는 편이 좋습니다. 그리고 중동태야말로 그 인식으로 접근할 수 있음을, 오늘 구마가야 선생님과의 대화를 통해 다시금 알게 되었습니다.

주체와 책임의 관계에 대해서도 약간이나마 안개가 걷히는 것 같기도 합니다. 주체를 실체로 전제하지 않는 철학은 책임을 물을 수 없다는 생각들이 있습니다. 하지만 그건 틀린 것이 아닐까 싶기도 합니다. 책임이 생성변화 (becoming)라면, 그것은 주어=주체를 장소로 삼아 사용을 통해서 자기가 구성되는 과정과 무관하지 않습니다. 책임을 받아들일 때도, 그 책임을 향해 무엇인가를 사용하는 자기가 생성되고 있다고 생각해야 하지 않을까요. 사용이라는 원초적인 광경을 확실히 보는 것, 바로 이를 통해서만 책임을 받아들이는 자기가 생성될 수 있지 않을까요.

그러나 우리는 그런 사용을 지배로 착각해 왔습니다. 그 착각의 기원 중 하나는 방금 본 『알키비아데스』에서 볼 수 있는 플라톤주의겠지요. 지금까지의 철학이 플라톤주의와 분리될 수 없다면, 데리다가 말하는 '철학은 이러한 중동태, 즉 일종의 비(非)타동사성을 최초로 능동태와 수동태로 나눈 다음 이를 억압함으로써 스스로를 구성했던 것이다'[77]라는 지적은 역시 적확했다고 말하지 않을 수 없습니다. 그렇다면 데리다의 이 지적을 이어받아서 우리는 사용을 지배로 환원해버리지 않는 책임의 철학을 만들어내야만 합니다.

구마가야 그렇네요. 이번 연속강의의 중요한 결론 중 하나로 저도 고쿠분 선생님께 동의합니다. 그리고 하나 더 마지막으로, 괜찮으신가요?

고쿠분 네, 물론입니다.

구마가야 당사자 연구에 영향을 준 인물로 정신과 의사 빅터 프랭클(Viktor Frankl)이 있습니다. 그도 '책임'이라는 말을 사용하지만 일반적인 책임과는 조금 다릅니다. 그는 인간을 삶으로부터 질문받는 존재로 파악한 다음 '나는 삶에 아직 무엇을 기대할 수 있을까'가 아니라 '삶은 나에게 무엇을 기대하고 있을까'를 계속 생각하는 것, 그것이 책임이라고 말합니다.[78] 삶이 나에게 무엇을 묻고 있는지 생각할 때 책임

---

77 자크 데리다, 후지모토 이치요 외 옮김, 『철학의 여백(상)(哲学の余白(上))』, 법정대학출판부, 2007, 44쪽.

78 빅터 프랭클, 『그럼에도 삶에 '예'라고 답할 때』, 청아출판사, 2020.

이 깃들게 됩니다. 프랭클이 말하는 책임은 필연적으로 자신의 인생을 되돌아볼 것을 요구합니다.

고쿠분 매우 좋은 이야기네요. 그럼, 저도 마지막으로 하나만 하겠습니다.

전에도 하이데거를 인용하면서 이야기했습니다만, 저는 의지와 결합되지 않는 책임 본연의 모습으로서 각오를 생각하고 있습니다. 각오와 의지는 비슷한 느낌을 주지만 전혀 다른 것입니다. 각오라는 것은 과거에서 지금으로 이어지는 흐름, 다른 말로 하면 운명 같은 것이 있고 그 운명을 내 것으로 삼는다는 것입니다. 이럴 리가 없다든가, 이건 내가 원한 것이 아니라든가 하는 게 아니라 운명을 내 것으로 삼아 살아갑니다. 니체가 말하고 들뢰즈도 주목한 "아모르 파티(Amor Fati, 운명을 사랑하라)"라는 사유도 그러한 것이 아닐까요. 그건 체념과는 다릅니다. 체념이란, 절단하고 싶은데 절단할 수 없음에 대한 절망이지요. 절단할 수 없는 흐름을 스스로 어떻게 끌어안으며 살아갈 것인가. 이 아모르 파티의 사상으로부터 책임을 새롭게 생각하고 싶습니다.

그럼 여러분, 질문이 있다면 해주세요.

질의응답

질문1

활동지원사와 어떻게 친해질 수 있나요?

—— 매우 흥미로운 이야기를 들어서 여러모로 감사했습니다. 구마가야 선생님께 꼭 여쭤보고 싶은 것이 있습니다. 여러 활동지원사와 함께했다는 말씀 중에 '엄밀한 지원사 수족론=철저한 지시 대기형 인간'이 있다고 하셨습니다. 한편, 크레스타이적으로 생각하면, 지원사를 '사용한다'라는 건 지원사와 친해지는 것이라고도 이해할 수 있습니다. 그럼 구마가야 선생님은 어떻게 해서 지원사와 친해지게 되었나요? 또한 뭔가 이를 위한 방법이 있다면 가르쳐주세요.

구마가야 어렵네요. 간단하게 '이거!'라는 이론이 있는 건 아닙니다. 조금 전의 예를 말하자면, 솔직히 말해서 역시 저도 어느 면에서는 지원사가 손발이 되면 좋겠다고 생각합니다. 오해가 없도록 덧붙이면, 그것은 지원사를 지배하고 싶다는 게 아니라 자유를 느끼고 싶다는 의미에서입니다.

다시 말해 제가 뭔가를 하고 싶다고 생각하면 그것이 순조롭게 실현되면 좋겠습니다. 하지만 지원사가 수족처럼 원활하게 움직여주는 것은 지원사를 지배하는 게 아닙니다. 지원사에게 일일이 지시를 내리고 그것에 따르게 하는 것이

손발이 되는 게 아닙니다. 그것이 조금 전에 말씀드린 지원
사와의 만남을 통해서 발견한 것이었습니다.

고쿠분   사용은 지배와는 다르고, 사용과 지배는 대립하고
있다는 게 중요하지요.

구마가야   네, 고쿠분 선생님이 말씀하신 대로입니다. 그리고
그것은 낭비와 소비의 관계, 혹은 입력(input)과 출력(output)
에 가까울 수도 있습니다. 왜냐하면, 지원사와의 관계에서
입력이 닫히지 않게 하는 것이 가장 중요하기 때문입니다.
출력 100퍼센트가 되어버리면 지배가 시작됩니다. 자기의
지금 신체 컨디션에도 감각을 예민하게 하고, 지원사의 몸
으로부터 들어오는 정보에도 감각을 예민하게 해놓습니다.

   그리고 나뿐만이 아니라 지원사도 입력을 예민하게 해
주었을 때, 서로 상대에게서 정보가 흘러오고 서로의 신체
를 낭비하는 관계가 되어 서로 음미하는 관계가 비로소 생
겨납니다. 커뮤니케이션이라고 하면 뻔한 말이 될지도 모르
지만, 간단히 말해 서로 안다는 것입니다. 낭비가 아니면 커
뮤니케이션이 성립되지 않습니다. 소비일 경우엔, 정보의
흐름이 일방통행이며 커뮤니케이션이 제로가 되는 느낌이
있습니다.

   그러니까 친해진다고 할까. 상대와 사이좋게 지내는 것
은 어떤 것이냐 하면, 서로 낭비하는 관계가 지원사와의 사
이에 성립했을 때 서로의 신체에 대한 구별이 희미해지고
거기서 비로소 지배가 아닌 사용이 생기지 않을까 싶습니

다. 왠지 모르겠지만 그런 것이라고 생각합니다. 다만, 역시 어디서든 상호 관계에는 비대칭성이 있다고 하는 인식은 중요하지만요.

어렵지만… 그렇죠, 완전한 지배는 아니지만 대등하지는 않은 듯한, 섞여 있는 느낌이라고 할까요. 오케스트라로 말한다면 지휘자는 자신이지만 상대방으로부터도 영향을 받는 지휘자처럼 조율하고 있을 때는 아주 잘된다는 느낌이 듭니다.

고쿠분 그러니까 어딘가 조금 에로틱한 느낌이 드네요.

구마가야 그렇네요, 아무래도 좀 에로틱한 면이 있네요.

고쿠분 이상한 뜻은 아닙니다.

구마가야 그렇죠. 왜냐하면 에로틱하지 않으면 안전하지 않기 때문입니다. 권력이 지배하는, 그런 위험한 보살핌(케어)이 돼버리고 말지요.

고쿠분 이것은 여담입니다만, 아감벤의 『신체의 사용』에는 사디즘과 마조히즘에 관한 이야기도 나옵니다. "마조히스트는 자신이 당하는 것을 '스스로 행하게 하는' 것이며, 수동성 그 자체 안에 있는 능동적인 것이다", "사도마조히즘은 주체도 객체도 모르고 행위자도 행위를 받는 상대도 모른다는, 사용의 근본적인 진리를 보여주는 것이다"라고 쓰여 있습니다.(웃음)

구마가야 그것은 부끄럽네요.(웃음)

고쿠분 틀림없이 아감벤도 분위기를 타고 쓴 것 같습니다. 그런데 저는 조금 알 것 같기도 합니다.

구마가야 저는 굉장히 잘 압니다. 『재활의 밤』도 마조히즘의 책이니까요.

고쿠분 오오, 그러고 보니 그렇군요. 구마가야 선생님이 책에 쓰신 '패배의 관능'이라는 말은 올바른 의미에서의 마조히즘이네요.

질문2

비즈니스 세계의 대화는 능동태뿐이지 않나요?

—— 말씀, 감사합니다.

저는 지금 한 회사에서 영업직을 담당하고 있습니다. 'will', 그러니까 의지에 관한 얘기를 굉장히 많이 하는 회사입니다. '앞으로 너는 어떻게 하고 싶은 건가'라고 위로부터, 주위로부터 항상 질문을 받아서 '나는 앞으로 어떻게 하고 싶은 것인가'라고 항상 자문자답하게 만드는 기업 풍토, 그런 문화가 있는 회사입니다. 비즈니스 세계의 대화라는 것은 기본적으로 이렇게 능동태뿐이 아닌가요?

고쿠분 확실히 그렇지요. 다만 어쩌면 조직 구성에 대해 진지하게 생각하고 있는 사람들은 능동태적이어서는 안 된다는 것을 알고 있는 것 같습니다. 하지만 적절한 말이 아직 없잖아요? 저는 중동태는 조직 구성을 생각하는 데도 중요하다고 생각합니다. 능동/수동 도식으로 생각하면 조직 구성이 잘되지 않을 것입니다. 왜냐하면 기본적으로 누군가가 누군가에게 명령하는 형태가 되어버리기 때문입니다.

구마가야 저도 조직론에 대단히 관심이 많습니다. 원래 예전 방식의 조직에는 심문의 언어로 곧장 개인에게 책임을 억지로 떠넘기는 바가 있습니다. 그런데 그와는 정반대인 '고신뢰 조직(High Reliability Organization) 이론'이라는 게 있습니다. 저는 이것을 자조 그룹에도 응용할 수 있는 것이라고 생각하고 있습니다. 이 '고신뢰성 조직'이란 무엇인가. 예를 들어 응급 의료 현장이나 항공기 관련 회사처럼 실패가 용납되지 않는 조직을 말합니다. 그들은 진심으로 조직의 실패를 제로로 만들기 위해 어떻게 하면 좋을지를 탐구하고 있습니다. 그 결과로 나온 것이 '공정 문화(Just Culture)'입니다. 요컨대 실패를 허용하는 문화, 범인 색출을 하지 않는 문화입니다. 누가 잘못했는가 하는 말로 개인을 벌하지 않는다고 합니다.

다만 그 대신 자신이 경험한 것은 모두 숨김없이 이야기해야 합니다. 그리고 조직 전체의 문제로서 구성원 모두가 받아들이고 생각해서 응답할 책임이 부과됩니다. 숨김없이 말하는 것은 실수도 포함해서 칭찬받으며, 조직에는 귀중한 학습 자원으로 받아들여집니다. 벌을 주면 사람은 숨기게 되지요. 그러면 조직은 실패에서 배울 수 없습니다. 그래서 오늘 이런 실수를 했습니다, 저런 실패를 했습니다 같은 부정적인 경험을 이야기하면 칭찬받습니다. 이것이 바로 '공정 문화'입니다. 너무나 재미있는 역설이죠. 실패를 진정으로 줄이고 싶다면 실패를 허용해야만 합니다. 그러기 위해서는 매일, 과거의 기억을 조사하고, 자신의 경험을 계속 공유합니다. 오늘의 이야기와 어딘가 연결되는 느낌이 들지 않습니까? 책임을 묻는다는 것을 생각할 때 조직 문화와 연관된 시각에서 정리하는 것은 큰 힌트가 될 것 같습니다.

── 고맙습니다. 회사에서 얘기를 해보겠습니다.

고쿠분 꼭이요.

질문3

인지행동치료적 연애 서적은 위험하지 않나요?

── 이번에도 흥미로운 이야기를 해주셔서 감사합니다.

과거의 절단이라는 것은 '강한 의지' 따위를 말하는 사람들이 점점 '우익 네티즌'처럼 되어 가는 것과 어떤 의미로 동일한 게 아닐까 하고 생각했습니다. 고쿠분 선생님이 말씀하신 것처럼 '책임'이라는 단어를 다시 파악해야 한다는, 그런 생각을 하면서 두 분의 이야기를 들었습니다.

그 뒤에 머릿속에 떠오른 게, 젊은이들에게 연애를 가르치는 책들이 많이 나와 있는데, 역시 정신분석적이지 않고 인지행동치료적으로 쓴 책이 잘 팔리는 것 같아요. 저는 이것이 비교적 위험한 게 아닐지 생각하고 있습니다만, 두 분은 어떻게 생각하십니까?

고쿠분 정신분석은 철저하게 과거와 관련된 것입니다. 그리고 이를 위해서는 상당한 시간이 필요합니다. 예를 들면 프로이트는 주 6일이나 분석을 했었습니다.

── 한 사람에 대해서요?

고쿠분 네, 그렇습니다. 거의 매일 이야기를 듣는 겁니다.

구마가야 그거 굉장하네요.

── 오히려 정신이 이상해질 것 같네요.

고쿠분 그 정도로 하지 않으면 효과가 없지요. 주 6일 동안 하지 않더라도, 매주 며칠씩 분석을 받아야 하는 점은 지금도 변함이 없습니다. 그리고 정신분석으로 성과가 나온다는 것은 추적 조사를 통해 근거로 증명되고 있다고 합니다. 단지 매우 힘들고 시간도 돈도 많이 들지요. 어떤 의미에서는 귀족주의적인 치료법이라고 할 수도 있겠네요.

인지행동치료는 생각에서 사리에 맞지 않는 오류를 바로잡는다는 사고방식이자 공학적인 것이라고 할 수 있습니다. 잘못을 바로잡는 것이기 때문에 능동/수동의 대립 속에 있습니다. 그런 의미에서는 낡은 의료 모델을 따르고 있다고도 말할 수 있지요.

라캉파 정신분석에서는 환자를 환자라고 부르지 않고 아날리산드(analysand), 즉 '분석하는 사람'이라고 부르며 정신분석가는 분석을 함께할 따름입니다. 그런 의미에서 아날리산드는 지극히 중동태적입니다.

이 강의에서 전에도 말씀드렸지만, 저는 당사자 연구라는 게 어떻게 보면 민주화된 정신분석 같은 면이 있다고 생각하거든요. 돈도 들지 않으며 처음에는 모두 비교적 부담 없이 시작할 수 있습니다. 게다가 이야기를 하는 쪽이 아니라 듣고 있는 쪽에 변화가 찾아옵니다. 이것은 집단적이라는 의미에서도 중동태적이지 않을까요?

구마가야　덧붙이자면 당사자끼리를 강조한다는 말씀이지요? 재고조사 요소, 가까운 미래를 위한 구상 요소, 실험 검증형 요소, 그리고 비슷한 동료의 존재를 강조하는, 그 네 가지가 당사자 연구의 특징이라고 할 수 있습니다.

고쿠분　그렇게 강조하지 않았습니다만,『중동태의 세계』를 쓰면서 생각한 것 중 하나가 '동료'에 대해서였습니다. 허먼 멜빌의 소설『빌리 버드』를 논한 이 책의 마지막 장에서 잠깐 다루었는데, 빌리를 고발한 클래거트에게 이야기를 들어줄 동료가 있었다면 어떻게 되었겠냐고 말이죠.

구마가야　클래거트가 다르크 하우스에 왔다면 달라졌을지도 모릅니다.(웃음)

고쿠분　그렇지요!(웃음) 빌리가 '말더듬이'라고 해도 당사자 연구를 통해서 증상과의 교제법을 배울 수 있었을지도 모릅니다. 적어도 느닷없이 클래거트를 때려죽이지 않아도 됐을 것 아닙니까.

구마가야 또한 고쿠분 선생님은 『중동태의 세계』 맺음말에서 만약 아렌트를 만나게 된다면 "빌리도, 클래거트도, 비어도, 모두 우리 자신 그 자체가 아닐까요? 아렌트 선생님께는 그들 같은 면이 없으신가요?"라고 물어보고 싶었다고 적혀 있었는데요, 유머 섞인 말이긴 하지만 저 높은 곳에서 분류하는 아렌트를 향한 통렬한 비판으로 읽었습니다.

고쿠분 아렌트에게는 동료가 있었고 이해해주는 남편도 친구도 있었으니까요. 저는 '끊기 어려운 인연'이라는 말을 그다지 좋아하지 않습니다. 동료도 마찬가지라고 하는 사람도 있을지도 모릅니다만, 강고한 이미지가 있는 '인연'보다는 동료와의 느슨한 '유대' 쪽이 중요하지 않을까요.

구마가야 '유대'라는 말이 딱 들어맞네요.

고쿠분 애초에 철학에서는 '동료'라는 걸 별로 논하지 않았습니다. 철학은 극단적인 말만 씁니다.(웃음) '사랑'이라든가 '적'이라든가. 동료라는 것은 어떤 의미에서 어중간한 것이겠지요. 연인과는 계속 함께 있고 싶겠지만, 동료와는 쭉 함께 있고 싶지는 않습니다. 그렇지만 별로 싫어하는 것도 아닙니다. 어쩌다 만나서 "어이" 하는 느낌, 저와 구마가야 선생님도 동료적이죠. 계속 같이 있는 것도 아니고, 계속 같이 있다면 이런 연속강의를 함께하는 것이 싫어질 수도 있겠지요.(웃음)

구마가야   그런 거군요.(웃음)

고쿠분   하지만 속마음도 알고 무엇보다 자신을 알 수 있도록 도와줍니다. 그런 게 동료죠. 저는 동료라는 개념을 철학적으로 생각하고 싶습니다. 그런데 어떤 의미에서 동료라는 것이 무엇인지를 가르쳐주는 것이 당사자 연구이기도 하잖아요.

구마가야   네, 말씀하신 대로입니다.

고쿠분   조금 이야기가 어긋나버렸습니다만(웃음), 괜찮을까요?

── 네, 충분합니다. 감격했어요. 대단히 감사합니다.

고독, 사고, 말

고쿠분 동료라는 존재에 관한 이야기가 나왔으니 마지막으로 그 얘기를 하고 마치도록 하겠습니다. 당사자 연구는 여럿이서 하는 거지요. 그렇지만 동시에 스스로 조사한다, 혼자서 발표한다 하는 식의 혼자가 되는 국면이 있는 것도 중요하다고 생각합니다. 단수와 복수, 고독과 집단, 사(私)와 공(公)의 주고받음을 분명히 합니다. 그것은 당사자 연구의 중요한 측면이 아닐까요?

구마가야 확실히 그렇지요. 베델의 집 무카이야치 이쿠요시 씨는 "자신의 고생은 동료에게 빼앗겨서도 안 되고, 하물며 전문가에게 빼앗겨서도 안 된다. 자신의 고생은 자신의 것임을 소중히 한다"라고 종종 표현하십니다.

고쿠분 저는 요즘 한나 아렌트의 '고독'의 정의에 대해서 자주 생각하거든요. 그는 '고독(solitude)'과 '외로움(loneliness)'을 구별했습니다.[79] 고독이란 내가 나 자신과 함께 있다는 것입니다. 그러나 사람이 반드시 자기 자신과 함께 있는 건 아닙니다. 자기 자신과 함께 있을 수 없을 때, 사람은 누군가

---

79 한나 아렌트, 박미애·이진우 옮김,『전체주의의 기원1,2』, 한길사, 2006.

자신과 함께 있어 줄 사람을 찾습니다. 그때 사람이 느끼는 게 외로움이라고 했지요.

아렌트에 따르면, 고독은 사고(思考)를 위한 조건입니다. 나와 나 자신의 대화, 바로 그것이 사고하는 것입니다. 따라서 고독은 인간에게 있어서 매우 중요한 것이라고 할 수 있습니다.

구마가야 당사자 연구로 통하는 훌륭한 정의네요.

고쿠분 현대는 이 고독이 위기에 처해 있습니다. 그것이 초래하고 있는 것은 사유의 부재만이 아닙니다. 고독 속에서의 사고가 이루어지지 않게 되면, 그것을 메우기 위한 과잉 커뮤니케이션이 요구됩니다. 거기서 초래되는 것은 말의 쇠퇴입니다. 사고의 갈등, 그 갈등을 말로 하는 데 있어서의 갈등, 그러한 것들이 없어졌을 때 말은 미리 존재하는 정보를 전달할 뿐인 단순한 기호가 됩니다.

『중동태의 세계』에는 메타 메시지라고 부를 만한 것이 하나 있었습니다. 우리의 사고를 조건 짓고 있는 능동과 수동의 대립을 중동태에 의해 대상화한다는 것이 이 책의 메시지라면, 우리는 말을 마주할 자세를 잃어가는 것은 아닐까, 언어 자체에 대해 다시 한번 생각해보자는 것이 이 책의 메타 메시지였습니다. 저는 한 사람의 철학 연구자로서 이 점을 다시금 강조하고 싶습니다.

구마가야 당사자 연구는 말 없이는 나아갈 수 없습니다. 그리고 '중동태'가 당사자 연구를 얼마나 전진시켜주는지를 이번 고쿠분 선생님과의 연속강의로 새삼 알게 되었습니다. 당사자 연구의 미래를 명확하게 그리는 일은 아직 아무도

하지 못했습니다. 그러나『중동태의 세계』와『한가함과 지루함의 윤리학』그리고 몇 년에 걸친 고쿠분 선생님과의 논의 속에서 고쿠분 선생님이 내놓으신 여러 가지 지식은 당사자 연구가 앞으로 나아가야 할 길을 비추고 있습니다. 다가올 당사자 연구의 모습을 당사자 연구 동료들과 함께 그리고 고쿠분 선생님과 함께 바라보고 싶습니다. 고쿠분 선생님, 여러분, 정말 감사합니다.

고쿠분 앞으로도 많은 말들을 주고받읍시다.

구마가야 선생님 그리고 여러분, 정말로 고맙습니다. 진심으로 감사합니다.

나오는 글

고쿠분 선생님이 2011년에 출판한 『한가함과 지루함의 윤리학』을 읽은 이래, 지금까지 내가 생각하고 써 온 모든 것에 고쿠분 선생님의 철학은 깊은 영향을 미치고 있다. 고쿠분 선생님의 말은 언제나 내 안을 들쑤셔 놓았고, 다음으로 이어지는 사유와 실천을 계속 촉구해 왔다.

처음으로 『한가함과 지루함의 윤리학』을 읽었을 때 나는 이 책에도 소개되고 있는 다르크 여성 하우스의 '당사자 연구'를 떠올리고 있었다. 어린 시절, 가까이 있는 중요한 타자에게서 상처받은 사람들에게 한가한 시간만큼 무서운 것은 없다. 왜냐하면, 한가한 시간이든 아니든, 지옥과 같은 지루함이 엄습해 오기 때문이다. 다르크 여성 하우스의 당사자 연구가 가르쳐준 것 중 하나가 그런 사실이었다. 고쿠분 선생님이 주제로 삼은 '한가함'이라는 수수께끼 같은 현상의 기원에, 아픔이 계속되는 과거의 상처 입은 기억이 있는 것은 아닐까. 『한가함과 지루함의 윤리학』에 충격을 받은 나는 고쿠분 선생님과 이야기하고 싶어져 뻔뻔하게도 SNS를 통해 그에게 감상문을 보냈다. 그 이후 고쿠분 선생님과의 공동 연구가 이어지고 있다.

『한가함과 지루함의 윤리학』은 나에게 하나의 논고를 쓰게 했다. 2013년에 발표한「고통에서 시작하는 당사자 연구」(『당사자 연구의 연구』수록)라는 글이 그것이다. 거기서 나는, 일찍이 새겨진 '상처의 기억'과 지금 확실히 새겨지고 있는 '상처의 지각(감각)'을 구별했다. 그러고 나서 고쿠분 선생님에게 응답하고자 내 만성 통증의 경험 그리고 통증 연구에 관한 지식에 의지해서 '사람이란 상처의 기억이 주는 아픔을 달래기 위해 상처의 지각을 추구하는 일조차 마다하지 않는다'는 가설을 썼다. 이는 '사람이 지루함을 달래기 위해서라면 흥분을, 때로는 죽음도 마다하지 않는 것은 어째서인가'라는『한가함과 지루함의 윤리학』에서의 질문에 나 나름대로 상처라는 각도에서 답하고자 한 것이었다.

상처라는 주제는,『중동태의 세계』에서도 부제목에 포함된 '의지'라는 개념으로 계속 이어진다고 나는 이해하고 있다. 모든 행위는 그에 앞선 과거의 사건에서 영향을 받고 있다. 그러나 행위의 원인이 되는 과거의 사건을 부인하고 의지적인 것이 행위의 유일한 원인인 양 간주하는 인식의 틀이 능동태/수동태의 세계관이며, 그것은 단적으로 말해 정확한 인식 틀이라고 말하기는 어렵다(『중동태의 세계』에서 내가 받아들인 큰 메시지는 이런 것이었다). 그리고 과거에 깊은 상처를 지닌 사람은 상대적으로 과거의 사건을 부인하기 쉬워지고, 과도한 능동태/수동태의 세계에 휘말리곤 한다.

『중동태의 세계』부제에는 의지 외에 또 하나 중요한 개념이 있다. 바로 '책임'이다. 그리고 이 책의 최대 수확 중 하나는 이 '책임'의 개념을 중동태적으로 다시 파악할 수 있었다는 점이라고 생각한다. 정확한 인식이라고는 말하기 어려운 능동태/수동태의 세계관이 왜 이토록 뿌리 깊냐면, 어떤 행위의 결과 예를 들면 누군가에게 상처를 입히게 되었을 때 그 행위의 원인을 누군가의 의지에 귀속시켜 그 사람에게 책임을 지게 한다는 사법적인 구조가 그것을 요구하기 때문이라고 할 수 있다. 그러므로 중동태적인 행위론이나 그와 공명하는 당사자 연구의 실천은, 누군가에게 상처를 준 가해자의 행위를 과도하게 면책해주는 게 아닌가 하는 비판에 노출되는 측면도 있다.

그러나 이 책에서 전개한 것은, 현재의 사법 시스템에서 지배적인, 이러한 능동태/수동태적 책임 파악 방법으로는 진정한 의미에서 책임을 지는 것으로는 연결되지 않는다는 문제 제기였다. 애당초 상대방에게 상처를 주게 된 자신의 행위에 관해서 '그건 자기 의지로 했던 것이다'라는 해석으로 사고를 정지시키고, 성장 과정 등을 포함해 행위에 앞서 존재하는 다양한 원인에 대해 생각조차 하지 않는 가해자를 대하며 주위 사람들은 그가 책임을 다하고 있다고 느낄 수 있을까? 2016년에 일어난 사가미하라 살인 사건[80]의 범인이 법원에서 한 언동이, 적어도 나에게는 용서되지 않았던 이유 중 하나는, 그가 본인의 행위에 대해 자신의 의지로 행했음을 인정하지 않았기 때문이 아니다. 아니, 오히려 그가

---

80 [옮긴이주] 2016년 7월 가나가와현, 사가미하라시에 있는 지적장애인 복지시설에서 발생한 살인 사건이다. 범인은 흉기로 입소자 19명을 살해하고 입소자와 직원 등 26명에게 중경상을 입혔다. 2020년 범인은 사형을 선고받았다.

지나치게 자신의 의지에만 귀속시켰던 점이 용서할 수 없었던 것이다.

이 책에서는 능동태/수동태적인, 자신의 의지에 과도하게 의존하는 삶의 방식의 하나로서 의존증을 거론했다. 그리고 '익명의 알코올 중독자들(A.A)'에서 시작하는 12단계의 회복 프로그램(A.A의 12단계)에 따라 의존증으로부터의 회복을 목표로 하는 자조 그룹의 방법 속에 능동태/수동태적인 삶의 방식에서 중동태적인 삶의 방식으로 스스로를 변용시키는 장치가 마련되어 있다는 것도 다루었다.

12단계에서는 4번째 단계에서 두려워하지 않고 철저한 자세로 부인해 온 과거의 사건들을 되돌아본다(재고조사). 흥미로운 것은 그 후 8단계, 9단계에 이르러서야 비로소 상처 입힌 모든 사람을 목록으로 작성해 그 사람들이나 다른 사람에게 상처를 주지 않는 한에서 그 사람들에게 직접 만회할 수 있는 사람이 된다는 점이다. 죗값을 치른다는 건, 자신의 과거와 진정으로 마주하는 일 없이는 성립할 수 없다. 따라서 과거를 부인하고 행위의 원인을 모두 자신의 의지에 귀속시키는 능동태/수동태적인 책임론은 오히려 무책임하다는 것이 이 책에서 전개한 고쿠분 선생님과 나의 주장이다.

최근 일본에서도 성범죄를 둘러싼 법 제도의 개정이 진행되고 있다. 그러나 피해자 지원 전문가나 실천가 중에는 현 시스템의 주류인 응보적 사법의 문제점뿐만 아니라 중동태적이라고 해도 좋은, 정직한 재고조사와 대화를 통한 '회복적 사법(restorative justice)'의 중요성을 지적하는 사람들이 적지 않다. 처벌 중심의 응보적 사법만으로는 가해와 피해가 뒤얽힌 관계를 다룰 수 없거나 당사자가 수긍하기 어렵고, 가해자가 형기를 마친 후 피해자의 안전이 보장되지 않는다는 등의 지적이 자주 들린다. 현실 세계에서 일어나고 있는 이러한 일들과도 이 책의 내용은 깊게 관련되어 있다고 말할 수 있다.

또한 세부 사항은 쓸 수 없지만, 당사자 연구의 실천이 다양한 영역으로 퍼져 가면서 "나는 다름 아니라 당사자 연구라는 실천 속에서 상처받았다"는 목소리가 전해지기 시작하고 있다. 이러한 목소리는 나 자신을 포함한 당사자 연구 실천가에게 응답의 책임을 부과하는 것이다. 각각의 현장에서 어떤 상호 행위가 일어났는가, 그리고 그 배후에는 어떠한 과거의 내력이 있었던 것인가에 응답하는 것이다. 당사자 연구라는 실천 속에서 응답의 책임을 다한다는 것은 그렇게 시간이 걸리는 작업임이 틀림없다. 당사자 연구가 다음의 큰 과제에 직면해 있는 지금, 이 책을 세상에 내놓을 수 있게 된 것은 나에게 있어서 특별한 의미를 가진다.

고쿠분 선생님과의 연구는 당분간 앞으로도 계속될 것 같다.

2020년 10월, 구마가야 신이치로

옮긴이 후기

___나의 '이 삶'을 새롭게 이해하고 끌어안는다는 것

『책임의 생성』은 특별한 강의록이다. 각자의 분야에서 독특한 입지를 다져 온 철학자와 장애 당사자 연구자가 오랫동안 함께 연구한 내용을 언어화해낸 기록이다. 그래서 이 강의는 언어, 중독, 자유의지와 책임, 주체와 타자, 다수와 소수 등 다양한 주제를 가로지른다. 훗날 각자의 학술논문이나 단독 저술도 염두에 둘 만한 여러 주제이지만, 두 저자는 일관되게 새로운 삶의 모습을 질문하고 또 '스케치'하고 있다. 다수자이든 소수자이든 우리는 어떻게 삶을 새롭게 할 수 있을까, 어떤 언어와 어떤 시선으로 나와 상대방, 세계를 이해하면 좋을까. 우리는 저자들의 이런 질문과 사유가 만나고 얽히면서 희미했던 밑그림이 서서히 형체를 이루어 가는 과정을 지켜보게 된다. 사유가 촉발되는 현장을 함께한다는 건 즐거운 일이다. 독자분들이 장애 당사자가 아니라도, 어떤 철학적 연구를 시도하는 이가 아니라도 이 생성의 과정에서 나름의 통찰을 얻게 될 것이다.

능동과 수동의 패러다임

고쿠분 고이치로의 『중동태의 세계』에서도 다뤄지지만, 능동과 수동은 세계를 이해하는 하나의 패러다임이다. 우리는 여

기에 너무 익숙해진 나머지 이를 '패러다임'이나 '사고 틀'로 인식하지 못한다. 세계 자체가 원래 그러하다고 느끼거나 당연한 '상식'으로 받아들인다. 하지만 저자들에 따르면, 이는 세계와 인간을 파악하기 위해 인위적으로 설정된 하나의 방식에 불과하다.

우리의 생각 안에 자리한 능동/수동의 구도는 이런 식으로 작동한다. 영어의 능동태와 수동태처럼 기본적으로 두 명의 주체나 존재(영어의 주어와 목적어)를 상정한다. 그들 사이에 어떤 작용이나 관계(문법에서는 동사)가 발생하는데, 이 하나의 작용을 '시작하는 쪽'과 '완결되는 쪽'으로 나눠서 파악한다. 즉 주체(주어)가 시작한 작용이 대상(목적어)에게 영향을 준다는 식이다.

어떤 작용이나 활동을 주체 쪽에서 바라보면 이는 '능동'이다. 반면 다른 누군가로부터 전해지는 작용을 받거나 당한다는 관점을 취하면 '수동'이 된다. 그래서 능동과 수동은 대립하는 말이지만, 실은 동일한 사건을 다른 관점에서 보는 차이일 뿐이다. 그래서 능동태와 수동태는 서로 변환할 수 있다. 영어 수업에서 우리를 그토록 고생시켰던 능동태-수동태의 변환, 이는 능동과 수동이 동일한 패러다임의 산물이기 때문에 가능한 것이었다.

이 패러다임은 영어 문법에만 국한되지 않는다. 우리 삶 전반에서 힘을 발휘하고 있다. 능동인 쪽은 어떤 작용이나 사건의 출발점으로 여겨지며, 그래서 자유의지나 결심에 따라 어떤 일을 행하는 '주체'로 보인다. 그래서 어떤 문제가 발생하면 우리는 그 주체를 탓하고 책임을 묻는다. 자기 자신이라면 자책하고 남이라면 원망한다. 흔히 보이는 가해자-피해자 구도도 이 패러다임의 연장선에 있다.

능동/수동 패러다임에서 우리는 무엇을 놓치고 있을까?

패러다임 용어를 확립한 토머스 쿤에 따르면, 패러다임이라는 사고 틀 덕분에 우리는 어떤 현상을 비로소 시야에 넣을 수 있고, 사건을 더 잘 이해할 수 있게 된다. 하지만 그 때문에 놓치는 것도 있다. 어떤 현상은 오해하게 되고, 심지어 어떤 것은 애초에 시야에 들어오지조차 못하게 가려진다. 하나를 잘 보게 되면서, 다른 것에는 까막눈이 되는 것이다.

능동/수동의 패러다임도 마찬가지다. 하나의 사태를 '능동'과 '수동'으로 이원화해서 잘 파악되는 경우도 있지만, 또 다른 오해와 은폐도 발생한다. 어떤 상황에서든 항상 가해자나 범인을 찾거나("모든 문제에는 범인이 있다"), 자신의 자유의지에 의존하면서 자책하거나 약물에 중독되고("모든 건 의지가 부족한 내 탓이야"), 원인을 알 수 없는 문제에 계속 부딪히면서도 해법을 알지 못해 답답해한다.

이런 진퇴양난 앞에서 저자들은 다시 묻는다. 혹시 이 모든 문제는 우리가 당연시하는 능동/수동의 패러다임 때문이 아닐까. 다른 패러다임을 취하면서 이 사고방식에서 벗어난다면 일상의 문제가 새롭게 보이지 않을까. 거기서 무언가 다른 해법을 찾을 수 있지 않을까. 저자들이 능동/수동 패러다임을 상대화하려는 것은 이 때문이다. 능동/수동의 패러다임의 문제점은 두 부분에서 찾을 수 있다.

첫째, 두 주체 사이의 작용에서. 능동/수동의 구도에서는 두 주체 사이의 모든 작용이 능동과 수동으로만 다뤄진다. 능동 쪽 역할과 수동 쪽 역할이 두드러지는 현상도 있긴 하지만, 우리 주변의 모든 일이 이렇게 딱 나눠지는 건 아니다. 상호작용이라는 말처럼, 대부분의 사태에서는 두 주체 모두 일정한 능동성과 수동성을 함께 보이며 서로가 서로에게 작용하고 있다. 이는 '사용(크레스타이)'을 논하는 부분에서 잘 나타나 있다 (4장). 구마가야의 표현을 빌리자면, 100퍼센트 능동도 100퍼센트 수동도 없다(261쪽).

둘째, 자기 내부의 작용에서. 능동/수동의 틀은 언제나 두 존재를 상정하기에, '두 존재'로 나눌 수 없는 일은 이 구도에 포착되지 않는다. 바로 자기 안에서 일어나는 내적인 움직임들 말이다. 이 점이 매우 중요한데, 저자들도 자기 내부의 움직임을 포착하고 밝히는 데 많은 지면을 할애한다. 중동태도 그렇고, 아야야 씨의 논의도 주로 이를 겨냥한다.

이런 대립 구도에서 능동은 무에서 유를 창조하듯(무로부터의 창조, 90쪽) 모든 작용의 시작점이며, 자기 바깥 즉 대상에게 행사하는 작용 외에 다른 건 없다(완전한 능동, 작용의 순수한 기원). 수동 쪽도 어떤 작용을 받더라도 이는 철저히 자기의 바깥 즉 능동 쪽에서 온 것일 뿐이다(완전한 수동, 작용의 일방적 수용). 따라서 양측 모두 자기 안에서 발생하고 자기에게 전해지는 다른 힘을 포착할 수 있는 틀이 없는 것이다.

하지만 책의 여러 논의에서 밝혀지듯이, 우리 안에는 내가 의도했거나 시작하지 않은 움직임이 많다. '어포던스'라는 개념처럼(115쪽) 내부 장기로부터도 외부만큼이나 다양한 자극과

정보들이 전해진다. 이 또한 작용이고 힘이다. 하지만 우리는 이를 잘 인식하지 못한다. 우리 신체가 생리적으로 알아채기 힘든 구조이기도 하고, 내적 자극을 모두 인식하면 일상생활이 거의 불가능할 것이다.

어쩌다 내적인 힘을 의식했더라도, 능동/수동 패러다임 안에서는 이를 그 자체로 이해하기 힘들다. 그래서 이를 다시 이분화해서 능동적인 의지와 수동적인 욕망이나 감정으로 갈라놓는다. 아니면 나의 내부 작용을 다른 누군가(가해자)의 탓으로 만들고 자신은 피해자가 되거나 하는 식이다. 즉 자기 내부의 힘을 '잘못된 감정'으로 간주해 억제하거나 일종의 피해나 상처로 가공하는 것이다.

우리 내부의 움직임과 힘이 중요한 건, 이것이 완전한 능동과 수동의 상을 깰 수 있는 증거이기 때문이다. 우리가 내적 움직임에 의해 영향을 받는다면, 우리는 우리 행동의 순수한 기원일 수 없다. 또한 다른 누군가로부터 영향을 받는다고 해도, 우리 존재는 이를 무기력하게 수용하는 게 아니라 내 쪽의 일정한 힘과 상호작용을 하면서 내 힘에 따라 외부 영향도 받아들이는 것이다. 다시, 100퍼센트 능동도 100퍼센트 수동도 없다.

'흐름의 연속체'인 존재, 흐름을 절단하는 '의지'

능동/수동의 패러다임에서 '나'는 자유의지를 갖고 원하는 대로 선택하고 결정할 수 있는 '능동적' 주체로 여겨진다. 하지만 나의 그 자유의지나 결심조차도 사실 내적 움직임의 효과다. 순수한 출발점이기는커녕 의지 역시 내 안에서 발생하는 다양한 흐름 속에서 생성되는 것이다. 이 흐름에 기억이나 트라우마 등도 있지만, 이를 대표적으로 잘 보여주는 것이 아야야 씨의 공복감이다(53쪽, 116쪽).

우리는 그저 '배고프다'고 느낄 뿐이고, 그러면 곧장 요리를 하든 배달 주문을 하든 행동으로 쉽게 옮겨 간다. 그러다 보니 배고픔과 섭취 행위가 자연스럽고 당연하게 느껴지지만, 아야야 씨의 얘기로는 전혀 당연하지 않다. 수많은 내장 기관에서 전해 오는 대량의 정보를 '묶어내'고 '추려내'야 비로소 공복감이 형성된다. 그리고 그 공복감이 생겨야 비로소 '먹겠다'는 의지도 형성될 수 있다.

결국 '나'라는 주체는 (가장 의지적일 때조차) 내장 기관을 포함한 자기 안쪽의 흐름과 작용에 의해서 살아가는 것이다. 다시 말해, 우리 존재가 다양하고 복합적인 '흐름의 연속체' 자체이며, '나'는 그 흐름 안에서 살아간다는 것이다.[1] 그래서 우리의 삶은 다채롭고 복잡하며, 나의 의도대로 흘러가지 않는다. 존재 자체가 지닌 필연적인 흐름에 따르기 때문이지만, 또 그만큼 의외의 흐름을 타고 급변하기도 한다.

반면, 의지는 이러한 흐름을 절단함으로써 생겨난다. 절단은 말 그대로 끊어내는 것으로, 우리는 일련의 연속적이고 다층적인 흐름을 끊어내면서 '의지'를 출현시킨다. 그리고 그 결과 갑작스레 어떤 행동에 돌입하게 된다. 이처럼 의지는 과거

---

1   '흐름 안에서 살아간다'는 논의에 대해서는 인류학자 팀 잉골드가 탁월하게 설명한 바 있다. 책 『모든 것은 선을 만든다』, 논문 「Earth, sky, wind, and weather」를 참조하면 좋다. 특히 논문은 우리가 지표 '위에서'가 아니라 대기와 바람 '안에서' 살아가고 있음을 아름답게 풀어낸 글이다.

로부터 이어져 오는 흐름을 끊어내려고 하기에, 과거를 미워하는 것이다(127쪽).

능동/수동의 패러다임에서는 이런 내적 흐름을 망각하기 때문에 의지를 내지 못하는 사람을 쉽게 비난한다. 의지박약이라든가 노력이 부족하다든가. 사회는 항상 능동적인 주체를 전제하고 있으니(234쪽, 람보와 '핵심 역량'), 무언가 시작하지 못하는 사람에게 의지나 노력이 없다는 비난을 쏟게 되는 것이다. 그리고 더 가슴 아픈 건 본인이 자신을 비난하는 것이다.

역설적으로 이렇게 자기를 비난하고 스스로를 미워하는 사람일수록 중독에 빠지기 쉽다. 의지는 과거를 미워하고 절단하는 일인데, 의지를 잘 발휘하지 못하는 자신을 미워하고 그렇게 지나온 과거를 절단하고 싶을수록 다시금 의지에 매달리게 된다. 결국 미움과 악순환이 반복되며, 자기 혼자로는 역부족을 느끼고 다른 무언가의 도움을 받아서라도 의지를 발휘하고자 할 때, 그것이 바로 중독이다. 우리의 상식과 달리, 의지가 부족한 사람이 아니라 오히려 '의지'적인 사람일수록 중독되기 쉬운 것이다.

그래서 중독에서 회복하는 일도 의지를 내려놓고 자신이 능동적일 수 없음을 인정하는 데서 출발한다(111쪽, AA의 12단계). 하지만 이는 절대 단순한 무기력이나 포기가 아니다. 오히려 기존의 강고했던 능동/수동의 패러다임을 내려놓고 중동적 패러다임을 취하는 일이며, 나 자신도 내적 흐름의 연속체로 존재한다는 점을 받아들인다는 뜻이다. 삶은 '능동적 주체'와 거리가 멀다.

자기 안의 흐름을 끌어안을 때 책임은 저절로 '생성'된다

능동/수동 패러다임의 틈 사이로 보이는 건 자기 안에서 작용하는 흐름이다. 이를 적확하게 표현했던 것이 고대 그리스의 중동태이며, 단순한 문법 용어를 넘어서 '중동의 패러다임'을 드러내는 것이다. 1장의 표현처럼, 나라는 것은 일련의 움직임이 발생하는 하나의 "장소"이자 그 작용 "과정의 내부에 있다"(80쪽).

따라서 이제 우리에게 중요한 건, 내가 나 자신과 맺는 관계다. 나를 관통해 가는 흐름 안에서 나는 어떤 태도를 취할 것인가? 나름의 법칙에 따라 나에게 전해져 오는 힘 안에서 어떻게 살 것인가? 이 물음이 우리를 향해 밀고 들어온다. 저자들이 책임을 새롭게 발견하는 것도 바로 이 지점이다.

이쯤에서, 책에서 자주 언급되는 스피노자 철학을 짚어두고 싶다. 스피노자는 자신의 주저 『에티카』 중 감정을 다루는 부분(3부)에서 '능동'과 '수동'을 언급한다(『에티카』 3부 정의3). 그런데 이 능동과 수동은 우리가 알던, 능동/수동의 패러다임이 아니다. 두 주체 사이의 문제를 논하지도, 내가 했는가/당했는가를 거론하지도 않는다. 그 대신 내가 나 자신과 어떤 관계를 맺고 있는가를 묻는다.[2]

---

2 '내가 나 자신과 맺는 관계'를 다루는 것이 푸코의 '자기배려' 개념이다. 푸코는 말년에 스토아 철학을 비롯한 초기 로마 시대의 사상을 연구하는데, 여기서 윤리는 흔히 생각하듯이 타자를 배려하는 게 아니라 자기 자신을 배려하면서 자기 자신을 윤리적 주체로 형성해 나가는 것이 된다. 이 점이 중동태의 사고와 공명하고 있다. 본문에서 한 번 언급된 적이 있는 『주체의 해석학』(123쪽)이나 『성의 역사』에 잘 나타나 있다.

스피노자식 능동인 경우, 나는 내 안의 사건(감정)에 대해 전체적이고 전면적인 원인이 된다. 즉 오직 나로부터 발생하는 사건인 것이다. 반면 수동에서는 내가 부분적이고 제한적인 원인일 뿐이며, 내 감정에 대해 내가 충분히 작용하거나 참여하고 있지 못한 상태다. 따라서 능동이든 수동이든, 요점은 내 안에서 인과적 흐름에 따라 발생하는 감정에 대해, 내가 어떻게 관계하고 있는가 하는 점이다.

그래서 스피노자에겐 수동이라고 해도 100퍼센트 '당한' 사건이 아니다. 비록 부분적이지만, 어쨌든 나는 내 감정에 대해 하나의 원인으로서 작용하고 있다. 감정 속에 나 자신의 힘이 미약할지라도. 또한 능동이 개념적으로는 '오직 나로부터 발생한 사건'이지만, 개인적으로는 100퍼센트 능동적 상태가 가능할지 의문이다. 오히려 하나의 지향점이나 태도로서 봐야 하지 않을까 싶다. 달리 말하자면, 능동/수동의 패러다임 안에서의 능동/수동이 아니라 중동적 패러다임 안에서의 능동/수동인 것이다(119쪽).

내적 흐름에 따라 발생한 감정 및 사건에 대해 우리는 기본적으로 중동의 상태다. 하지만 그 사건에 대해 나의 몫이나 역할을 충분히 긍정할 때 이는 '보다 능동'이 되며, 내가 관계하고 있음을 부정할수록 '보다 수동'이 된다. '능동이냐 수동이냐'의 양자택일의 이분법이 아니라 두 극단의 중간 지대에서 일정한 능동성과 일정한 수동성으로 움직이는 것, '보다 능동'과 '보다 수동'의 사이, 이것이 우리의 모습일지 모른다.

책임은 이 '보다 능동'에 있지 않을까. 내 안의 감정이든 밖으로 행하는 행동이든 나와 관계하고 있는 사건에서 '나'라는 존재가 하나의 원인으로 관계하고 있음을 인정하고 끌어안는 것, 혹은 그 관계성을 적극적으로 표명하고 실현하는 것. 아직은 모호하지만 이를 책임이라고 부르고 싶다. 책임(responsibility)은 하나의 응답(response)인데(96쪽, 298쪽), 그렇다면 자기의 내적 흐름과 변화에 대한 나 스스로의 응답이지 않을까.

책의 제목은 '책임의 생성'이다. 책임이란 외부에서 부과한다고 느끼는 것이 아니라 자기 안에서 저절로 생성되는 것임을 표현한 것이다. 그런 점에서 책임은 처벌이 아니며, 자책도 아니다. 처벌처럼 밖에서 부여될 수도 없는 것이며, 내가 관계하고 있음을 '탓'하는 자책도 아니다. 자유의지가 없다는 얘기를 듣고 처음으로 자신의 잘못임을 절감했다는 놀라운 얘기처럼(43쪽), 책임은 능동/수동의 패러다임 바깥에서, 하지만 자기 안으로부터 자발적으로 생성되는 것이다.

나는 그리고 우리는 이런 존재다.

우리에겐 자기 안에서 무언가가 생성되는 시간이 필요하다.

정리하자면, 능동/수동의 패러다임을 넘어서 중동의 패러다임으로 자기와 세계를 살펴보자는 것(비록 중동태 자체는 구원이 아닐지라도). 생명의 흐름을 절단하는 의지 개념을 넘어서 '흐름의 연속체'로서의 '나'를 발견하자는 것. 사건에서 자기를 이탈시키고 피해자화하는 면책이 아니라 자기도 원인임을 인정하고 어찌할 수 없는 '나'를 끌어안는 자기 '인책'(41

쪽)이 가능하다는 것. 그때 책임이란 내 안에서 저절로 생성된다는 것. 저자들은 이를 말하고 싶었던 게 아니었을까.

책을 번역하는 데 주변 분들의 도움이 컸다. 특별히 박성관 선생님께 감사드린다. 가까이는 이 책을 알려주시고 함께 읽어 가는 과정에서 선생님의 도움을 많이 받았고, 멀게는 선생님과 『현대사상』을 읽어 가면서 일본어를 시작하게 되었으니 일본어 텍스트에 접근할 수 있는 것도 모두 선생님 덕분이다. 선생님이 번역하신 『중동태의 세계』도 정말 재밌게 읽었다. 함께 세미나해야 할 책이 계속 늘어나는데도 그럴 수 없다는 점이 못내 외롭다. 선생님의 명랑한 기운을 안고 공부에 더 정진하겠다는 다짐을 새긴다.

또한 나의 라틴어 선생님이신 철학아카데미의 김경민 선생님께도 감사드리고 싶다. 중동태와 관련해서 그리스어가 등장하는데, 그리스어에 문외한이라 그리스어/라틴어를 전공한 선생님의 도움을 받았다. 덧붙여 함께하는 세미나팀 모두에게도 감사드린다.

좋은 책을 독자들에게 전하는 일에 이 번역이 누가 되지 않았으면 하는 바람이다. 사람들이 이 책을 통해 자기 자신과 주위 사람들을 좀 더 이해하게 된다면, 옮긴이로서는 더할 나위가 없겠다.

책임의 생성
중동태와 당사자 연구

지은이 — 고쿠분 고이치로, 구마가야 신이치로
옮긴이 — 박영대

펴낸날 — 2025년 2월 14일 초판 1쇄

교열 — 김은경
표지디자인 — 김서영
제작 — 세걸음

펴낸이 — 최지영
펴낸곳 — 에디토리얼
등록 — 제2024-000007호(2018년 2월 7일)
주소 — 서울시 도봉구 마들로11길 65, 503-5호
투고·문의 — editorial@editorialbooks.com
전화 — 02-996-9430
팩스 — 0303-3447-9430
홈페이지 — www.editorialbooks.com
인스타그램 — @editorial.books

ISBN 979-11-90254-37-3 03300